国家社科基金一般项目（16BGL031）研究成果

U0514526

Research on the Competitiveness of
New Incubators in the Digital Economy Era

数字经济时代
新型孵化器竞争力研究

徐梦周 杨大鹏 著

中国财经出版传媒集团
经济科学出版社
Economic Science Press

图书在版编目（CIP）数据

数字经济时代新型孵化器竞争力研究／徐梦周，杨
大鹏著．--北京：经济科学出版社，2022.11
（数字经济与区域创新系列丛书）
ISBN 978 - 7 - 5218 - 4205 - 0

Ⅰ.①数…　Ⅱ.①徐…②杨…　Ⅲ.①企业孵化器 -
竞争力 - 研究 - 中国　Ⅳ.①F279.244.4

中国版本图书馆 CIP 数据核字（2022）第 207696 号

责任编辑：张　蕾
责任校对：刘　娅
责任印制：邱　天

数字经济时代新型孵化器竞争力研究

SHUZI JINGJI SHIDAI XINXING FUHUAQI JINGZHENGLI YANJIU

徐梦周　杨大鹏　著

经济科学出版社出版、发行　新华书店经销
社址：北京市海淀区阜成路甲 28 号　邮编：100142
编辑工作室电话：010 - 88191375　发行部电话：010 - 88191522
网址：www. esp. com. cn
电子邮箱：esp@ esp. com. cn
天猫网店：经济科学出版社旗舰店
网址：http://jjkxcbs. tmall. com
北京季蜂印刷有限公司印装
710 × 1000　16 开　14.5 印张　280000 字
2022 年 11 月第 1 版　2022 年 11 月第 1 次印刷
ISBN 978 - 7 - 5218 - 4205 - 0　定价：98.00 元
（图书出现印装问题，本社负责调换。电话：010 - 88191510）
（版权所有　侵权必究　打击盗版　举报热线：010 - 88191661
QQ：2242791300　营销中心电话：010 - 88191537
电子邮箱：dbts@ esp. com. cn）

前　言

数字经济时代新型孵化器应运而生。区别于传统孵化器的政府主导和公益性，新型孵化器依托新的参与主体、新的孵化模式、新的孵化服务以及实现自身盈利的发展新导向，让孵化器运营回归商业本质，给我国创业孵化产业的发展带来巨大的活力。特别是在"大众创业、万众创新"战略和政策的激励下，全社会掀起了兴办创业咖啡、创客空间的热潮，一时间创业街区、创业小镇遍地开花。然而从实践来看，尽管有少数新型孵化器取得了显著成效，但多数新型孵化器仍然面临重复建设、业务同质化、服务能力低下、难以生存等问题。是"徒有虚名"还是真正具备超越传统孵化器的行为基础？如何更好发挥出新型孵化器的作用，通过进一步提升孵化功能、增强竞争力实现创业企业的群体孵化，并带动传统孵化器的转型升级？这些问题对我国创业创新生态优化、经济发展新动能培育具有重要影响。

基于实践观察和理论研究，本书将共生发展视为新型孵化器竞争力的关键表征，并强调价值链创新是实现共生发展、竞争力提升的内在支撑。全书共十一章，其中第一章和第二章为研究导入，从现实和理论两个层面明确研究的总体意义；第三章至第七章重点关注单个新型孵化器的运营，通过"共生发展与新型孵化器竞争力的理论关联""共生发展对新型孵化器竞争力影响的实证研究""新型孵化器不同共生发展模式演进及稳定性分析""共生发展导向下的新型孵化器价值链创新""新型孵化器价值链创新与共生发展的动态演进：案例探索"，探讨新型孵化器共生发展与竞争力提升内在关联以及价值链创新的关键支撑作用；第八章和第九章实现了从个体到群体的研究拓展，重点关注新型孵化器基于群体共生所形成的集群化发展现象，通过"从单一共生到群体共生：新型孵化器集群化发展""集群化发展背景下孵化器生态位优化实证研究"，将新型孵化器与区域创新生态进行关联，明确新型孵化器生态位的策略选择；第十章和第十一章为对策建议，通过"我国孵化器政策体系演进及其优化：基于政策文本的分析""研究结论与对策建议"，为孵化器实践优化、政策环境优化提出相关建议。

本书采用新型孵化器典型案例分析、大样本调查与实证研究、孵化器集群发展长时段跟踪以及政策文本分析等方法，深入探索新型孵化器竞争力提升机制、路径及相应的政策需求，形成了以下研究结论。

一、新型孵化器竞争力内涵及表征：新型孵化器要可持续发展就要形成区别于传统孵化器的竞争力：一是破解服务能力不足的难题；二是要破解自身生存乏力的难题。从共生发展理论视角来看，新型孵化器竞争力表征主要为两个方面：一是从依附政府走向市场化，要求新型孵化器运营从由政府主导转变为市场主导，在发展中实现共生单元多样化；二是由非营利导向转变为营利导向，要求新型孵化器能够从寄生走向偏利共生、互惠共生，实现共生模式高级化。

二、共生发展与新型孵化器竞争力：新型孵化器共生发展是指孵化器、在孵企业、科研院所、金融机构及专业中介服务机构等创新主体以利益共创为共生目标，通过资源共享、风险共担来实现共同成长和可持续发展的演进过程。基于174家孵化器的问卷调研发现，新型孵化器共生发展对于竞争力有积极影响，有助于孵化器从依赖政府走向市场化。其中，内部共生水平对营业收入具有显著正向影响，对政府补贴收入占比存在显著负向影响；外部共生关系对营业收入、政府补贴收入占比没有直接作用，但与内部共生关系存在交互效应，形成了对营业收入的正向影响。在此基础上，基于案例探索和Logistic模型构建比较新型孵化器寄生、偏利共生及互惠共生模式的均衡条件，进一步明确共生发展的导向。

三、价值链创新与新型孵化器共生发展：新型孵化器共生发展包含内部动力机制和环境诱导机制。在单个新型孵化器运营中，基于基本孵化活动创新、内部运营活动创新以及外部协作活动创新所形成的价值链创新构成了新型孵化器共生发展的内在支撑。基于174家孵化器的问卷调研发现，外部协作活动创新有利于缩短内部共生关系中的入孵企业平均孵化周期，基本孵化活动创新、内部运营活动创新以及外部协作活动创新对外部共生均存在正向显著影响。在此基础上，基于典型案例的探索发现，不同共生发展阶段下价值链创新行为的演进是推动新型孵化器共生发展模式变迁的重要动力，这过程中主要受到共生主体需求、共生环境诱导、孵化器主体特质三方面因素的驱动影响。

四、新型孵化器群体共生与生态位优化：立足北京中关村科技园孵化器集群、上海张江高科孵化器集群、深圳南山区孵化器集群、杭州高新区（滨江）孵化器集群的现实观察，深入分析新型孵化器创新集聚效应及传导机制，结合杭州未来科技城的发展经验和 2015 ~ 2018 年成长轨迹拟合检验，论证了孵化器集群的形成以及与区域共生发展的演进路径。在此基础上，进一步探讨集群化发展背景下新型孵化器生态位选择策略。基于实证研究发现，在市场认可上，生态位重叠度存在显著负向影响；在政府认可上，生态位宽度存在显著正向影响，生态位宽度与重叠度交互项影响显著为负且存在双重门槛效应。据此提出，孵化器市场化运营要以保持独特性为重要导向，地方政府在孵化器集群建设中要强化政府认可与市场认可的内在契合以形成良好指引。

五、现有政策环境评估及政策优化建议：利用政策文本分析方法，对我国 1997 年以来有关孵化器发展的政策体系进行评估，提出我国孵化器政策制定逐渐由单一部门衍生至多个部门，实现中央到地方、由沿海中心城市到中西部城市的不断扩散，在功能定位上、市场准入上、政策工具上、目标导向上以及绩效评估上不断优化，但也面临着政策实施缺乏细则、区域之间差距较大、长效机制尚未形成等不足。针对孵化器实践，提出推进市场化运作形成自身独特生态位、以创业者需求为导向强化价值链创新优化、外部共生提升要素资源配置能力、融入区域创新战略形成协同发展格局等建议。针对政府实践，提出制定发展规划支持孵化器多元化发展、推进开放合作实现创新资源互联互通、强化人才培养打造一支专业孵化队伍以及因地制宜差异施策优化共生发展环境等建议。

目 录
Contents

新型孵化器的兴起：新经济与新主体

　　1987 年我国首家孵化器在武汉东湖成立，开启了我国创业孵化产业的发展篇章。经过 30 多年的发展，孵化器数量规模不断扩大、创业孵化体系日益完备、孵化内涵不断丰富提升，孵化对象范围加快拓展，使得孵化器成为培育科技型中小企业的重要平台和新兴产业萌发的源生之所，不断诞生新的知识产权、技术标准、新产品、新服务和新的商业模式。根据《中国创业孵化发展报告 2021》，2020 年我国孵化器达 5843 家，在孵企业 23.3 万家，实现营业收入 497.69 亿元。特别是在 2014 年"大众创业、万众创新"战略与政策的激励下，全社会掀起了兴办孵化器、创业咖啡、创客空间等热潮。新的参与主体、新的孵化模式、新的孵化服务以及实现自身盈利的鲜明导向成就了一批新型孵化器，使得我国创业孵化行业发展回归商业本质，推动着整个行业朝着市场化、专业化、生态化方向深化发展。

　　当前新一轮的科技革命和产业变革蓄势待发，全球创新创业进入高度密集活跃期，人才、知识、技术、资本等创新资源流动的速度、范围和规模达到空前水平，以数字经济为核心的新经济成为各国竞争焦点。2021 年我国研究与试验发展（R&D）经费支出 27956.3 亿元，研发投入强度达 2.44%。世界知识产权组织发布的《2022 年全球创新指数报告》显示，我国创新能力综合排名跃升至第 11 位。成绩斐然背后也应该看到，关键核心技术受制于人的局面未根本改变，科技基础仍然薄弱，原创能力还有很大差距，新经济的发展效率、质量仍然不高。对于中国而言，发展进入新阶段，深入实施创新驱动发展战略，加快构建以创新为主要引领和支撑的经济体系，形成对高质量发展和现代化国家建设的有力支撑迫在眉睫。

　　新经济需要新主体，要有更多优秀的创业者和高增值、高带动性、高战略价值的项目注入经济发展，形成巨大活力。新经济的蓬勃为孵化器提供了新的重大机遇，让创业孵化行业又站在了新的历史起点上。能否把握机遇，融入发展的大浪潮，在新型孵化器的带领下以共生发展为导向，不断创新价值链活动、提升孵化功能、增强竞争力，扎实推进孵化器产业转型升级，最终实现由政府主导向市场驱动的转变，已成为我国创业生态优化及经济发展新动能培育的关键所在。

第一节　我国孵化器发展历程及现状

1959 年，美国人约瑟夫·曼库索开始运营"贝特维亚工业中心"，把原意为孵化家禽工具的"孵化器"转变为全新的经济概念。在发展之初，孵化器并没有受到欧美等西方发达国家的重视。直到 20 世纪 70 年代因传统产业的衰退，政府希望通过创业来加快经济复苏，孵化器才在西欧、北美等地快速兴起。回顾我国孵化器发展历程，自 1987 年成立首家孵化器至今大致经历了孕育期（发展 1.0 阶段）、成长期（发展 2.0 阶段）和转型期（发展 3.0 阶段）三个阶段。

一、孕育期：孵化器发展 1.0 阶段

这一阶段，我国孵化器从无到有，经历了艰苦的探索试验，确定了创业孵化事业初期发展的方向。20 世纪 70 年代以来，伴随着微电子、信息、生物、新材料、新能源等科学技术加速突破，发展高新技术产业成为全球经济竞争的焦点。1978 年 3 月，全国科学大会召开，邓小平同志在会议上提出了科学技术是生产力、知识分子是工人阶级一部分、四个现代化关键是科学技术的现代化等著名论断。后来他又进一步指出，科学技术是第一生产力。1985 年，党中央发布了关于科学技术体制改革的决定，明确了经济建设必须依靠科学技术、科学技术工作必须面向经济建设的战略方针，开始了科技体制的全面改革。

为加快发展新兴产业，科学技术体制改革的决定中明确指出要在全国选择若干智力资源密集的地区，采取特殊政策，逐步形成具有不同特色的新兴产业开发区。但是当一批科技人员走出高等院校，却很快遭遇了创业压力。不知道如何申请执照、交税，面临招工、单位挂靠等难题。为敢于走出体制创业的科研工作者提供一个可以挂靠的"庇护所"，1987 年 6 月 7 日，武汉

东湖新技术创业中心成立①，6 间厂房，659 平方米……外加武汉市科委拨的 8 万元作为启动资金。挂牌当天迎来了 6 家企业。1988 年，联合国科技促进发展基金会主席鲁斯坦·拉卡卡来到武汉参观东创，谈道："这是我在世界上见过的最简陋的孵化器之一，但你们的理念和服务精神却是与世界接轨的，你们很有前途！"

1988 年 8 月，以促进高新技术向产业转化为宗旨的"火炬计划"，即《高技术产业发展计划》正式出台。在该计划的推动下，各地孵化器建设工作提速，诞生了本地区的首家孵化器。1999 年全国孵化器数量达到 110 家，覆盖了 80% 以上的省、自治区和直辖市。从 1987 年中国首家孵化器成立以来，到 1999 年这 13 年发展历程中，在国家科委和行业实践者的共同努力下，探索出了"服务为主，开发为辅"、自收自支事业单位企业化管理、有"窝"孵化等中国式经验②。但在这一阶段，孵化器重在突出社会效应，不以营利为目的，不直接追求自身的经济效应，主要依靠房屋租金及较少的开发利益维持运转。

二、成长期：孵化器发展 2.0 阶段

随着技术创新在经济发展中的作用越来越重要，我国科技体制改革从科研体制改革为主转向建立以企业为主体、产学研相结合的创新体系。1995 年《中共中央、国务院关于加速科学技术进步的决定》提出科教兴国战略。1999 年中央召开全国技术创新大会，发布了《关于加强技术创新，发展高科技，实现产业化的决定》。2000 年出台的"十五"计划首次提出国家创新体系概念，提出建立服务功能社会化、网络化的科技中介服务体系。

在这一背景下，我国孵化器的增长率经历了一个"陡山坡"。2000 年在上海召开世界企业孵化器与技术创新大会，2001 年全国孵化器数量从 2000 年的 164 家增长至 324 家，增长率几乎是 100%。与此同时，市场化、企业化运营的理念也逐步兴起。在第一阶段中，孵化器无一不是由政府投资，营运

---

① 该中心由武汉市科委规划处的两位工程师杨念群、田泳汉，武汉邮电科学院研究所的通信学研究生赵庆，武汉纺织机械厂的梁雯，汉阳钢厂下海工人龚伟运营。

② 《中国创业孵化 30 年》编委会. 中国创业孵化 30 年：1987－2017［M］. 北京：科学技术文献出版社出版，2017：41－53.

服务费用也全部由财政支付，但从这个阶段开始，民营资本开始尝试进入孵化器领域。1999 年中国诞生了第一家民营孵化器——南京民营创业中心。2000 年 12 月 27 日，北京市第一家由民营科技企业创办的北京京海科技企业孵化器和北京京海孵化器管理公司宣布成立。

2006 年，我国确立并实施了自主创新、建设创新型国家的战略，制定并颁布的《国家中长期科学和技术发展规划纲要（2006—2020 年）》明确指出："加快科技中介服务机构建设，为中小企业技术创新提供服务。"自主创新与全面建设国家创新体系成为战略核心。孵化器作为科技中介服务机构的重要组成部分，在国家战略层面被高度重视。2011 年全国孵化器首次超过千家，达 1034 家，场地面积达 3472.1 万平方米，在孵企业数达 60936 家，在孵企业从业人数达 125.6 万人，孵化器数量仅次于美国，孵化场地面积和孵化企业数量位居世界第一，成为名副其实的孵化器大国。

三、转型期：孵化器发展 3.0 阶段

2012 年 7 月，党中央、国务院召开全国科技创新大会提出了创新驱动发展战略，并将这一战略明确写入党的十八大报告，充分表明了我们党依靠创新实现经济社会更好更快发展的坚定决心和对科技创新的高度重视。2014 年李克强总理在天津夏季达沃斯论坛提出"大众创业、万众创新"，进一步营造了全社会的创新创业氛围，激发了各类社会主体的创新创业活力。2015 年 6 月国务院发布《关于大力推进大众创业万众创新若干政策措施的意见》，提出加快发展创业孵化服务。大力发展创新工场、车库咖啡等新型孵化器，做大做强众创空间，完善创业孵化服务。在这一背景下，孵化器快速发展，成为国家落实创新驱动发展战略和"大众创新、万众创业"战略的有力抓手。在这一阶段，孵化器数量不断攀升，从 2014 年的 1748 家，增长至 2015 年的 2533 家，到 2016 年突破 3000 家，位居世界第一。与此同时，新的参与主体、新的孵化模式、新的孵化服务以及实现自身盈利的发展新导向，成为新型孵化器兴起的重要标志。

（一）新的参与主体

在这一阶段，新型孵化器投资主体呈现社会化、市场化趋势，形成一大批由大型企业、风险投资和媒体等主导的孵化器，逐渐改变以往政府主导孵

化器市场的现象，实现市场主体由单一到多元的转变。截至 2018 年底，全国科技企业孵化器达 4849 家。其中，根据孵化器性质划分，民营科技企业孵化器数量为 2828 家，占比为 59%，在国家级科技企业孵化器中，民营孵化器占比逐年递增，数量首次超过国有孵化器，为 354 家。

其中比较典型的有大企业主导形成的孵化器，越来越多的大企业、行业龙头投身于孵化器建设，以此为突破口，推动自身转型升级、跨越发展。如海创汇于 2014 年 5 月成立，是海尔集团由制造产品向孵化创客转型的创业平台，已在国内 11 个城市以及海外 9 个国家布局 28 个孵化基地，聚焦物联网、TMT、大健康等核心产业领域，累计入孵项目 3000 余个，加速项目 300 余个，包含 6 个瞪羚和 2 个独角兽企业。上海宝武钢铁集团专门成立吴淞口创业园，依托宝武集团构建"平台层—孵化层—应用层"三位一体的孵化体系，助力宝武钢铁生态圈建设。

此外，政府与企业在孵化领域的合作也在不断深化，如云赛空间由徐汇区政府、上海仪电集团、微软中国三方合作发起并于 2017 年 1 月正式投入运营，专注于与智慧城市相关的云计算、大数据、物联网、人工智能等产业资源整合。成立以来，共孵化五期企业共计 109 家，入孵企业总价值为 190 亿元，入孵前后增长率 284%。不同的孵化器主办方根据自身优势，为企业提供不同的主导资源。

（二）新的孵化模式

由于投资主体的多样性，新型孵化器形成多元孵化模式，有的以资本聚合为主、有的以媒体聚合为主，形成了"天使 + 孵化"型、开放空间型、媒体平台型、产业平台型等诸多模式。（1）"天使 + 孵化"型：主要为创业者引进具有丰富行业或创业经验的人士作为导师，在提供办公场地、创业培训、资源对接的基础上拓展天使投资，比如创新工场、天使汇等，通过集聚众多优秀的天使投资人和投资企业进入平台，形成其金融资源优势。（2）开放空间型：在传统孵化器基础上进行了全面的包装和完善，强化共享理念，提供共享办公设备、办公场地、娱乐实施等，更注重空间服务的品质和品牌溢出效应。（3）媒体平台型：以媒体平台为特征，利用宣传优势，为创业企业提供包括宣传、信息、投资在内的各种综合性创业服务。如 36 氪、创业家、创业邦通过媒体平台、公关活动，为企业提供报道宣传、培训交流、创投对接等孵化服务。以 36 氪为例，是中文互联网圈的新兴创业媒体和创业服务平台，旗下的 36Kr. com、36 氪开放日和氪空间等已成为服务互联网创业的重要媒体平台和孵化平台。（4）产业平台型：针对某一产业进行定向孵化，帮助特定领域创业者将技术落地，产业化发展，旨在发展具有地方特色或带有政策倾向性的产业。

（三）新的孵化服务

在孵化器功能提升和内涵式发展要求下，新型孵化器更加强调增值服务，在提供场地的基础上，为创业者提供免费培训孵化、行业资源、资金支持和综合性孵化服务，逐步形成了涵盖创业教育和培训、创业交流、早期投资、创业孵化、创业媒体以及金融、法律等专业服务的创业服务链条增值服务（Mian，1997）。在为创业企业提升局部小环境的同时，更加重视小环境与大环境的互动，努力把更多的要素集聚到孵化小环境中。同时，随着新兴产业的发展，各种专业性的孵化器将逐步发展起来。专业孵化器长期深耕于某一专业领域，对特定产业提供量身定做的个性化服务。据统计，2019 年全国专业孵化器数量达到 1477 家，占比 28.4%，孵化器总收入为 449.9 亿元，其中综合服务收入为 127.8 亿元，投资收入 23.2 亿元，比如专注于医疗健康行业的贝壳社成立于 2014 年 7 月，已链接医疗健康领域 1 万余家创业企业，管理 4 亿元规模天使基金，投资孵化了 30 余个医疗项目。

（四）实现自身盈利的发展新导向

实践表明，新型孵化器是适应复杂经济而衍生的新商业形态。区别于传统孵化器的政府主导和公益性，新型孵化器具有显著创业精神，追求自身与被孵企业的共同成长，即发现创业者潜在价值，培育创业企业市场价值，实现孵化器自身增值（Hansen et al.，2000；Leblebici and Shah，2004）。在传统政府主导型创业服务机构模式之外，新型创业服务机构依靠灵活的服务模式，紧密联系创业者，解决创业者的相关需求，提出综合服务、专业服务以及创业投资等多种盈利模式，探索形成房租收入、咨询服务收入、股权投资收入等多种收益来源。2016 年全国孵化器总收入 308 亿元，其中综合服务收入达 116.8 亿元，占总收入的比重为 37.9%，首次超过房租物业收入的比重（31.6%），投资收入的比重也达到 9.3%，复合商业模式雏形初显。

第二节　新型孵化器的兴起背景

对于新型孵化器的大量涌现，林民书和李连江（2004）认为这是市场化发展的必然，孵化器要追求自我盈利的良性循环，不能长期依赖政府投资。从我国孵化器发展历程来看，数字经济孕育的重大创新机遇、创业大众化、全民化以及多层次资本市场的不断完善构成了新型孵化器兴起的重要原因。

一、数字经济孕育重大创新机遇

如果说 20 世纪 70 年代的科技创新浪潮掀开了我国孵化器事业的序幕，那么当前所开启的新一轮科技革命和产业变革成为了推动我国新型孵化器不断涌现的决定性力量。以 2008 年金融危机为分水岭，全球经济进入了深度调整的新阶段。新旧经济交替的图景波澜壮阔又扣人心弦：一方面是传统经济的持续低迷；另一方面是数字经济的异军突起。美国、欧盟和日本等发达经济体都加速发展数字经济战略，推动经济总体转型升级。在中国经济进入新常态的大背景下，推动数字经济相关技术与产业创新成为中国国家战略支持的重点方向，政府先后出台一系列政策支持数字经济发展。

2014 年大数据首次写入政府工作报告，2015 年国务院印发《促进大数据发展行动纲要》。2015 年 12 月，习近平总书记在第二届世界互联网大会上发表主旨演讲，指出中国将推进"数字中国"建设，发展分享经济，支持基于互联网的各类创新，通过发展跨境电子商务、建设信息经济示范区等，促进世界范围内投资和贸易发展，推动全球数字经济发展。① 2016 年"十三五"规划纲要提出实施国家大数据战略，把大数据作为基础性战略资源，全面实施促进大数据发展行动。2016 年二十国集团（G20）杭州峰会提出全球数字经济发展理念。2017 年政府工作报告首次提出数字经济，报告指出深入推进"互联网＋"行动和国家大数据战略，落实和完善"双创"政策措施，推动"互联网＋"深入发展，促进数字经济加快成长。

---

① 习近平在第二届世界互联网大会开幕式上的讲话［EB/OL］．www.xinhuanet.com/politics/2015－12/16/c_1117481089.htm.

从实践来看，根据中国信通院《中国数字经济发展白皮书2022》，2021年我国数字经济规模达到了45.5万亿元，同比名义增长16.2%，高于同期GDP名义增速3.4个百分点，占GDP比重为39.6%。成为稳定经济增长关键动力，也成为创业创新主阵地。大批高水平创业伴随着高水平创新活动集中涌现，据统计，我国计算机、通信和其他电子设备制造业在孵企业数量增长从2016年的7961家增长到2019年的17835家，增速达124%，促使孵化器的创业服务向高端化发展（马凤岭和颜振军，2015）。

二、创业服务需求的大幅增长

当前全球创新正在经历一个社会化的进程，在不断发展的计算和通信技术的帮助下，用户可以更快捷共享和传播知识，进而越来越善于开发他们自己的新产品和服务，并且经常无偿与他人共享。这种现象推动以科研人员为主体、实验室为载体的传统创新活动向以用户为中心、大众参与的下一代创新模式转变。特别是，以文化、设计、智慧、思想为主要要素的创意产业的迅速崛起加速了这一趋势。具体到我国，随着创新创业环境改善以及对创新创业的重视，一定程度上催生了国内创业热情，形成全民创业的热潮。

首先，留学生自主创业大幅增加。教育部发布的我国出国留学人员情况统计数据显示，2011年我国回国人数是18.62万人，2015年增加到40.91万人，而到2019年达到了58.03万人。根据《中国留学发展报告（2016）》调查数据显示，在被调查的留学回国人员中，有11.9%的人选择了创业①。根据最新的《2021中国留学人员创业园区孵化基地竞争力报告》，前三批获得授牌的48家孵化基地分布在全国21个省（区、市），截至2020年末，累计孵化留学人员创业企业1.57万余家，累计吸纳留学人员4.56万余人，753名留学人才被纳入国家重大人才工程。大学生选择创业的比例明显提升。根据《2021年中国大学毕业生就业报告》，2020年全国高校毕业生人数874万人，相比2019年834万名毕业生增长40万人，再创历史新高。2015~2020届毕业生中共有创业大学生54.1万人，其中毕业生44.4万人，在校生9.7万人。对照历年情况，大学毕业生自主创业的比例呈现持续和较大的上升趋势。最

---

① 李丹. 我国海归潮新特点：留学回国人员成创业主力军［J］. 留学，2017（5）：34-41.

后，公司高管、科研人员等高科技人才成为当前创业主体的重要组成部分。以中关村为例，大中型企业管理人员和技术骨干离职创业者越来越多，形成了"百度系""金山系""搜狐系""腾讯系""华为系"等创业新群体。

全民创业局面的出现极大地刺激了创业服务的需求，促使创业服务行业健康稳步地发展。新形势下要求创业企业快速成长成为独立的、能够持续发展的成熟企业，所以创业企业的创业需求不再满足于纯粹的场地服务，需要更多的是产品咨询、商业支持和创投资源，这也要求孵化器做出相应的改变以更好地满足创业企业的需求（Kreusel et al.，2018）。

三、多层次资本市场的不断完善

近年来适应不同类型和不同发展阶段企业的融资需求，我国已经形成了包括主板、科创板、创业板、新三板、区域性股权交易市场（四板）的多层次资本市场。其中，2009 年创业板市场正式启动，为中小高新技术产业融资提供了渠道。截至 2021 年 6 月，创业板上市公司有 977 家，总市值 13.07 万亿元，流通市值达 8.70 万亿元。2013 年"新三板"正式挂牌运营，定位于非上市公众公司，成为中小微企业融资的主要渠道。截至 2021 年 6 月底，新三板上市公司有 7472 家，在所有市场中，企业数量最多。2019 年沪交所推出科创板，并试点注册制，截至 2021 年 6 月 30 日，科创板上市公司已达 301 家，总市值 4.73 万亿元。

从孵化器与资本市场的关系来看，资本市场是"消费者"，对优质的创业企业有着强烈的投资需求，孵化器是"生产者"，生产优质创业企业以满足资本市场的需求。根据《中国创业孵化发展报告 2021》统计，2020 年孵化器当年毕业企业 2.7 万家，上市（挂牌）企业 980 家，累计毕业企业 18.9 万家，累计上市（挂牌）企业 5897 家，涌现了寒武纪、国盾量子、碳元科技、科大讯飞、大疆创新、达安基因等一批科技领军企业。当资本技术市场对优质创业企业有强烈需求时，市场主体就有足够的动力去"生产"更多更优质的创业企业，成为新型孵化器不断涌现的重要动力。

第三节　新型孵化器在新经济发展中的重要意义

新型孵化器的兴起表明我国创新体系建设进入发展的新阶段，创新主体更加重视资源整合与共生发展，除了内部创新外，还要考虑同其他创新主体之间的有效协同，更为重要的是实现整个创新生态系统的健康持续运行（柳卸林和孙海鹰，2015）。正因如此，无论是大企业还是投资机构才有强烈意愿参与孵化器事业，才有意愿帮助新兴企业整合资源并实现成长。因此，理解新型孵化器的重要意义，可以从创新体系的三个层面来把握，其中微观主体层面主要体现在培育创新主体及创新创业人才；就中观层面而言，其功能主要体现在培育新兴产业、推动传统产业的改造和升级；就宏观层面而言，其功能主要体现在培育新的经济增长点、解决就业问题、推动制度创新。

一、微观层面

（一）实现创新主体的培育

新经济发展中创新活动形态、模式、参与主体与传统创新相比发生了深刻变化。创新环节的专业化分工更为细致，创新模式的网络化、模块化、开放化和个性化趋势日益突出。相关的企业对资源诉求更加强烈，对技术创新、市场及政策调研更为敏感（Orlando et al.，2004；Wonglimpiyarat，2016）。新型孵化器在孵化模式和孵化服务上的创新能够更为有效地选择自主创新能力较强、有发展前景的团队进行服务，并且通过为其提供办公设备等基础设施和工商办理等基础服务，降低其创新创业成本；提供种子基金、对接商业贷款与风险投资机构等投融资服务，解决其融资难问题；提供丰富的创新资源与供应链资源，解决资源缺乏、供应链不足问题。通过培育出能够实现自我成长的中小型企业，实现更多优质创新主体的供给。

（二）实现创新创业人才的培育

随着我国经济发展不断从量的扩张向质的提高转变，对创新创业人才的需求更为迫切。未来人才不是工业时代所需要的知识型人才，而是与新科技革命和产业革命相适应、具有创新引领能力的人才。区别于传统孵化器，新型孵化器在孵化对象上不断拓展，在孵化服务内涵上更为深化。参与主体多样化、开放性能够更好满足不同创业者的需求，吸引更多具有创新精神的年轻人加入创业大军中。通过为这些创业者提供企业管理、产品研发组织战略、市场营销、金融投资等方面的培训指导，使得这些创业者在经历市场经济的洗礼后，最终成为优秀的企业家。在孵化其项目的过程中，新型孵化器自身的成长意愿也会影响到创业者的理念，实现双方的共同成长。

二、中观层面

（一）实现新兴产业的培育

新兴产业的崛起与发展源于相关产业中小企业的集聚与发展。新型孵化器更加专注于高新技术产业，强调对新兴产业的孵化服务。其孵化的重心也不再是若干初创企业，而是专注于某个新的细分产业或提升既有产业，沿着细长的产业链条提供精细的产业孵化服务。通过对高新技术企业共聚共生产业环境的构建，快速集聚一批产业链上中下游初创技术企业，为产业结构优化与质量提升带来新鲜血液，补齐关键缺失环节。使得产业结构不断从低级向更高级的调整。目前，不少地区已形成新型孵化器产业集群和产业联盟，各地区孵化器之间基本实现资源共享和产业对接。

（二）推动传统产业转型升级

一般来讲，传统产业存在生产成本高、产品质量差、生产效率低等问题，缺乏先进技术，以劳动密集型和资源密集型产业为主。新型孵化器发展中涌现出大量的内生创业、衍生创业。很多大企业为了激发技术创新活力，设立了内部孵化器或众创空间，实行开放式创新，将公司内部的一些创新性项目放进独立的孵化空间进行培育。或者利用自身产业链资源和市场优势，通过孵化器培育与主导产业相关的项目，待时机成熟时进行收购或参股，寻求技术创新速度和创新风险规避之间的平衡（Gamber et al.，2020）。公司创业活动与外源创业的结合，将在互联网、智能制造等新兴产业、服务业以及传统产业与新兴产业跨界融合等领域催生新的产业形态，带动传统产业转型升级。

三、宏观层面

（一）培育新的经济增长点

作为资源集聚的平台，新型孵化器有助于加快创新资源向本地流入，通过对高新技术项目提供"引入—孵化—毕业—输送"的系列服务功能，培育出成功的企业。这些企业从孵化器毕业之后，将成为本地经济发展的新增长点。与此同时，新型孵化器的兴起让人们不再把孵化器简单地视为一个孤立的生产性设施，而是将其看作围绕创业者高效创业、有品质生活的创业服务综合体的核心构成。新型孵化器或新型孵化器集群不仅仅培育新兴产业，而是在地域上发挥着营造创业生态的功能，成为创业社区衍生发展最活跃的要素。

（二）解决就业问题

新型孵化器通过为创业企业提供一系列孵化服务以促使其健康快速成长，最终成长为成功企业，一方面实现了创业者的创业型就业，解决了创业者的就业问题；另一方面，培育出众多中小企业会为社会创造更多的就业机会，以促使更多人实现就业。就新型孵化器自身而言，其发展壮大需要更多的人才为其服务，更多的就业机会也就不断地涌现出来。就业机会的增多意味着失业人群的减少，失业所带来问题的减少，一定程度上促进了区域的和谐稳定。

（三）推动制度创新

新型孵化器的兴起推动孵化器行业进入政府合理引导、市场配置资源的高级阶段，进一步强化了鼓励创业者创新、容忍创业者创新失败、不断探索追求的创业文化环境，要求突破旧体制、旧机制对技术创新和科技创业的束缚，让市场成为调动和配置科技资源的主要手段。因此，在某种程度上推动新型孵化器发展成为了简政放权的重要试验田，倒逼政府加快推进"放管服"改革，通过制度创新满足孵化器的需求，为培育企业、企业家营造优质环境。

第四节　研究问题的提出及本书框架安排

对孵化器最早的认识是"社会公益性服务机构"，随着孵化器研究和实践的逐步深入，各界逐步认识到孵化器的双重属性：社会公益性和经济营利性。前者是孵化器产生的根源，后者是实现发展可持续的基础（杨义兵，2020）。新型孵化器依托新的参与主体、新的孵化模式、新的孵化服务以及实现自身盈利的发展新导向，强化了创业孵化的商业属性，给我国创业孵化产业的发展带来巨大的活力。然而从实践来看，行业发展也呈现出不少乱象，一些房地产企业为了获得政府补贴、市场红利，以新型孵化器的名义为楼盘"镀金"，销售写字楼、商业地产、公寓甚至住宅，出现"挂羊头卖狗肉"现象；一些新型孵化器服务内容单一，缺乏创业孵化资源的整合和服务能力，仍然靠出租办公位为盈利模式，与传统孵化器并无差异；一些新型孵化器有名无实、长期闲置。行业快速发展的过程中，运营模式落后、盈利机制不健全等弊端逐渐凸显，给行业长远发展及其对创新创业促进作用的发挥带来了极大挑战。

根据《中国创业孵化发展报告 2021》，2020 年全国孵化器总收入为497.69 亿元，其中物业收入和综合服务收入是主要收入来源，分别为246.29 亿元和140.21 亿元，投资收入为23.23 亿元。相比2019 年，孵化器总收入上升10.63%、物业收入上升10.12%、综合服务收入上升9.68%，投资收入上升0.26%。2020 年全国孵化器的运营总成本为407.1 亿元，较2019 年上升了9.79%。2020 年全国孵化器获得各级财政资助额76.2 亿元。从科技部火炬中心公布的2020 年度对1287 家国家级科技企业孵化器考评结果来看，258 家评为优秀（A 类），占比为20.0%；515 家评为良好（B 类），占比为40.0%；476 家评为合格（C 类），占比为36.99%；38 家评为不合格（D 类），占比为2.9%。评为合格、不合格的数量合计为514 家，两者数量占比达到39.9%。可以看到，孵化器的收入结构并不合理，一定程度上呈现了收支情况恶化现象，整体水平不容乐观。

与日益增长的创业服务巨大需求相比较，以新型孵化器为代表的孵化器群体在服务资源要素的凝聚、服务资源网络的对接、创投资本的聚集与规范运作、导师与辅导人员的素质提升、服务设施的改进等方面都还有巨大的提升空间。不由得引起疑问，新型孵化器是"徒有虚名"还是真正具备超越传统孵化器的行为基础（Hausberg and Korreck，2020）？如何更好发挥出新型孵化器的作用，通过进一步提升孵化功能、增强竞争力实现创业企业的群体孵化，并带动传统孵化器的转型升级？对于这些问题的深入回答，关乎我国创业创新生态的优化及经济发展新动能的有效培育。

鉴于此，本研究从新型孵化器良莠不齐的现实观察出发，关注到新型孵化器发展的三个特征并针对性构建研究框架：（1）在参与主体上，由依赖政府转向依靠市场，实现了全社会参与，这一特征赋予了从共生发展视角理解新型孵化器竞争力的重要意义；（2）在发展动力上，由政策驱动转向内部驱动，形成了对盈利性目标的强烈追求，这一特征赋予了探讨价值链创新、寻找内部支撑力的重要意义；（3）在孵化目标上，由孵化企业转向孵化产业，实现了服务链条及功能的全面拓展，这一特征赋予了探讨新型孵化器群体共生以及集群化发展的重要意义。在借鉴相关理论的基础上，本研究尝试架构起共生发展、价值链创新、新型孵化器竞争力的理论框架，探索新型孵化器竞争力提升的机制、路径及相应的政策需求，为加快推动孵化产业由政府主导转向市场主导，形成可持续发展的内生动力提供理论支撑和实践启示。全书共有十一章，结构安排如图 1－1 所示。

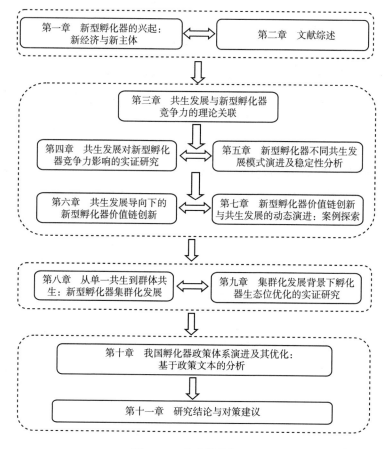

图 1－1　本书结构框架

　　第一章和第二章为研究导入，通过"新型孵化器的兴起：新经济与新主体""文献综述"从现实和理论两个层面明确研究的总体意义。其中，文献综述部分主要从孵化器竞争力、共生发展理论及应用、价值链创新理论及应用三方面进行回顾，提出现有研究所形成的基础、存在的局限性以及本研究试图推进的边际改进。

　　第三章至第七章重点关注单个新型孵化器的运营，探讨新型孵化器共生发展与竞争力提升内在关联以及价值链创新的支撑作用。其中，第三章"共生发展与新型孵化器竞争力的理论关联"从共生发展理论概述、传统孵化器共生发展面临的困境、新型孵化器竞争力表征、新型孵化器共生发展内涵及动力机制进行论述，明确新型孵化器从依附发展到共生发展的战略转向。第四章"共生发展对新型孵化器竞争力影响的实证研究"，利用问卷调研数据验证共生发展对新型孵化器竞争力的重要影响，对理解新型孵化器从依附政府到市场化发展应把握的共生发展战略提供了理论支撑。第五章"新型孵化器不同发展共生模式演进及稳定性分析"，以案例探索和 Logistic 模式构建对比分析寄生发展、偏利共生发展、互惠共生发展等不同模式的均衡条件及稳定性，为理解新型孵化器从寄生走向互惠共生强化竞争力提供了理论支撑。第六章"共生发展导向下的新型孵化器价值链创新"阐述了新型孵化器价值链创新的内涵，并基于典型案例分析和问卷调查数据，对新型孵化器价值链创新对共生发展的影响进行验证。第七章"新型孵化器价值链创新与共生发展的动态演进"导入动态视角，基于典型案例分析价值链创新与共生发展的内在匹配，明确不同共生发展阶段下价值链创新行为演进是推动共生发展模式变迁重要动力。

　　第八章和第九章实现了从个体到群体的研究拓展，重点关注新型孵化器基于群体共生所形成的集群化发展现象。其中，第八章"从单一共生到群体共生：新型孵化器集群化发展"从新型孵化器集群的现实观察出发，深入分析新型孵化器创新集聚效应及传导机制，结合典型案例分析和数据检验，论证了孵化器集群的形成以及共生发展的演进路径。第九章"集群化发展背景下孵化器生态位优化的实证研究"基于实证研究进一步探讨新型孵化器生态位选择策略。

　　第十章和第十一章为政策建议。其中，第十章"我国孵化器政策体系演进及其优化"从政策目标主体和政策内容类别梳理我国 1997 年以来有关孵化器发展的政策文本体系，利用政策文本分析方法对我国孵化器政策概况、演进及面临的不足进行分析，对照发达国家经验，对优化孵化器发展政策，进一步激发环境诱致效应进行论述。第十一章"研究结论与对策建议"总结本书研究结论，在此基础上从孵化器优化发展和政策环境优化两个层面提出相应的对策建议。

| 第二章 |

文献综述

关于孵化器的研究，总体沿着"个体—双边—系统"三个层面逐步推进：一是对孵化器特征、功能及运行机制的认知；二是对孵化器与创业企业的双边关系认知；三是对孵化器在整个创新系统中的作用认知。国外对孵化器的首个研究起于泰马利和坎贝尔（Temali and Campbell，1984）针对美国孵化器所做的一个全国性调查；国内首个研究则开始于 1988 年林峰的《美国一种新的企业机构——企业孵化器》一文对孵化器的介绍。到 2000 年以后，伴随创新经济的发展以及一批新型孵化器的涌现，理论研究才走向规范化，尝试运用竞争力理论、共生发展理论、网络理论、价值链理论、商业模式理论以及权变理论等进行系统分析（Weiblen and Chesbrough，2015；Mian et al.，2016；Albort-Morant and Ribeiro-Soriano，2016）。与本研究相关的主要包含孵化器竞争力研究、孵化器共生发展、孵化器价值链创新等内容。

第一节　孵化器竞争力研究回顾

一、孵化器概念及功能作用

关于孵化器的概念，学术界主要从组织管理的视角给出相关定义。但是，学术界对于孵化器的看法并不一致。部分学者认为，孵化器是为创业企业提供服务的组织（Hackett and Dilts，2004；Albort-Morant and Oghazi，2016）。钱平凡和李志能（2000）认为，孵化器是介于市场与企业之间的一种组织，包含孵化器管理人员、在孵企业、共享空间、共享服务、扶持在孵企业的优惠政策五大要素，目的在于帮助弱小的初创企业独立健康成长。孙大海（2006）认为，孵化器是一类智能服务产业，其根本特征为制度性框架和中介性体系，同时具有制度性框架、中介性服务和智能服务产业三大属性。莱斯和马修斯（Rice and Matthews，2010）指出，孵化器是为初创企业提供合理建议、咨询以及资源共享的服务机构，是其他人以及资源转移的服务中心。一些学者则认为，孵化器是汇聚各类创业要素的组织空间。颜振军（2000）认为，孵化器是一种为培育企业而设计的受控环境，在此环境中人们通过创造一些有利条件来发展一些有潜力的初创企业。孵化器运营的核心在于精心挑选初创企业，为每个企业提供物理空间，负责对企业的管理团队进行管理训练，为企业提供法律和金融等相关业务咨询帮助企业成长。相关机构则从空间资源集聚的视角给出了定义。联合国开发计划署指出，孵化器是一种为培育初创企业而设计的受控的工作环境，试图在这种环境中创造条件以实现初创企业的健康成长。欧盟认为，孵化器是一个初创企业的有限空间聚集地，该聚集地内具备初创企业成长所需的如电话、计算机、管理支持等设施，其通过向初创企业提供带有这些共享设施的模式化建筑，帮助初创企业成长，提高初创企业成活率。不同的专家学者和相关机构虽对孵化器的定义各不相同，但这些定义都在一定程度上揭示了孵化器的本质——帮助初创企业实现成长（Mas-Verdú et al.，2014）。

关于孵化器的功能作用，学者们主要从提升企业创新水平及区域创新水平等层面展开（Merigó et al.，2015；Wang et al.，2020）。首先在提升企业创新上，斯米勒（Smilor，1987）提出，孵化器的服务主要是为内部的在孵企业提供支持服务、专业的商业知识、金融和法律以及融资渠道。艾伦和麦克罗斯基（Allen and Mccluskey，1990）认为，孵化器的服务主要包括公共服务、管理服务和社区网络服务等三大块。梁琳和刘先涛（2005）指出，孵化服务主要是指为在孵企业提供良好创业环境、提供综合性服务和必要性设施、资金。谢艺伟和陈亮（2010）发现，孵化器有加速科技成果转化、扶持高新技术初创企业的重要作用。

郭磊和郭田勇（2018）指出，孵化器对促进具备科技实力的中小企业成长和高新技术企业的发展起到了非常重要的作用。孔栋等（2019）认为，孵化器能够为在孵企业提供有效的创业能力支持服务，识别了培训、咨询和社群三种孵化器提供的创业能力支持服务，并从服务内容和服务方式两个维度分析提供这三类服务才能更好地提升在孵企业的创业能力。王康等（2019）认为，孵化器对企业创新具有促进作用，并提出人力资本、融资约束以及科技成果转化是孵化器促进企业创新的重要机制。程洪漪等（2020）认为，孵化器可以利用自身各项资源帮助在孵企业以及在孵企业人员获得快速的突破性成长，由此加速科技成果的转化。刘彦平和王明康（2021）指出，孵化器运营效率的提升能够显著强化在孵企业的创新能力，可以通过纯技术效率、规模效率品牌效应与平台效应对在孵企业创新行为发挥直接和间接的作用。

在提升区域创新水平上，卡尔普（Culp，1997）用案例分析法得出以技术为基础的技术企业孵化器若能集中资源于技术的发展与技术转移方面，并根据发展战略选择合适初创企业进行孵化，则能够增加社会的净收益。伯尼尔等（Bernier et al.，2000）指出，孵化器在创造就业机会、促进行业形成、促进区域经济发展方面发挥重要作用。葛传斌和池仁勇等（2003）认为，孵化器能够起到培育创新企业、促进科研院所和高校等融入区域发展中以及为成为政府提供科技创新活动服务的载体等作用。李振华和封新宇（2016）通过分析协同创新的相关主体、协同创新的相关平台以及协同创新的环境这三者之间的因果关系，发现区域内孵化器协会是该区域孵化网络协同创新的领导者，地区孵化器运营的能力是孵化网络协同创新的核心动力。龚斌（2021）研究发现，孵化器提升区域创新水平主要通过增加区域风险投资和扩大孵化基金规模两条路径实现，其能够最大限度地缓解在孵企业创新融资约束。研究表明，孵化器价值创造、价值实现能够在 COVID-19 情景中经济与社会的可持续发展（LinLian et al.，2021）。

二、孵化器的分类别研究

创新不断成为推动经济和社会发展的核心，而新型孵化器建设成为创新创业的助推器、技术转移的集散地和新兴产业的动力源泉（张瑜，2020）。艾伦（Allen，1990）将孵化器分为营利性和非营利性两大类，并将营利性孵化器细分为营利性房地产型和种子资金型孵化器，将非营利性孵化器细分为非营利性企业培育型和科研机构型孵化器。张振刚和薛捷（2004）则在其基础上对孵化器两大类型进行细分，形成大学科技园、留学人员创业园、专业技术孵化器、综合科技企业孵化器、国企孵化器、国际企业孵化器、虚拟孵化器和孵化器网络八种类型。格里马尔迪和格兰迪（Grimaldi and Grandi，2005）根据孵化器属性将孵化器分为创新中心、大学商业孵化器、独立私有孵化器和企业孵化器四类。

在功能特征上，贝克尔和加斯曼（Becker and Gassmann，2006）认为，营利性型孵化器可以为创业企业提供专业化的资源、资金和知识孵化服务。布鲁内尔等（Bruneel et al.，2012）将孵化器区分为三代，其中一代仅提供物理空间和基础设施，二代开始注重企业需求，提供公了培训、辅导等必要的商业支持，而第三代孵化器强化了网络化发展、通过结网获取资源提高孵育效果成为重要主要方向（见图 2 - 1）。唐明凤和李翠文等（2015）提出，新型孵化器具有价值创造功能，主要体现在围绕其价值定位，投入天使资金、提供增值服务、构建浓厚的创新文化氛围帮助在孵企业成长。刘祯等（2020）通过对比分析专业孵化器和综合孵化器，指出专业孵化器内的更易于发展壮大，对于地方经济的带动效应更加明显，从而对区域经济发展的贡献更大。

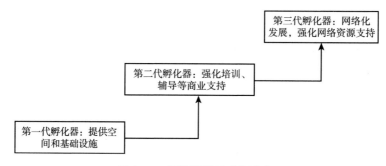

图 2 - 1　孵化器发展阶段演进

注：笔者根据布鲁内尔等（Bruneel et al.，2012）研究绘制。

贝克尔和加斯曼（Becker and Gassmann，2006）指出，孵化器盈利化已经成为一种发展趋势，这种盈利化并非导致市场失灵，而是解决市场失灵。其中，政府型孵化器由政府独资兴建，而市场型孵化器是由营利性或兼顾营利性和社会性的经济组织出资兴建。相较于政府型孵化器而言，市场型孵化器具有显著创业精神，以服务高科技行业为主，追求自身与被孵企业的共同成长，是孵化器发展的高级形态（Hansen et al.，2000；Leblebici and Shah，2004）。黄紫微和刘伟（2015）指出，现阶段我国孵化产业的市场结构演变及市场型孵化器的兴起是新一轮科技革命下突破新兴产业发展瓶颈并化解风险的内在要求。陈红喜等（2020）指出，政府、企业、大学三个创新主体显著促进了孵化器的创新经营，其作用程度大小依次为企业、政府、大学，即企业自身在孵化器创新经营的过程中发挥了主体作用，政府发挥了主导作用，大学发挥了支持作用。

三、孵化器绩效影响因素

从孵化器的价值实现角度，徐家良等（2014）认为，孵化器的目标为"效益"而非"利润"。吴文清等（2015）从理论上分析认为，孵化器竞争力来源于孵化器内分工专业化、固定成本分摊、品牌影响提升、管理者学习、交叉催化。屠文娟等（2018）对我国孵化器竞争力影响因素进行分析，R&D人员数量、R&D占GDP比重、创业风险投资强度、互联网普及率、在孵企业从业人员、人均GDP、生产力促进中心数量、科技拨款占公共财政支出比重与孵化器竞争力呈现正向相关关系，但国内申请专利授权数量、孵化器使用面积、在孵企业数量、社会融资规模存量、高新技术企业出口创汇、企业所得税与竞争力等呈现负相关。

关于孵化器绩效的影响因素，现有研究发现孵化器的绩效受到组织变革等内部因素以及合作关系等外部因素影响。彼得斯等（Peters et al.，2004）认为，孵化器应该聚焦于基础设施、培训与网络资源配给，并认为这三种能力显著影响了孵化结果。翁建明（2008）认为，规模效应既可以降低有形资产的平均成本，也能增进无形资产的累积，而无形资产是孵化器提供差异化服务、提升竞争优势的重要保障。林德昌等（2011）通过对南山创业中心的分析，认为规模效应使孵化器的运营模式、投资主体、管理主体、管理形式、管理内容等发生变化。马凤岭和陈颉（2014）指出，组织变革、价值链改进、网络位置改进和制度创业等创新活动可以推动新型孵化器复合商业模式形成，提升孵化器的经济效益。李庆博和刘西明（2018）发现，创业导师、公共平台投资强度投入对孵化器经济效益产出具有显著影响。朱婧等（2020）从孵化器的孵化能力、技术创新能力、经济效益和社会效益4个维度来确定孵化器的绩效产出。

也有学者关注了孵化器政策对绩效的影响，孙启新等（2020）指出，孵化器的税收优惠政策弥补了孵化器的房租亏损和服务支出，降低了孵化器的运行和服务成本，有利于提高孵化器为在孵企业提供各种孵化服务的积极性，为在孵企业加速发展提供良好的孵化环境，从而提高在孵企业创新投入及绩效。文圆等（2021）对于孵化器价值实现的政策效应进行了评估，认为政府介入程度较高的策略引导型政策工具和政府主导型政策工具应用较多，参与推动型和自由发展型政策工具运用不足。在此基础上，孵化器政策工具应用集中在价值孕育阶段，价值初创和价值加速阶段政策工具应用较少。

第二节　共生发展理论及其应用

"共生"（symbiosis）这一概念最早由德国真菌学家德贝里（Anton deBary）于1879年提出，表示两个不同物种在长时间共同进化中形成紧密联系且从中获利的种间生态关系。袁纯清（1998）认为，"共生是指事物之间相互依存、相互制约、互利互惠、协同发展的一种动态关系，它普遍存在于自然界和人类社会之中，存在于技术与经济、社会、人类及自然之间的相互作用之中，深刻反映着宇宙间的一种本质联系，是人类社会与自然界能够可持续发展的客观基础和动力来源。它具有客观性、普遍性、层次性和自组织性等基本特征"。

一、产业共生与共生创新

生物学界对于共生的研究已有几个世纪，随着共生在学界的认可度日益增高，作为一种独特的描绘物种与物种之间关系的方法，在20世纪中后期，共生概念被逐步引入经济管理领域，刻画不同主体之间互动作用机制。埃伦菲尔德和格特勒（Ehrenfeld and Gertler，1997）首次将共生理论引入产业生态学研究领域中，他们提出了"产业共生"（industrial symbiosis）的概念。赵志耘和杨朝峰（2015）从产业生态共生关系出发提出共生创新的概念，认为共生创新是将新产品或服务的选择、研发、生产、应用等一系列环节或要素联结耦合于一体，并在与外部环境相互调适整合的过程中实现产业生态内各主体的共同可持续发展的活动或过程。共生创新体现了创新要素之间的互动、整合与协同，企业与创新相关利益者之间保持了密切的合作关系，创新知识可以实现跨边界的自由流动。

与独立创新相比，共生创新速度更快、成本更低、收益更高。在这种新的创新范式中，体现的是从竞争到合作、从交易成本最小化到交易价值最大化的转变。在共生创新的范式下，共创、共享成为一种新的价值创造规则。张玉喜和刘栾云峤（2021）运用共生测度模型对我国科技生态系统共生度进行测量，表明我国科技生态系统共生水平大体上呈逐年增长态势，这对科技创新具有正效应，说明共生对于科技创新具有显著的促进作用，且企业种群、中介服务机构种群与政府部门种群对科技创新具有显著的促进作用。研究发现各个产业链上的主体可以通过像自然生态系统一样，各个链接企业之间可以建立共生互利的关系，通过企业间的物质、能量以及水资源等的阶梯式利用，从而提高企业的资源和能源利用效率（Zhu et al.，2016）。就区域创新网络，胡浩等（2011）建立多创新极共生演化动力模型，对区域创新系统中创新极间共生演化模式进行了模拟，发现区域创新系统间的区别在于区域内创新极的数量、强弱及创新极间的共生关系，区域创新系统演化的结果受区域内创新极间的共生关系影响。赵良杰等（2012）在基于协调博弈和动态网络的基础上，构建了一个社会网络与创新扩散的共生演化模型，采用仿真与计量相结合的方法，分析了创新扩散、网络整体收益和社会网络之间的相互影响。

二、生态位及共生发展测度

生态位概念源自生物学，是生物在栖息地所占据的空间单元，反映了一个生物单位对资源的利用和对环境的适应性（Elton，1927）。汉南和费里曼（Hannan and Freeman，1977）首次将生态位概念引入企业研究后衍生了诸多命题，如约翰等（Johan et al.，2003）将组织生态理论应用于企业发展战略的研究，侯杰等（2011）通过多案例分析考察了诱使企业发生生态位跃迁的因素，以及面对变化的条件时寻找最优生态位的策略模式。梁强等（2017）从生态位视角考察新创企业的成长和演化路径。钱言和任浩（2006）通过聚焦企业之间的共生关系，发现企业之间竞争的实质是由于企业的生态位重叠所引起的资源不足。李勇和郑垂勇（2007）发现，通过共生可以解决企业之间由于生态位重叠所引起的竞争。王东宏（2012）认为，通过成立基于生态位的战略同盟，以产业创新为内核，利用相关的共生机制和模式来打造协同效应的网络体系，以此实现生态位之间的相互分离。杨雪锋和刘超群（2014）进一步指出，企业如果通过收缩生态位，将自身的生态位与其他相关企业分立，就可以实现企业之间的合作共生。

对于共生的测度目前最典型及最常用的模式测度方法为 Logistic 模型。梅（May，1976）首先引进了 Logistic 共生方程来表示互利关系，通过添加共生的种群密度来表示线性项，即将种群环境容量作为 Logistic 共生的方程，以此来促进种群的增长。司尚奇和曹振全等（2009）认为，在企业和研究机构之间存在着共生关系，这种关系可以通过量化表示出来，并分析了其中共生的机制和特点。刘洋和丁云龙（2011）详细地从质参量、共生界面和共生环境等方面来论述了产学研合作中的共生特征，认为共生是描述产学研合作的有力视角和框架。王子龙等（2006）基于共生的生态位理论，对 Logistic 模型进行了修正，通过对生态位的均衡点求解，对不同生态位重叠下的企业进行了相关研究。武玉英等（2008）通过在 Logistic 模型中引入"正作用系数"，对模型进行了修正，同时认为只有在正作用系数大于生态位的重叠度的时候，企业才有达到互惠共生的可能。具体到 Logistic 模型在分析孵化器共生关系中的应用，现有研究认为孵化器的科技服务与成功孵化企业的数量明显受资源、技术和制度等环境影响，因此种群数量的变化是根据密度依赖，然后通过 Logistic 模型对其进行描述的。张骥骧（2013）根据 Logistic 模型的应用，认为通过设定共生主体之间的"相互影响因素"变量，研究企业在不同共生模式下的动态演变过程。刘满凤等（2015）对不同共生网络模式下的动态演化过程进行了补充。

三、孵化器共生发展

孵化器发展环境类似于自然界的生物系统，不少学者也将共生发展理论应用于孵化器研究中。曾鑫和赵黎明（2011）通过对我国孵化器与其他共生单元之间的合作机制分析，发现良好的合作关系对于开展深度创新合作有促进作用。吴瑶等（2018）提出，多主体互动是科技企业孵化器协同关系产生的基础，能够带来资源要素共享，产生主体间协同关系。孵化器基于协同关系为孵化企业提供差异化的服务，从而创造价值。孔令夷（2020）通过构建创业孵化生态系统理论模型，发现诸多生态主体组织对高科技创业孵化生态系统效能的影响是相互制约的，共同融合为一个复杂适用性创业孵化生态系统内外部环境，其中生态主体包括政府机构、市场组织、金融部门和咨询公司等。

创新生态系统遵循着共生关系的逻辑，我国的创新生态系统正处于成熟期后半阶段，向着互惠共生的模式进行演进，在此进程中孵化器起到了重要作用。刘平峰和张旺（2020）利用 Logistic 增长模型构建多种群共生演化动力学模型，解释不同共生模式下种群共生演化规律，结果表明创新生态系统种群共生演化轨迹符合 Logistic 增长规律，分起步、成长、成熟和饱和 4 个时期，共生演化均衡态及均衡条件取决于种群之间共生度的强弱。朱思因和杜海东（2020）从创业生态系统视角，研究发现初创企业孵化器的资源互补性较差，而且大部分孵化器内部资源协同能力及外部资源链接能力较弱，难以整合创造形成资源网络，影响了生态系统的整体绩效。王冬冬和段景伦（2020）认为，构建孵化生态圈，将风险投资、中介、政府关系、创业企业等纳入统一的场域范围，并加以有效地整合与利用，可以促进孵化器孵化绩效的提升。冯苑等（2020）提出，由于中国各省份孵化器发展存在空间正相关和规模集聚效应，应通过优化资源配置、完善区域协作网络、积极引导区域内、跨区域及国际孵化器合作等方式提升孵化器绩效水平。吴文清等（2019）认为，孵化器关系嵌入的三个维度即信任、信息共享和共同解决问题分别对孵化绩效有显著影响，说明了孵化器的共生作用机制影响着孵化器的发展。尤其是信任和信息共享的交互作用对孵化器知识结网能力、知识运作能力和孵化绩效有正向影响。

第三节 价值链创新理论及应用

一、价值链相关研究

价值链理论最早由波特（Porter，1985）提出，波特将企业的价值活动分为基本活动和辅助活动，这些互有联系相互影响的活动构成价值链。波特的价值链模型以利润为目标，强调企业活动的低成本和产品的差异化。彼得·海因斯（Peter Hines，1993）深化了波特的价值链理论，将价值链延伸到企业的供应商、合作者和顾客等，把顾客对产品的需求作为价值链分析的起点。

在价值链的特征上，约翰等（John et al.，2003）将企业的价值链分解为三个层次：物质价值链、交易价值链、知识价值链。在价值链的三个层次中，知识、技术、社会资本等无形资源对企业核心能力的形成越来越重要，而企业对隐性知识的掌握及对知识的吸收、传递、转化和应用的能力，成为其竞争差异的根本所在（Prahalad and Hamel，1990）。

随着信息技术的发展，瑞波特和斯维奥克拉（Rayport and Sviokla，1995）提出了虚拟价值链的概念，他们将企业的价值链分为实物价值链和虚拟价值链，虚拟价值链通过与实物价值链的结合来创造价值。由于虚拟价值链需要在互联网上操作，是由虚拟企业构成的网络，称为价值网，价值网强调共享资产、共创产品。通过对传统价值链的解构，古拉蒂等（Gulati et al.，2000）提出了价值网络的概念，企业对价值网络的协调能力变得特别重要。价值网络的本质是由处于价值链系统中具有某种专用资产的企业及相关利益体，共同为顾客创造价值。作为价值链概念的扩展，全球价值链、创新价值链受到学者关注和研究。

从价值链的发展看，价值链在受到外部环境的冲击尤其是受到创新和技术的冲击时，会发生剧烈变化进行重构（王志标、杨盼盼，2015）。在价值链的构建方法上，潘旭明和颜安（2008）从分析思路转变和能力要素两方面思考了价值链的重构，分析思路上企业把关注点从竞争者转到顾客，而基于能力的有限性，企业通过合作将价值链向外延伸。在价值网络的交互作用上，研究认为价值链节点间的互动是通过价值界面进行的价值交换过程，价值界面是节点在价值网络中的联系路径（Gordijn and Tan，2005）。余长春（2017）从规则治理角度指出，价值网络的界面规则应具有明确性和权威性。

二、孵化器价值链创新

对孵化器价值链创新的意义，唐炎钊等（2017）认为，理想的孵化对象应该是"虽然暂时资源匮乏、却展示出具有吸引力的商业内涵"的"脆弱但有潜力"的企业。司春林和梁云志（2010）指出，孵化器是孵化生态系统的组织者和经营者，同时孵化器要形成能解决孵化企业关键共性问题的特色服务，尤其是融资服务和专业服务团队。霍国庆等（2012）基于价值链理论，对孵化器的核心竞争力实证分析，认为孵化器的种子选择能力的因子负荷最大，其次为战略定位能力和成长催化能力，智能移植能力和服务增值能力的负荷因子相对较小。

关于孵化器价值链创新行为，郭俊峰（2013）从价值链层面指出新型孵化器包含前向价值链、基础价值链、核心价值链和后向价值链。从成本和收益角度提出新型孵化器的持续盈利要实现价值链的升级和延伸、价值活动的成本协同、充分利用社会资源以及利用产品组合定价策略提高对潜在入孵企业的吸引力等。马凤岭和陈颉（2014）指出，价值链包含筛选、物业、咨询、网络、投资等基本孵化活动和内部管理、人力资源、设施维护与管理等辅助职能活动。刘伟等（2014）指出，创新工场通过定位于投资和孵化移动互联网产业，同时提供以早期阶段投资为基础的全方位创业孵化的方式，形成产品创新为基础集聚资源要素的孵化服务创新。唐明凤等（2015）从商业模式的角度提出新型孵化器内部价值链包含价值定位、价值构造、价值传递和价值获取四个环节。郭磊和郭田勇（2018）指出，在传统孵化器的基础上衍生出了新一代产业孵化器的雏形，其核心功能在于整合产业资源，打通孵化器在孵企业与所属产业链的关联，形成孵化器自身的孵化生态体系，在企业核心技术研发、核心产品产业化方面得到来自产业链的支持。王健（2021）认为，科技园作为企业创新平台的专业化孵化基地，具备精尖运营模式，结合专业服务平台、成熟市场定位，可以为高校孵化项目提供优渥的生态土壤和平台环境，能够延长成果价值链。张超和张育广（2021）从创新价值链角度，提出创新生态圈在集聚创新创业生态系统发展所需的资源、人才、资金等生态要素的前提下，要构建"前孵化器—孵化器—加速器—产业园"全链条创新孵化体系。

第四节　文献述评

本章梳理了孵化器竞争力、共生发展及价值链创新等相关研究，从孵化器概念及功能作用、孵化器竞争力来源、孵化器的分类别研究、产业共生与共生创新、生态位及其共生发展测度、孵化器共生发展、价值链相关研究、孵化器价值链创新等方面进行阐述。纵观既有研究，为本书展开奠定了扎实基础：一是探讨了新型孵化器与传统孵化器的区别，提出市场化运行是新型孵化器的关键特征，将新型孵化器视为营利性机构，为深刻理解新型孵化器竞争力的内涵提供了明确方向。对于新型孵化器而言，不仅要帮助企业成长，还要实现收入的复合化，改变依赖政府补贴的格局。二是对孵化器共生发展的关注为本研究从共生发展、理解新型孵化器竞争力提供了重要思路。新型孵化器是资源整合型主体，区别于传统孵化器，内外部共生关系对新型孵化器的市场化运营将更具意义。三是价值链创新理论的研究所衍生出来的新型孵化器价值链创新内涵及管理、创新问题构成了本课题的重要议题。

尽管现有研究十分丰富，但仍然留下了改进空间，主要体现在以下几个方面：（1）关于新型孵化器的研究总体处于起步阶段，多数为概念性、理论性的探讨，少数几篇实证也是案例研究，缺乏大样本的观察，难以回答"为什么现阶段大量涌现的新型孵化器中仅有少数能取得显著成效，多数面临较大生存压力"这一问题。（2）现有研究观察到了一些新型孵化器的共生发展及网络化运营，但对于共生发展水平缺乏有效测度和检验，难以回答怎样的共生发展水平能够为新型孵化器带来竞争力，也未有区分不同共生主体对新型孵化器竞争力的差异化作用。（3）现有研究观察到了新型孵化器价值创造过程，但对于价值链创新缺乏有效测度和检验，难以回答新型孵化器如何通过价值链创新实现共生发展，也难以回答新型孵化器共生发展的差异化如何形成并演进。（4）现有研究观察到了新型孵化器与区域创新发展的关联性，但未能从共生发展角度深入剖析新型孵化器从单一共生到群体共生所形成的集群化、社区化发展现象，从而削弱了新型孵化器重要性及竞争力的认知。

基于此，本书在回顾孵化器发展历程及新型孵化器兴起的基础上，探讨共生发展与新型孵化器竞争力的理论关联，在共生发展的视角下研究新型孵化器价值链创新，基于大样本实证分析和典型案例分析，本书的边际改进如下。

第一，从理论层面研究共生发展与新型孵化器竞争力之间的关系。本书基于共生发展的理论视角，研究新型孵化器内部的共生、孵化器与外部环境之间的共生以及从共生的角度来阐释孵化器集群形成的内在逻辑。在此基础上，引入价值链创新，在共生发展的视角下研究新型孵化器价值链创新，由此架构起共生发展、孵化器、价值链创新的理论框架。

第二，从理论、实证和案例的有机统一来展开分析。在阐释共生发展与孵化器集群等理论机制的基础上，本书选取启迪之星和 Logistic 模型来测算不同发展模式特征及其稳定性；利用大样本调研对新型孵化器共生发展与竞争力、新型孵化器价值链创新与共生发展进行实证分析。在此基础上，选取国内首家创业服务上市公司创业黑马对价值链创新与共生发展动态演进跟踪调研、深度分析。深入观察了杭州未来科技城孵化器集群发展实践，探讨新型孵化器群体共生对区域创新发展带来的积极影响。

第三，从现有政策入手，提出促进孵化器发展、优化区域创新体系建设的对策建议。在共生发展关系的视角下，讨论新型孵化器的高质量发展，不仅是内部资源的共生，也是孵化器与其他孵化器之间、与平台载体之间、与政府部门或者支持政策之间的共生，并且评价现行政策、借鉴先进经验，提出相应的解决方案，使得研究视角进一步拓展，而且政策也更加具有针对性。

第三章

共生发展与新型孵化器竞争力的理论关联

竞争力是孵化器发展的基础，一个孵化器的竞争力越强，发展状况也就越好，持续发展能力越强。早期孵化器的出现主要是为了加快创业企业的建立，缓解地区内就业压力，在运行中孵化器主要给创业企业提供办公场地以及物业、注册代理等基础性服务。但随即新创企业的低存活率成为突出的问题，特别是一些政府资助项目的失败引发了较大的社会压力。这一现象的存在迫使孵化器将发展目标转变为如何提高创业企业存活率，朝着深化服务的方向发展（李志能等，2000；Bruneel et al.，2012）。正如米安（Mian，1996）所指出的，危机重重的孵化器给予创业企业的只能是失败的教训，孵化器首先要能够实现自身的发展。加上创新经济发展内在的不确定性和高风险性，网络建构、资源积聚等功能越来越多地体现在新型孵化器的价值诉求上，共生发展成为重要导向，也成为新型孵化器竞争力的关键表征。

第一节　共生发展理论概述：构成要素及形成条件

共生是指共生单元之间在一定的共生环境中按某种共生模式形成的关系（袁纯清，1998）。研究发现，共生体现为两个不同物种之间的为提高生物对环境的适应度，采取合作或者关联的方式来产生相互作用和协同进化机制（Avileés and Abbot，2002；Neuhauser and Fargione，2004）。共生单元之间的某种必然联系，使之结成共生体，并按内在的要求形成共生模式，产生新的共生能量，推进共同进化发展。从构成要素来看，一组共生关系主要包含共生单元、共生模式和共生环境三方面因素，其中共生单元是基础、共生模式是关键、共生环境是重要外部条件。（1）共生单元：构成共生关系的基本能量生产和交换单位，是形成共生体的基本物质条件。（2）共生模式：指共生单元相互作用的方式或相互结合的形式，从行为方式上说，存在寄生关系、偏利共生关系和互惠共生关系为等模式。不同的共生模式反映了共生单元之间作用的方式，也反映作用的强度。（3）共生环境：共生单元之间的关系不是在真空中发生的，共生单元以外的所有因素的总和构成共生环境。

共生发展的实现是要具备一定的条件和基础的，这就涉及另外两个重要的变量，分别是共生界面和共生能量。（1）共生界面：是指由一组共生介质构成的共生单元相互作用的中介和实现形式。共生界面是形成共生发展的基础，共生单元依托于共生界面实现物质、能量、信息的交流交换。共生界面包含的介质种类越多、性能越好，共生水平和程度就越高。（2）共生能量：共生过程给共生系统带来的净能量增加。共生发展既可以产生能量，也会因为阻尼效应的存在带来耗损。在一组共生关系中，共生界面越多、接触面越大、交流的阻力越小，就越能形成共生能量。共生能量的不断增长是推动共生关系形成的关键所在。共生模式及特征如表3-1所示。

表3-1　　　　　　　　　　　　　共生模式及特征

共生模式	共生能量特征	共生作用特征
寄生	不产生新能量	寄主的单向输出
偏利共生	产生新能量	一方受益、一方无损
互惠共生	产生新能量	对称或非对称的共同增长

共生发展反映了共生单元之间的物质、信息和能量关系。从本质来看，共同激活、共同适应、共同发展是其深刻的本质。通过共生，一是促进了共生单元某种形式的分工，弥补每一种共生单元的功能的缺陷；二是促进共生单元的共同进化，各类资源的共享是共生单元的相互适应、相互激励过程；三是通过共生发展能够在系统中形成新的结构、新的物种，在经济中表现为新的企业组织形式的产生。共生关系的形成不是一劳永逸的，受到内生动力机制和环境诱导机制的影响。随着环境的变化和共生单元自身的变化而变化。既有正向的过程，从寄生到互惠共生，也有可能是逆向的，从互惠共生走向寄生，这个过程对于个体而言意味着差异化的生存状态。共生发展构成要素如图3-1所示。

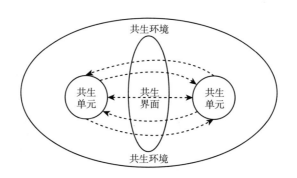

图 3 - 1　共生发展构成要素

第二节　传统孵化器发展面临的困境

不同的目标和竞争优势来源必然对孵化器运营产生特定的影响（Zedtwitz，2005）。传统孵化器具有浓厚政府色彩，主要由政府主导，其实质为公益性组织，可在一定程度上视其为特定的"政府部门"。管理模式具有明显的机关作风，致使传统孵化器在运营过程中将会不可避免地出现重管理、轻服务的现象，低层次的孵化服务供给不能满足创业企业的需求。从自身盈利来看，更多依赖政府补贴、政策资源，缺乏参与市场竞争的能力。根据共生发展理论，传统孵化器的发展困境具体表现在两个方面：一是缺乏与创业企业、资源主体的共生界面；二是共生能量严重不足。

一、缺乏与创业企业、资源主体的共生界面

孵化器在运营过程中涉及在孵企业、政府、科研院所、金融机构及中介机构等关联主体，构成了孵化器的潜在共生单元。其中，在孵企业是孵化器的服务对象，期望通过各类孵化服务实现自身成长；科研机构、金融机构、中介机构等资源主体扮演协助者的角色，为孵化器运营提供技术支持、资金支持以及各类中介服务；政府是基础设施、配套生活设施的提供者，是创业环境的营造者。

作为孵化器的服务对象，创业企业由于成立时间较短、规模较小，其往往在资金、技术、人才、管理等方面都存在一些亟待解决的问题。（1）资金

困境。创业企业在起步阶段对于资金的需求量不一定很大，但融资渠道却受限，很难得到传统金融机构的支持：一是因为创业企业发展规模小、缺乏抵押物；二是所处发展阶段具有很强的不确定性、抗风险能力较弱；三是诚信记录缺乏。因此，在孵企业进入孵化器一方面希望能够降低运营成本，另一方面也希望依托孵化器的网络获得外部资金支持。（2）技术困境。创业企业在产品研发环节都会遇到与新研发产品相关的一些核心或非核心技术的缺失。为保证新产品的成功研发，创业企业不得不尝试去掌握不太擅长的核心或非核心技术资源，或者寻求相关技术拥有者进行合作。前一解决方式资金和时间成本都太高，后一方式搜索成本较高。由于信息不对称所带来的道德风险问题导致创业企业很难获得其需要所有相关技术。（3）管理困境。一个企业的发展不仅需要进行产品的开发，还需要进行产品的生产、销售以及售后等一系列的活动。在企业成长的不断阶段，企业均会遭遇各类风险挑战，形成了对管理水平提升的迫切需求。（4）人才困境。很多创业企业由于资金、声誉等的缺乏，在吸引人才方面都面临难题，例如，企业运营不稳定导致人才流动性大，比如创业团队偏技术型、缺乏商业人才等。

而正是这些困难，也构成了孵化器与在孵企业、服务机构之间的关联，只有解决这些问题，在孵企业才能健康成长。例如，针对资金困境，孵化器将各类金融机构和政府集聚在平台上，根据创业企业不同发展阶段所需资金类型与数量的不同帮助其与相关金融机构进行有效链接，消除它们之间的信息不对称问题，以获得相关金融机构的融资。如针对技术困境，孵化器可与科研院所、高等院校等建立联系，了解科研院所、高等院校现有技术资源能否被用于创业企业技术难题的解决或是直接根据创业企业需求向科研院所、高等院校提出技术需求。比如针对人才困境，孵化器则能通过专业人力资源服务机构帮助创业企业构建商业型人才团队。另外，在化解管理困境方面，孵化器着力为在孵企业提供商业咨询、商业模式构建等服务，以解决创业企业管理上所存在的问题。

一般而言，在一个共生关系中，共生界面的功能越全、性质越稳定，共生单元之间交流与合作的频率越高、成本越低。反之，共生界面越单一，共生单元之间的交流和合作频率就越低，成本越高。但实际上，传统孵化器更多扮演的是"二房东"，补贴主导下的经营模式使得经营管理人员对于孵化培育企业事业无压迫感，没有积极引入外部资源的动力，导致孵化器服务体系单一，孵化能力低下。在与创业企业互动过程中，共生的介质仅局限于场地以及打印、工商办理、物业管理等基础服务，在与各类服务机构的互动中，没有形成持久、深入的信息交流和资源共享，难以支撑共生发展（Zhang and Sonobe，2011）。

二、共生能量严重不足

有限的政府投资资金和非专业管理运营人员有限的精力和能力导致传统孵化器在服务体系构建的过程中不可能面面俱到，做到所有服务都能培育自己的专业团队，从而使得在增值服务体系构建上需要借助其他伙伴的力量才能加以完善，否则高端孵化服务的供给将成问题。而鉴于传统孵化器的公益属性，社会上的天使投资机构、创投基金、专业商业咨询服务机构、专业市场宣传推广机构等进入会面临一系列的政治程序障碍。而孵化器的无经营风险性也使得经营管理人员对于孵化培育企业事业无压迫感，忽视外部资源引入的重要性，没有积极与相关的社会机构联系，最终导致各相关社会机构只是零星地存在于孵化器服务体系中，没有形成规模。在孵企业的孵化数量偏少、孵化质量偏低意味着传统孵化器所处的共生环境中共生能量偏少，使得整个体系缺乏协同效益和创新活力。在经济和政治波动的情况下，政府资助并不是一种可持续的模式，孵化器需要找到更可持续的资金来保证其运营（Chandra and Silva，2009；杨义兵，2020）。

值得注意的是，寄生关系并不必然表现为不良作用，可能是孕育物种、推动共生的必经过程。如果寄生者并不是一个永恒的能量消费者，那么这种寄生关系就能够转化为偏利共生或互惠共生关系。但如果寄生者是一个永恒的能量消费者，那么寄生关系就是有害的。为获得政府青睐，孵化器普遍存在"替政府干活"现象，如招商引资、举办各类活动等。正如潘红波等（2008）所指出的，较强政治关联意味着更多政府干预，社会目标与政府官员利益的叠加不可避免影响专业性。过多包揽政府工作以获取补贴却导致失去独特性，难以获得市场认可，成为传统孵化器"生存两难"的根源所在。从共生角度来看，意味着传统孵化器缺乏从寄生模式演进至偏利共生、互惠共生的内在能力。

传统孵化器发展面临的困境如图 3 - 2 所示。

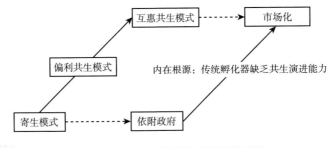

图 3 - 2　传统孵化器发展面临的困境

第三节　新型孵化器竞争力表征：从依附到共生

正如上文所述，新型孵化器的兴起与创新环境的改变有较大关联。新一轮科技革命和产业变革下，创新创业的技术密集度持续升高、创新创业生命周期缩短，创新创业活动从内部组织到开放协同，跨国、跨区域的创新创业活动日益增多，等等。面对创新创业活动的复杂化，全行业及全链条的协调融合不可或缺。随着创新创业的纵深发展，创业服务更加强调各个创新链条的深度融通，需要各创新主体形成更加紧密的合作网络和协同机制，促进创新要素高效融合，实现创新要素及产业资源与中小微主体的创新能力充分结合。对于孵化器而言，围绕产业链、创新链、资金链全球范围的资源整合，与其他层次和类型的服务行业合作共进，为初创企业提供全流程服务至关重要。

对照传统孵化器发展困境，新型孵化器的发展要可持续，就要形成区别于传统孵化器的价值创造和价值实现逻辑：一是破解服务能力不足的难题，实现对创业企业的有效孵化和群体孵化，成为创业创新生态中的重要载体；二是要破解自身生存乏力的难题，通过转变运营模式实现自身盈利及发展可持续性（Aggarval et al.，2011；Cantù，2015）。

罗斯柴尔德和达尔（Rothschild and Darr，2005）指出，基于社会网络的循环模式相比技术发展的线性模式更适合孵化器的运作，孵化器不仅是连接学术界和企业的桥梁，也是广义创新网络的重要组成。更大的网络互动将形成更好的社会资本，创造实质价值并改善孵化业绩（Hughes et al.，2007；Abduh et al.，2007）。布鲁内尔等（Bruneel et al.，2012）从服务内容角度将孵化器演进分为三个阶段，提出新型孵化器服务重点在于为孵化企业提供各类资源以及网络服务，基于孵化网络的资源获取和配置被视为现代孵化器应有的核心能力。也有学者指出，现今孵化器的总发展方向是从组织形式的"孵化器网络"到服务深化的"网络孵化"发展（杨义兵，2020）。

因此，从共生发展理论视角来看，新型孵化器竞争力表征主要为两个方面：一是从依附政府走向市场化，这就要求新型孵化器运营从由政府主导转变为市场主导，在发展中实现共生单元多样化；二是由非营利导向转变为营利导向，这就要求新型孵化器能够从寄生走向偏利共生、互惠共生，实现共生模式的高级化（见图3-3）。

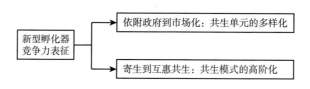

图3-3　新型孵化器竞争力表征

一、新型孵化器竞争力表征之一：从依附政府到市场化

从依附政府到市场化，意味着市场因素在孵化器建设中发挥了越来越大的作用。新型孵化器顺应了改革和发展的要求，在经营方式上朝着企业化的方向转变，逐步建立起严格意义上的现代企业制度。在这个过程中，涉及与政府关系、与在孵企业以及与服务机构的关系重构。

（一）是新型孵化器与政府的关系重构

传统孵化器因其依靠政府补贴、政府资源成立运营，只能被动地接受政府关于区域创新战略的指示，就初创企业进行培育，以升级区域产业结构、增加区域就业、促进区域经济增长。其自身是缺乏激励机制的，这就导致孵化器发展缓慢，对初创企业的孵化成效不显著。但在新型孵化器的发展中，沿着市场化导向，新型孵化器需要从以往被动接受区域创新战略指示转变为主动影响区域创新战略，积极培育高新技术企业，发挥培育创业企业、新兴产业集群等主体作用。

（二）是新型孵化器与在孵企业的关系重构

孵化器的市场价值将由在孵企业直接体现，在孵企业能否成功孵化不仅关系到在孵企业能否实现自我价值增值更关系到孵化器价值的增值。区别于传统孵化器，新型孵化器需要强调与在孵企业的共同成长，为会满足在孵企业的各种孵化需求而努力。包括对在孵企业进行实时追踪，及时了解各在孵企业目前阶段所需孵化资源，搭建并完善内外部资源体系，精准高效地为在孵企业提供低成本、高质量、多种类的人才、资金、商业、技术等增值孵化服务等（Shiha and Aaboen，2017）。另外，需要凭借股权连接获得的对在孵企业的控制力将及时制止在孵企业成长过程中不恰当的行为，辅助在孵企业在成长轨道正常运行，降低创业风险，从而实现双方自身价值同步增值。

（三）是新型孵化器与服务机构的关系重构

孵化器作为一个孵化平台，其主要职责就是为在孵企业提供所需的各种服务。若单凭孵化器自身，因其资源有限性，是很难满足在孵企业对孵化服务的所有需求的。因此，需要各类服务机构积极参与其中，将资源集聚于孵化器这一平台，共同为在孵企业提供财务、人力、资本、技术等孵化服务（Studdard，2006）。区别于传统孵化器，新型孵化器需要积极谋求与各类服务机构的合作。例如，一方面，科研院所作为各类科技人才的聚集地，新的前沿技术绝大部分出现在此，能帮助在孵企业克服技术难题；另一方面，科研机构的科技成果由于缺乏相关转移转化经验，科技成果转移转化低，不少科技成果无法落地，新型孵化器需要凭借其优质的服务资源及丰富的成功经验帮助科研机构实现科技成果的转移转化，从而提高科技成果的转化率。比如，金融机构有大量资金，能帮助在孵企业解决资金困境，新型孵化器要依据其对在孵企业的全程跟踪情况为金融机构提供优质的标的企业，使得金融机构拥有源源不断优质投资项目。再比如，中介机构主要有人事、财务、法律、商业咨询等专业机构，能够为孵化器提供专业的人事、财务、法律、商业咨询等服务。但中介机构往往缺乏大客户，新型孵化器则需要将各类小客户的需求进行打包，扩大了中介机构的需求来源。依托与服务机构的合作加快成为"生产企业的企业"。

二、新型孵化器竞争力表征之二：从寄生到互惠共生

根据共生理论，孵化器共生发展模式包含寄生、偏利共生以及互惠共生三类。其中，寄生模式下孵化器及创业企业所形成的共生体在整个创业创新体系中作用很低，外部主体无法从两者的低水平共生中获取共生能量。偏利共生模式下共生单元会产生新能量，但在整个创业创新体系中作用仍然很低。互惠共生模式是新型孵化器共生发展的理想状态，多边作用机制效率应更高，共生界面的稳定性更好共生过程中的净能量更多。对于新型孵化器而言，竞争力的第二个重要表征是共生模式的高级化，实现从寄生模式到互惠共生模式的转变。

（一）新型孵化器寄生模式

寄生模式下包含寄主和寄生者，寄生者本身并不产生新能量，依赖寄主的能量生存。两者之间的共生关系体现为能量从寄主到寄生者的单向流动。一般而言，寄主在形态上大于寄生者，寄生者的能量消耗也仅占寄主生产量的一小部分。对应到新型孵化器的场景，寄生模式表现为创业企业依附于孵化器、孵化器依附于政府及第三方机构。创业企业依靠孵化器的场地、服务维系，严重缺乏市场竞争力，一出孵就意味着失败。新型孵化器也很难从创业企业服务中获得收入，更多依靠政府补贴生存。此外，孵化器及创业企业所形成的共生体在整个创业创新体系中作用很低，外部主体无法从两者的低水平共生中获取共生能量。新型孵化器寄生模式如图3－4所示。

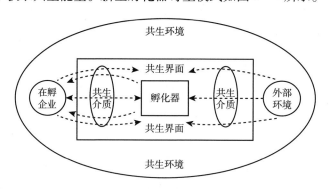

图3－4　新型孵化器寄生模式

（二）新型孵化器偏利共生模式

偏利共生模式下，共生单元会产生新能量，但这种新能量一般只向共生关系中的某一单元转移，或者说某一共生单元获得全部新能量。在这种模式下，必定存在一种具有强烈的利他倾向的共生单元，且这种倾向并不影响自身存在与发展。偏利共生模式并不常见，具体到新型孵化器场景，相比寄生模式，新型孵化器与创业企业之间实现了关系优化，在孵企业可以从孵化器获取场地和更多的服务、资金支持和其他技术支持，新型孵化器可以从在孵企业获取更多的租金或服务收入。但作为共生体，两者在整个创业创新体系中作用仍然很低，外部共生主体仍然难以获取共生能量。比如政府仍然要大量补贴、风险投资也比较少的获得优质的创业企业。新型孵化器偏利共生模式如图 3－5 所示。

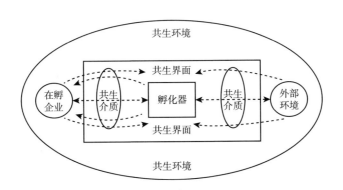

图 3－5　新型孵化器偏利共生模式

（三）新型孵化器互惠共生模式

互惠共生模式中，共生单元会产生新能量且相互之间能否实现非对称或对称性增长。具体到新型孵化器场景，孵化器与创业企业之间的关系进一步优化，与此同时，两者在整个创业创新体系中作用不断发挥。一方面，政府对于孵化器的相关优惠政策慢慢减少，仅少量补贴；另一方面，经孵化器的创业企业对于地区的产业转型升级和区域经济发展都有一定的促进作用，能够成为风险投资机构的重要标的。在该模式下，信息、能量及物质的交流交换是双向的，经由孵化器以场地、服务、资源和技术支持等方式流向在孵企业，然后孵化器和在孵企业通过完善地区创新服务体系和带动地区经济发展的方式回流政府和社会。在互惠共生模式下，新型孵化器需要鼓励多元主体之间的技术链接、资本链接、产业链接，支持跨领域、跨机构、跨行业、跨区域等多重社会组织网络的形成和发展，以实现一个结构完整、功能完善的创业孵化系统。新型孵化器互惠共生模式如图 3-6 所示。

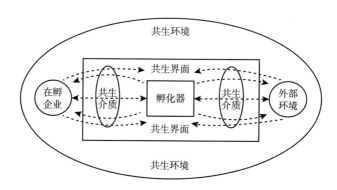

图 3-6　新型孵化器互惠共生模式

第四节　新型孵化器共生发展内涵及动力机制

一、新型孵化器共生发展的内涵

依据共生理论，本研究认为新型孵化器共生发展是指孵化器、在孵企业、科研院所、金融机构及专业中介服务机构等创新主体以利益共创为共生目标，通过资源共享、风险共担来实现共同成长和可持续发展的演进过程。

（一）利益共创

利益共创是指各创新主体在培育初创企业的过程中实现自身价值的增值。初创企业接受各类专业孵化服务实现自身价值增值；科研院所在为初创企业提供技术支持的同时实现科技成果转化率的提高；金融机构在为初创企业提供资金的同时获得投资收益；中介机构在为初创企业提供专业化服务时获得服务收入的提升；政府在为初创企业营造良好创新创业氛围的同时，由初创企业成功培育所带来的区域就业岗位和税收增加以及高新技术企业集聚带动产业发展所带来的区域产业结构转型升级。基于以上背景，新型孵化器主要采取企业化运营模式，选择具有运营管理孵化器经验的高素质人才进行孵化器的运营管理。将孵化器视为一家孵化企业的企业，以培育出"企业"这一产品，实现自身盈利为目标，高效快速反映以及时满足创业企业需求，促进创业企业健康快速发展。相比传统孵化器下，新型孵化器会密切关注其他伙伴的共同成长，并以开放姿态吸引更多数量及种类成员，追求共同创造和分享更大的价值，以"做大饼"方式来避免共同"分小饼"式竞争。

（二）资源共享

新型孵化器内一般都集聚有基础办公资源、资金资源、政策资源、人才资源、技术资源、商业服务资源等。这些资源在平台上都是开放的，供所有在孵企业使用。随着新型孵化器专业化发展，入驻其内的初创企业往往都集中于某一特殊领域或某几个相关联的领域，一般都具有相同或相似的孵化服务需求。新型孵化器通过整合各在孵企业服务需求信息，规模化地提供孵化服务，由此带来的规模经济效应帮助降低初创企业成本。另外，基于各在孵企业自身的独特性，其各自擅长、掌握的技术以及经验是不同的，孵化器内部在孵企业之间的交流有利于相关技术、知识、管理经验等的学习（Zhang et al.，2016），各在孵企业通过这种学习实现自身智力资源的积累与扩大，提高自身竞争力。

（三）风险共担

新型孵化器内的初创企业大多为高新技术企业，以 R&D 项目的研发和 R&D 成果的应用为其核心业务，对资金的需求量较大。但由于 R&D 项目的研发与成果应用过程中存在很多不确定性因素：一是研发阶段自身技术的不确定性；二是应用阶段市场的不确定性。初创企业往往面临着诸如技术风险、市场风险、财务风险等风险，在其新产品开发的每一个阶段都可能出现意外，随时都面临着失败。新型孵化器将科研院所、金融机构、政府、中介机构等集聚于平台上，形成技术资源库、各专业服务资源库以及资金资源库，从而为初创企业解决技术困境、市场困境、财务困境、实现风险共担。初创企业可在技术资源库内就其所需技术寻求帮助，以解决其技术难题，一定程度上规避技术风险；在各类专业服务资源库内就新技术产品市场化中所面临的各种问题寻求专业指导，以解决新技术产品推广过程中的难题，一定程度上规避市场风险；可以在资金资源库内就自身发展阶段对资金的需求数量及类型寻求多元化的融资渠道，融资渠道的多元化意味着更多资金注入初创企业以支持初创企业新产品的研发、生产、销售等一系列活动可能性的提高，降低初创企业自身需要承担的财务风险。最终实现开发成本和投资风险的降低。

（四）共同成长

新型孵化器的投资来源于社会上各组织，其发展目标区别于传统型孵化器的公益性，在培育创业企业的同时实现自身盈利是其发展目标，是否能实现自身盈利成为关键。莱斯（Rice，2002）指出，孵化器和创业企业的"共同生产"模型，其中孵化器是规则的制定者（regular producer），创业企业是消费生产（consumer producer），孵化器承担着孵化网络建设、评估以及促进创业企业参与网络合作等职责。孵化器和创业企业基于契约（包括章程、协议、法律合同等）形成了强制性关系，这种关系为孵化器、创业企业和其他主体之间的诱致型关系的形成提供了保障。基于长期、多元的诱致关系所积累的孵化器资源、声誉和文化又成为了吸引新一轮创业企业入孵的重要基础，强制性关系得以进一步更新并最终推动孵化网络的整体演进。初创企业成功孵化进入资本市场，实现自我成长；高成功孵化率为孵化器带来良好的口碑，各类创新主体不断涌入孵化器内，孵化器朝着集团化、专业化发展；各类服务机构则更专注于自身优势服务建设，更加专业化。

二、新型孵化器共生发展动力机制

共生动力机制的核心或本质是什么条件下相互促进、什么条件下相互促退。面对创新经济所产生的动态产业环境，新型孵化器从依附走向共生既强调自我调节与有效更新，通过内部结构调整、功能机理优化和运作机制健全来适应环境条件，也需要通过适当改变环境条件、有效变更资源取向，使得环境朝着有利于组织发展的方向演化。具体而言，新型孵化器共生发展动力机制包含内部动力机制和环境诱导机制两方面。

（一）新型孵化器共生发展内部动力机制

根据共生发展理论，共生单元识别、共生界面构建、共生成本控制以及共生能量生成是否正常、是否高效决定了共生发展能力的优劣，对共生关系的进化、发展影响重大。

1. 共生单元识别

任何共生单元都是选择与之具有某种关系的其他候选共生单元作为共生的对象。新型孵化器与创业企业之间的关系也是逐步识别和认识的过程。有效选择优质或符合自身发展定位的创业企业对于共生关系的形成至关重要。除了创业企业外，孵化器选择在哪些城市、高新园区落地，选择与哪些服务机构合作都是在识别共生单元。一般而言，孵化器会建立在城市的高新区，有助于吸引创业企业，同时孵化出来项目也可以就近落地，培养优势产业。相比于传统孵化器，新型孵化器的共生单元更具多样性，成了诸多跨界合作。如与龙头企业的合作，实现对创业企业资金、技术、人才和相关资源的全方位支持。以腾讯众创空间为例，该孵化器由腾讯开放平台、英诺创新空间与政府三方联合筹办、联合运营，其中腾讯负责生态资源对接及产业服务，而英诺天使基金则主要负责项目评估和投资。此外，越来越多的新型孵化器走出国门，在更大范围内识别潜在的共生单元，促进创新创业资源的广泛交流。

2. 共生界面构建

共生界面是共生机制建立的基础，一方面，共生界面为共生单元提供了接触机会、让双方有表达共生愿望和信息的窗口；另一方面，一旦共生关系形成，这种共生界面就会演化成物质、信息和能量的转移传递的通道。根据不同主体来源，共生界面可区分为外部共生界面和内部共生界面，其中外部共生界面是指孵化器与外部相关组织，如风险投资公司、银行、大学、各类专业服务机构、在孵企业的潜在客户等建立的关系网络，内部界面是基于孵化器与创业企业之间互动而形成的关系网络（Ehrenfeld and Gertler，1997；李振华和赵黎明，2007）对于新型孵化器而言，共生界面构建能力体现在共生介质优化以及交流合作渠道拓展两个层面。

（1）共生介质优化。

共生体特有的共生介质使共生单元之间的内部交流具有较好的载体和稳定的边界，免受或少受环境因素的干扰和影响。共生介质的优化体现在两者共同投入多样化、互补性资源，比如在场地及设施设备供应的基础上，提供培训服务、咨询服务、政策宣讲服务、项目申报服务、知识产权服务、技术转移服务以及公共技术平台服务等内容。

（2）交流合作渠道拓展。

共生界面拓展体现在两者共同拓展交流与合作渠道；当前很多新型孵化器在经营上加快了规模化、网络化、国际化步伐，为共生发展提供更多界面。例如，海创汇于 2014 年 5 月正式成立，是海尔集团由制造产品向孵化创客转型的创业平台，目前已在国内 11 个城市以及海外 9 个国家布局 28 个孵化基地。通过链接海尔产业资源，海创汇打造了产业资源社群、空间社群、交互社群、培训社群、服务社群和金融资本社群，为创业企业提供包含投融资、供应链、技术研发、销售渠道、人才支持等在内的一系列服务。

3. 共生成本控制

共生界面的维系与交流是存在能量耗损的。比如新型孵化器的规模扩张，势必要求扩大员工人数和管理水平。以杭州某典型孵化器为例，5 人的运营团队，人工费用加上活动推广、媒体宣传、行政办公、交通差旅、基础物业等运营费用基本上超百万元。如果再加大特殊共生介质的投入以及服务的高阶化，新型孵化器在外部共生单元的识别和维系上必然要投入更大的精力和成本。共生体系的最优发展是实现共生能量最大而能量损耗最小。因此，新型孵化器是否具有共生成本控制能力在很大程度上影响着共生发展的可持续性。

4. 共生能量生成

共生能量生成原理体现了共生系统的本质特征。在共生能量生成后涉及分配的问题，如果共生能量分配不合理，导致有些共生单元进化快、有些进化慢，形成共生单元的非同步进化，会影响到共生发展的不稳定性。比如新型孵化器与风险投资在合作过程中，能发挥各自优势、取长补短，提高科技成果转化率和在孵企业的成功率，但其系统内在稳定性受到多种要素的制约，开展的合作水平和合作效果远未达预期，其中股权分配的公平性与合理性对合作系统的支持尤为重要（赵黎明、刘书英，2012；刘伟等，2021），从中也反映了对新型孵化器共生能量分配能力的更高要求。

（二）新型孵化器共生发展的环境诱导机制

除了新型孵化器自身的能力建设外，共生单元所处的共生环境（包括政策环境、市场环境、技术环境等）也发挥着重要作用。源自共生环境的诱导包含了正向反馈和负向反馈两方面，其中正向反馈有利于推动新型孵化器从依赖政府走向市场化，同时也有利于新型孵化器从寄生模式演进至偏利共生、互惠共生模式，而负向反馈则起到抑制和消极作用。新型孵化器共生发展动力机制如图3-7所示。

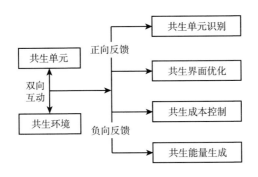

图3-7 新型孵化器共生发展动力机制

总体而言，我国新型孵化器的涌现就是共生环境不断优化的结果，无论是创业需求的扩张、资本市场的完善以及对创新创业政策的不断丰富都推动着共生环境正向反馈的不断强化。杜宝贵和王欣（2019）基于2000～2017年我国孵化器政策的变迁指出，面向孵化器发展的政策工具日益丰富、政策内容逐渐细化，除科技部门外，工商、税务、人社、教育等诸多相关部门均参与到孵化器的建设事业中，而且服务意识逐步确立。特别是中央层面提出"大众创业、万众创新"后更是让社会各界对孵化器的关注达到了前所未有的高度。

来自共生环境的变化会作用于共生单位的行为和能力建设，形成了诱导机制。（1）环境诱导与共生单位识别：共生单元之间的识别需要信息，信息丰度增加的过程就是共生识别过程。近年来，国家层面不断鼓励国家自主创新示范区、国家高新区和特色产业基地合理布局专业孵化器，引导高校、科研院所等围绕优势专业领域建设专业孵化器以及推动加快新型研发机构和行业龙头企业围绕产业共性需求和技术难点建设特色产业孵化器等举措，实际上赋予了新型孵化器识别共生单元的诸多机会。（2）环境诱导与共生界面构建：以2015年《关于大力推进大众创业万众创新若干政策措施的意见》为代表的政策文件，在财税、金融、服务以及平台建设方面进行了政策安排，为新型孵化器共生介质优化提供了条件。特别是鼓励和支持孵化器自建或者共建公共科技研发服务平台等推动了孵化器共生界面的不断拓展。（3）环境诱导与共生成本控制：当前政府部门对孵化器的服务力度不断加大，包括面向孵化器简化办事手续、办事流程以及将孵化器发展工作纳入考核内容等。行政效率的提高无形中降低新型孵化器的共生成本。（4）环境诱导与共生能量生成：各级政府部门会根据毕业孵化成效进行补贴，并在包容失败的理念的影响下，逐步尝试建立风险补偿机制。例如，对于孵化器内投资失败的项目给予投资机构一定的风险补偿资金或者针对在孵企业首次贷款项目出现坏账的情况给予一定补偿等，风险共担机制的不断完善为新型孵化器优化共生能量生成提供了创新空间。

正如刘浩（2010）所指出的，共生单元间的关系经过演化后会作用于共生环境，接受共生环境的检验，并根据共生环境的反馈调整系统行为。政府部门应尽量遵循共生单元与共生环境的双向互动规律，通过推动环境变量的优化，为共生单元输入更多的物质、信息和能量，让共生单元不断吸收的同时创造出新的物质、信息和能量，并向其他共生单元和环境转移，实现共生体系的持续演化。

第五节　本章小结

本章重点厘清共生发展与新型孵化器竞争力的理论关联，在明确共生发展构成要素及形成条件基础上，分析传统孵化器发展面临的困境，提出新型孵化器的发展要可持续，就要形成区别于传统孵化器的价值创造和价值实现逻辑，着力破解服务能力不足、自身生存乏力两大难题。本章提出，共生发展是指孵化器、在孵企业、科研院所、金融机构及专业中介服务机构等创新主体以利益共创为共生目标，通过资源共享、风险共担来实现共同成长和可持续发展的演进过程。

从共生发展要求来看，新型孵化器竞争力表征主要表现为两个方面：一是由非营利导向转变为营利导向，运营主体都拥有不同核心资源，推动新型孵化器从寄生走向偏离共生、互惠共生，实现共生模式的高级化；二是从依附政府走向市场化，由政府主导转变为市场主导，由单一市场主体到多元市场主体，实现共生单元的多样化。

　　新型孵化器共生发展的实现包含内部动力机制和环境诱导机制，其中内部动力机制体现为共生单元识别、共生界面构建（共生介质优化、交流合作渠道拓展）、共生成本控制和共生能量生成。环境诱导机制包含正向反馈和负向反馈两方面，其中正向反馈有利于推动新型孵化器从寄生模式演进至偏利共生、互惠共生模式，从依赖政府走向市场化，而负向反馈则起到抑制和消极作用。

| 第四章 |

共生发展对新型孵化器竞争力
影响的实证研究

孵化器竞争力越强标志着孵化器持续发展能力越强。孵化器竞争力的强弱客体上表现为创造客户价值的多少和实现自身价值增值的多少。区别于传统孵化器，新型孵化器强化了营利性，改变原有依赖政府补贴的格局，强化了租金收入、增值服务、股权收入比例，推动收入来源的多样化。基于前文所述，从依附到共生是新型孵化器竞争力的重要表征，那么共生发展又是如何影响竞争力的？怎样的共生水平有利于提高新型孵化器竞争力呢？这些问题有待进一步验证。

第一节 研究假设

关于孵化器共生发展对竞争力的影响，主要受到资源依赖理论和社会资本、网络理论的影响，认为基于共生发展所形成的关系网络是单个孵化器和单个创业企业弥补资源和能力不足的重要渠道，孵化器拥有的网络资源越丰富，就越有可能传递给亟须网络资源的初创企业（Bruneel et al.，2012）。库珀等（Cooper et al.，2012）将孵化网络功能归纳为减轻创业企业管理压力、获得合法性和认同以及物质和信息等资源接入。孵化器在这个网络中的另一个作用就是协助其他主体寻求自己的位置，确保各利益主体嵌入一个资源异质互补的空间，形成一个在结构、功能、关系层级上积极互动、协同工作的网络，使整个网络从无序向有序发展。姚晗等（2021）发现孵化器的共生网络创建通过直接影响人才资源、资本资源和关系资源对孵化绩效的作用，来实现对在孵企业提供不同的增值服务。

如前文所述，根据不同主体来源，新型孵化器共生发展可区分为内部共生和外部共生，这两种共生对应着两种逻辑，其中内部共生所实现的是缓冲（buffering）机制，在孵育过程中，新型孵化器管理者和创业企业之间存在相当长时间的信息和资源交流，通过营造一种内在环境让创业企业减少对外部资源的依赖。外部共生所实现的是搭桥（bridging）机制，通过与外部各类主体的联系，孵化器扮演起中介的角色，将解决创业企业外部联系中的结构性障碍和缺陷，帮助减少搜寻成本（Amezcua et al.，2013）。基于法国和美国两地的问卷调研发现更多的内部咨询互动利于向创业企业提供商业方面帮助，更多的外部网络利于向创业企业提供技术方面的帮助（Scillitoe and Chakrabarti，2010）。较强的网络稳定能力以及优质资源的提供将推动知识创造与合作主体广泛涌现（Hurmelinna-Laukkanen，2012）。

一、内部共生水平与新型孵化器竞争力

孵化器具有经济属性的前提在于建立起与入孵企业之间的密切关系。孵化器与被孵企业之间的共生关系是孵化器通过为被孵企业提供服务建立起来的相互间的信任与依赖关系，这种关系可以有效降低企业的创业难度，促进孵化器不断改进服务、提升品牌形象和影响力。内部共生水平首先体现入孵企业规模上。规模反映出孵化器满足企业所需的信息与资源以及吸引新企业入孵的能力，代表了网络内成员的稳定状态（Dhanaraj and Parkhe，2006；Hurmelinna et al.，2012）。高密度的交互空间为创新创业人才提供了思想交流平台，整体上增强了孵化器内部互动。内部网络频繁的正式与非正式沟通促进了知识流动，有利于相关技术、知识、管理经验等的学习，各在孵企业通过这种学习实现自身智力资源的积累与扩大，提高自身竞争力（Elisa，2011）。在孵企业数量的增加有利于帮助孵化器形成规模效应，有利于分析发现入孵企业的共性需求，提高资源的利用效率。在孵企业之间的交流与共享也可以促进孵化网络的构建，进而创造出更为强大的综合经济实力和创新力，并吸引更多的资本、人才、技术等创新要素流入（Rosa and Alessandro，2005）。网络内部共生水平还体现在入孵企业的孵化周期上。区别于传统孵化器，股权投资成为新型孵化器重要创新手段。孵化周期的拉长有助于培养信任和承诺，帮助新型孵化器获得投资机会。顾新和郭耀煌（2003）和卡萨（Kaasa，2009）的研究将在孵企业关系社会资本分为信任和承诺两个维度。

其中，信任是指人们对某种将要发生的事情的期望，相互信任的双方不会因为对方的疏忽而搭便车，是相信对方不会利用自己的弱点，不会采取机会主义的一种信心。古拉蒂和赛奇（Gulati and Sytch，2010）认为，通过建立信任关系可以增强合作伙伴之间的协同效应。这一现象的存在促使孵化器将发展目标转变为如何提高创业企业竞争力和存活率，朝着深化服务的方向发展。

此外，毕业企业在入驻孵化器的过程中必然会受到孵化器的价值观和文化氛围的影响，这种影响将会一直伴随着入孵企业以后的成长，成为孵化器价值观向外扩散的窗口。规模越大、入孵周期越长，就越有可能带来内部共生所形成的经济反哺机制。由于每个孵化器在入孵行业上都比较集中，毕业的入孵企业将会集聚大量的产业链资源，而毕业企业与孵化器之间的天然联系又使得在孵企业与毕业企业之间很容易建立紧密的网络关系，从而能够为孵化器内的创业项目提供人才、资本、技术、产品市场、创业经验等各种资源（Rubin et al.，2015）。

关于新型孵化器竞争力，本书主要考虑两个方面：一是孵化器的营收水平，体现了综合实力；二是较低的政府补贴水平，表明孵化器实现了从政府依赖向市场化运营的转变。基于上述讨论，本书认为内部共生水平有助于提升新型孵化器竞争力，提出以下假设。

H（4-1）a：入孵企业数对新型孵化器营业收入有显著正向影响。

H（4-1）b：入孵企业数对新型孵化器政府补贴收入占比有显著负向影响。

H（4-2）a：入孵企业平均孵化周期对新型孵化器营业收入有显著正向影响。

H（4-2）b：入孵企业平均孵化周期对新型孵化器政府补贴收入占比有显著负向影响。

二、外部共生水平与新型孵化器竞争力

孵化器外部网络资源获取能力对孵化器整体创新表现具有正向推动作用，标志着孵化器从单向输出向多元互动的功能转变（Zedtwitz and Grimaldi，2006；董静和余婕，2020）。外部网络资源可以分为基础性资源、生产性资源

和无形资源（Paquin and Howard-Grenville，2013）。其中，政府是基础设施、配套生活设施的提供者，地产商及其他商业服务提供者则是完善创业空间生活服务和商业服务的重要参与者，这些主体共同组成了基础性资源提供群体。政府提供的支持创业空间发展的政策体系，第三方服务机构提供的工商登记、财税、法务等服务，产业链资源和政府、大企业、创投机构提供的资金都是生产性资源，这些主体共同组成了生产性资源提供群体。科研机构和高校提供的技术、知识、人才资源，创投机构及其他专业人士提供的创业辅导资源等都是无形资源，这些主体共同组成了无形资源提供群体。这些主体提供的资源依据对入孵企业成长的价值占据孵化网络中不同位置，最终形成了以创业企业为中心的利益共同体。

斯图达德（Studdard，2006）通过对来自美国和芬兰的52个入孵企业形成的样本研究认为入孵企业通过孵化器的关系联结获取专有知识会影响其新产品开发、增加技术竞争力、降低成本并提高声誉。麦克阿丹（Mcadam，2008）指出，孵化器外部网络能够提供包括物质资源、金融资本、市场机会、地位声誉、合法化、商业知识和新想法等有形资源和无形资源，有助于在孵企业生存。孵化网络有助于入孵企业形成创新能力成为其技术商业化资源向绩效转化的调制器（Chen，2009）。孵化器通过外部孵化网络资源搜寻为孵化器和在孵企业提供了发展所需的新技术、客户资源来帮助其实现创新发展。孵化器拥有的外部网络资源越丰富，就越有可能传递给亟须网络资源的创业企业（Ratinho and Henriques，2010；孙梦瑶和李雪灵，2019）。

如果说孵化网络的建立是为了扶持创业企业快速成长并创造社会价值，那么它衍生出来的思想表达、创业精神、文化氛围、契约精神等这些看不见摸不着的，则是创业这项事业可以长久持续的支柱。而这些精神力量是建立在共同孵化创业企业这个实实在在的"产品"基础上的。比如孵化器与投资人的关系，尽管很多新型孵化器走的是"投资+孵化"的模式，但是孵化器的主体功能还是孵化服务，投资功能只是为企业提供一个初始的创业资金，主要的大量的投资功能还是要依靠专业的创投或者天使投资来承担。孵化器如果拥有良好的社会资源关系网络，与投资人之间有着良好的信任与合作关系，那么这种信任与合作也会转移到创业企业身上，从而为创业企业争取到更多更好的投资（杨星星，2015）。两者之间的信任与合作是一种品牌效应，孵化器为投资人提供优质的创业企业，投资人对孵化器的信任增加，从而会更倾向于投资该孵化器孵化的创业企业。

总体而言，当前的创业是具有很强融合性的，比如说医药产业的发展，以往都布局于郊区，但近年来越来越多的企业集聚研究型大学附近，有意识通过集聚高等院校、科研机构、投资机构、创业者、服务机构等多元主体资源，实现创新全要素的导入。今天很多的园区发展，也不是孤立的某个产业，而是有意识地通过不同部门和产业的融合来创造新的产品、技术和市场解决方案，如信息技术和生命科学、能源、教育的结合，比如新技术与传统产业如广告、媒体、时尚、金融等充分融合。再一个进入创意时代，入孵企业的价值增值更多地体现为一种无形资产，其投入也更多的是对知识、信息和技术等无形资源的需求，而这些无形资源在社会中往往却是稀缺和分散的。所以从这个意义上来看，通过链接科研院所、金融机构、政府、中介机构等，形成高水平的外部共生对于以新经济为培育重点的新型孵化器更具价值（Soetanto and Jack，2013）。基于上述讨论，本书认为外部共生水平有助于提升新型孵化器竞争力，提出以下假设。

H（4-3）a：外部共生水平提升对新型孵化器营业收入有显著正向影响。

H（4-3）b：外部共生水平提升对新型孵化器政府补贴收入占比有显著负向影响。

三、内部共生水平与外部共生水平的交互效应

内部共生水平与外部共生水平存在相互促进作用。阿梅斯库等（Amezcua et al.，2013）指出，孵化网络的作用在于能否有效地平衡外部环境和创业企业之间需求，在市场密集、竞争激烈的情况下，孵化器的网络连接和直接支持会发挥更大作用。对于内部共生水平越高的孵化器，入孵企业数量越多、入孵企业平均孵化周期越长，那么更优的外部共生关系网络将更有助于促进孵化器与被孵对象之间信任与依存关系的增强，促进被孵对象之间的交流与合作（李振华、赵黎明，2007）。从孵化器层面提出了不同战略选择下的差异化影响，提出专业型和综合型孵化器依赖不同类型孵化网络，其中专业型孵化器需要深度的商业、技术网络，而综合型孵化器需要相对广泛、多元的

关系网络。价值实现方式的不同需要对价值网络进行不同的构建（Vander-straeten and Matthyssens，2012）。梁祺和张宏如（2019）将孵化器的社会资本进一步细分为聚内型和联外型两大类别，并证实聚内型、联外型两类社会资本通过创新机会开发的中介，加强了对创新孵化绩效的倒 U 型影响。基于此，本研究认为，对于入孵企业数量越多、入孵企业平均孵化周期越长的孵化器，将更加强化"开放 + 共享"的外部共生思维，把各类创新主体聚合起来自发地沟通、碰撞、协同、分享，实现从创意到公司的转变，催生一批又一批创业企业。综上本书提出以下假设。

H（4－4）a：入孵企业数与外部共生水平提升对新型孵化器营业收入的影响存在交互效应。

H（4－4）b：入孵企业数与外部共生水平提升对新型孵化器政府补贴收入占比的影响存在交互效应。

H（4－5）a：入孵企业平均孵化周期与外部共生水平提升对新型孵化器营业收入的影响存在交互效应。

H（4－5）b：入孵企业平均孵化周期与外部共生水平提升对新型孵化器政府补贴收入占比的影响存在交互效应。

第二节 问卷设计和变量测度

本书采用大样本问卷调查收集数据，为确保问卷的内容效度，在借鉴前期文献并结合本研究特点的基础上，问卷设计过程中咨询了省级孵化器协会管理人员以及具有代表性的五位孵化器管理者。初始问卷设计好后，选择了10 位孵化器管理人员进行了预测试，请他们认真填写题项，并提出相关的建议。据此，对问卷进行修改、完善。调查问卷主要由两部分组成：第一部分是孵化器基本信息、包括成立时间、投资主体、获评级别、场地面积、入孵企业数、入孵企业平均孵化周期、营业收入、各类收入来源占比等，被试者根据企业情况据实填写；第二部分是关于外部共生发展的主观性题项，采用李克特 7 级量表打分，其中"1"表示"非常不同意"，"7"表示"非常同意"。

一、因变量

共生能量生成体现在新型孵化器绩效上，本研究区分为营业收入、政府补贴收入占比两个方面。其中，营业收入包含"1＝100万元以下""2＝100万～300万元""3＝300万～600万元""4＝600万～1000万元""5＝1000万～1500万元""6＝1500万元以上"；其中，营业收入越高，表明孵化器绩效水平越高，政府补贴收入占比和租金收入占比越高，表明孵化器绩效中增值服务偏少，仍然处于发展较低水平。

二、自变量

共生发展水平包含两个部分：一是与内部共生发展水平，采用入孵企业数和入孵企业平均在孵周期两个指标；二是外部共生发展水平，主要涉及"与同行相比，与地方政府的关系更为紧密""与同行相比，与金融机构、风险投资等金融机构合作更为紧密，获取投融资更为便捷""与同行相比，与高校、科研机构等机构的合作更为紧密""与同行相比，在产业链上下游资源对接方面更具备优势""与同行相比，与行业协会、第三方服务机构如中介、法务等方面的联系更为紧密"五个方面的主观问题（见表4-1）。

表4-1　　　　　　　　　外部共生发展水平测度题项

	与同行相比，与地方政府的关系更为紧密
	与同行相比，与金融机构、风险投资等金融机构合作更为紧密，获取投融资更为便捷
外部共生 发展水平	与同行相比，与高校、科研机构等机构的合作更为紧密
	与同行相比，在产业链上下游资源对接方面更具备优势
	与同行相比，与行业协会、第三方服务机构如中介、法务方面的联系更为紧密

三、控制变量

本研究涉及成立年限、投资主体（1＝政府；2＝投资基金；3＝科研机构；4＝企业；5＝其他）、获评级别（1＝国家级孵化器；2＝省级孵化器；3＝市级孵化器；4＝其他）、场地面积四个方面。

第三节　数据来源和样本分析

受新冠肺炎疫情影响，本次问卷调查主要采用网上发放和电话调研两种方式，共发放 250 份，其中 218 家孵化器参与了该项调研，去除填答严重缺失和明显互相矛盾的问卷，共得到有效问卷 174 份，有效问卷回收率为 69.6%。为保证调查数据的真实有效，问卷的发放对象主要为熟悉孵化器运营的中高层管理者。

对外部共生发展水平做因子分析和信度检验。在信度方面，Cronbach's α 系数大于 0.8，表示量表的内部信度非常好。在效度方面，三个维度的 KMO 系数都超过了 0.7，并且球形检验显著，表明量表具有良好的聚合效度（见表 4-2）。

表 4-2　　　　　　　　外部共生发展水平的因子载荷和信度检验结果

自变量	题项	因子载荷	Cronbach's α
外部共生 发展水平	项目 1	0.869	0.887
	项目 2	0.917	
	项目 3	0.885	
	项目 4	0.902	
	项目 5	0.906	

在此基础上对样本情况进行描述，从成立年限来看，最短为 1 年，最长为 24 年，其中成立 10 年以内的孵化器占比为 78.7%，与新型孵化器发展的历程较为吻合，如图 4-1 所示。从投资主体来看，企业投资成立的孵化器为

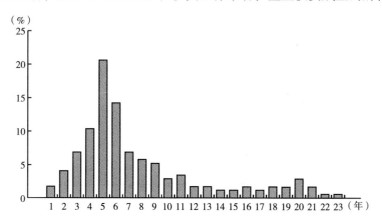

图 4-1　样本孵化器成立年限情况

113 家,占比 64.9%。政府、投资基金、科研机构以及其他投资的孵化器为 61 家,占比 35.1%,如图 4 - 2 所示。

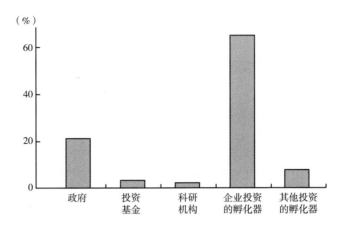

图 4 - 2 样本孵化器投资主体情况

从获评级别来看,其中国家级孵化器 77 家,占比 44.3%;省级孵化器 54 家,占比 31%;市级孵化器 24 家,占比 13.8%;此外,174 家孵化器的平均孵化场地面积为 19439.10 平方米,平均入孵企业 60.06 家,入孵企业平均孵化周期 29.08 个月。总体而言,参与问卷调研的孵化器质量较高,如图 4 - 3 所示。

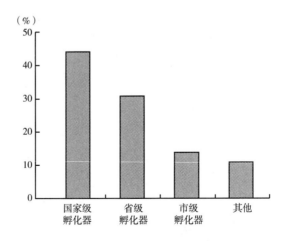

图 4 - 3 样本孵化器获评级别情况

从营收水平来看,174 家孵化器中,营业收入在 100 万元以下的为 34 家,占比 19.5%;营业收入为 100 万~300 万元的有 46 家,占比 26.4%;营

业收入在 300 万～600 万元的有 34 家，占比 19.5%；营业收入在 600 万～
1000 万元的有 26 家，占比 14.9%；营业收入在 1000 万～1500 万元的有 14
家，占比 8%；营业收入在 1500 万元以上的有 20 家，占比 11.5%，如图 4 - 4
所示。其中，政府补贴收入占比均值为 23.5%，如图 4 - 5 所示。

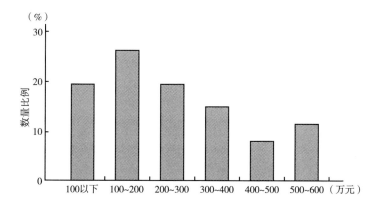

图 4 - 4　样本孵化器营业收入的分布情况

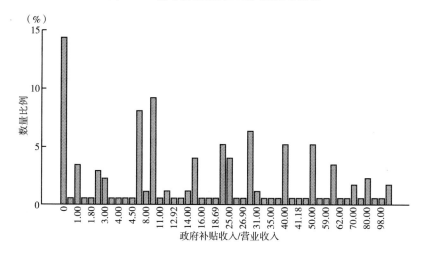

图 4 - 5　样本孵化器政府补贴收入占比的分布情况

第四节　共生发展对新型孵化器竞争力的实证检验

一、共生发展与营业收入

本章采用 Stata14.0 对控制变量、自变量与因变量的进行关系检验，分析结果如表4-3中的模型（4-1）至模型（4-3）所示。从回归结果来看，模型（4-2）中入孵企业数量对营业收入存在正向显著影响，入孵企业平均孵化周期对营业收入存在正向显著影响。外部共生发展水平与营业收入正向相关但不显著。在基本模型的基础上，加入交互效应，形成模型（4-4），可以看出外部共生发展水平与入孵企业数不存在交互效应，而外部共生发展水平与入孵企业平均孵化周期的交互项对营业收入存在正向显著效应，这意味着对于入孵企业平均孵化周期较长的孵化器而言，外部共生界面的不断优化有利于营业收入的提高。

表4-3　　　　　　　　　　共生发展水平与营业收入回归分析

变量	模型（4-1）	模型（4-2）	模型（4-3）	模型（4-4）
	营业收入	营业收入	营业收入	营业收入
入孵企业数		0.003 ** (2.29)	0.003 ** (2.25)	0.002 * (1.92)
入孵企业平均孵化周期		0.012 *** (4.28)	0.012 *** (4.25)	0.011 *** (3.87)
外部共生界面			0.031 (0.85)	-0.172 * (-1.73)
外部共生界面×入孵企业数				0.000 (0.10)
外部共生界面×入孵企业平均孵化周期				0.007 ** (2.30)
成立年限	0.031 *** (3.18)	0.012 (1.22)	0.013 (1.30)	0.014 (1.41)
投资主体	0.079 ** (2.60)	0.069 ** (2.39)	0.072 ** (2.47)	0.078 *** (2.70)
获评级别	-0.109 ** (-2.45)	-0.081 * (-1.89)	-0.073 * (-1.67)	-0.081 * (-1.85)
场地面积	0.000 *** (3.38)	0.000 ** (2.16)	0.000 ** (2.18)	0.000 ** (2.31)

续表

变量	模型（4-1）	模型（4-2）	模型（4-3）	模型（4-4）
	营业收入	营业收入	营业收入	营业收入
Constant	0.528 ***	0.176	0.150	0.171
	(2.84)	(0.93)	(0.78)	(0.90)
Observations	174	174	174	174
R-squared	0.293	0.380	0.383	0.403
t-statistics in parentheses				

注：*** 、** 、* 分别表示在1%、5%、10%水平上显著。

二、共生发展与政府补贴收入占比

本章采用Stata14.0对控制变量、自变量与政府补贴收入占比进行关系检验，分析结果如表4-4中的模型（4-5）至模型（4-7）所示。从回归结果来看，模型（4-6）中入孵企业数量对政府补贴收入存在正向作用，但不显著。入孵企业平均孵化周期对政府补贴收入占比存在负向且显著影响，这意味着随着入孵企业孵化周期的延长，新型孵化器能够更好地拓展收入来源。外部共生发展水平与政府补贴收入负向相关，但不显著。在基本模型的基础上，加入交互效应，形成模型（4-8），可以看出外部共生发展水平与入孵企业数以及外部共生发展水平与入孵企业平均孵化周期均不存在交互效应。

表4-4　　　　共生发展水平与政府补贴收入占比回归分析

变量	模型（4-5）	模型（4-6）	模型（4-7）	模型（4-8）
	政府补贴收入占比	政府补贴收入占比	政府补贴收入占比	政府补贴收入占比
入孵企业数		0.023	0.027	0.035
		(0.37)	(0.43)	(0.53)
入孵企业平均孵化周期		-0.299 **	-0.291 **	-0.300 **
		(-2.10)	(-2.06)	(-2.08)
外部共生界面			-2.933	-5.168
			(-1.58)	(-1.02)

续表

变量	模型（4-5）	模型（4-6）	模型（4-7）	模型（4-8）
	政府补贴收入占比	政府补贴收入占比	政府补贴收入占比	政府补贴收入占比
外部共生界面×入孵企业数				0.018
				(0.49)
外部共生界面×入孵企业平均孵化周期				0.034
				(0.22)
成立年限	-0.531	-0.295	-0.377	-0.410
	(-1.15)	(-0.59)	(-0.75)	(-0.80)
投资主体	-6.285***	-6.294***	-6.528***	-6.440***
	(-4.30)	(-4.30)	(-4.46)	(-4.35)
获评级别	-1.494	-1.618	-2.360	-2.478
	(-0.70)	(-0.75)	(-1.07)	(-1.11)
场地面积	-0.000	-0.000	-0.000	-0.000
	(-1.63)	(-1.27)	(-1.32)	(-1.31)
Constant	54.237***	59.455***	61.931***	61.798***
	(6.08)	(6.19)	(6.39)	(6.32)
Observations	174	174	174	174
R-squared	0.105	0.129	0.142	0.144
t-statistics in parentheses				

注：***、**、*分别表示在1%、5%、10%水平上显著。

三、研究假设验证

综上所述，从共生发展水平对孵化器营业收入的影响来看，当共生发展的三个维度，即入孵企业数量、入孵企业平均孵化周期以及外部共生界面与孵化器营业收入进行回归时发现：（1）入孵企业数量和入孵企业平均孵化周期对营业收入占比都存在显著正向影响；（2）外部共生界面与孵化器营业收入正相关但不显著；（3）通过对三个自变量的交互项进行回归后发现，外部共生界面与入孵企业数量不存在交互效应，外部共生界面与入孵企业平均孵化周期则存在交互效应。结合样本孵化器营业收入的实际情况来看，孵化器营业收入水平与入孵企业数量以及入孵企业平均孵化周期紧密相关，而且对于入孵企业平均孵化周期较长的孵化器而言，逐渐优化的外部共生发展水平将有利于提高其营业收入。

从共生发展水平对孵化器政府补贴收入占比的影响来看，对共生发展的三个维度，即入孵企业数量、入孵企业平均孵化周期、外部共生界面与孵化器政府补贴收入占比进行回归。结果显示：（1）入孵企业数量和对孵化器的政府补贴收入占比存在正向影响，但不显著；（2）入孵企业平均孵化周期与孵化器的政府补贴收入占比存在显著负向影响；（3）外生共生界面与政府补贴收入占比呈负相关，但不显著；（4）外部共生界面与入孵企业数量、入孵企业平均孵化周期均不存在交互效应。这一结果说明，随入孵企业孵化周期延长，孵化器能够更好拓展收入来源，对政府补贴的依赖性降低。由此可以认为，假设 H（4-1）a 成立、H（4-1）b 不成立，假设 H（4-2）a、H（4-2）b 成立，假设 H（4-3）a、H（4-3）b 不成立，假设 H（4-5）a 成立，假设 H（4-4）a、H（4-4）b、H（4-5）b 均不成立（见表4-5）。

表4-5　　　　　　　　　　　实证分析结果

假设	假设内容	结果
H（4-1）a	入孵企业数对新型孵化器营业收入有显著正向影响	成立
H（4-1）b	入孵企业数对新型孵化器政府补贴收入占比有显著负向影响	不成立
H（4-2）a	入孵企业平均孵化周期对新型孵化器营业收入有显著正向影响	成立
H（4-2）b	入孵企业平均孵化周期对新型孵化器政府补贴收入占比有显著负向影响	成立
H（4-3）a	外部共生水平提升对新型孵化器营业收入有显著正向影响	不成立
H（4-3）b	外部共生水平提升对新型孵化器政府补贴收入占比有显著负向影响	不成立
H（4-4）a	入孵企业数与外部共生水平提升对新型孵化器营业收入的影响存在交互效应	不成立
H（4-4）b	入孵企业数与外部共生水平提升对新型孵化器政府补贴收入占比的影响存在交互效应	不成立
H（4-5）a	入孵企业平均孵化周期与外部共生水平提升对新型孵化器营业收入的影响存在交互效应	成立
H（4-5）b	入孵企业平均孵化周期与外部共生水平提升对新型孵化器政府补贴收入占比的影响存在交互效应	不成立

第五节 本章小结

本章重点就共生发展对新型孵化器竞争力的影响进行了实证分析。在共生发展维度区分为内部共生发展水平和外部共生发展水平，在竞争力维度区分了营业收入和政府补贴收入占比。在理论假设的基础上，利用大样本调研，收集 174 份有效问卷进行实证分析，发现内部共生发展水平中，无论是入孵企业数还是入孵企业平均孵化周期都对于孵化器营业收入有显著影响，同时外部共生发展水平与入孵企业平均孵化周期对新型孵化器营业收入的影响存在正向交互效应。这表明新型孵化器通过外部共生资源，有助于为创业企业创造一个良好有序的孵化环境，进而有效提高孵化器绩效，增加收入。与此同时，伴随着入孵企业平均孵化周期的拉长，孵化器政府补贴占比有所下降。这表明，孵化器和创业企业之间的信任和承诺逐步建立，为孵化器获得更多的租金收入、增值服务收入以及股权投资收入提供了可能性，有利于促进孵化器市场化运营。

|第五章|

新型孵化器不同共生发展模式
演进及稳定性分析

在共生发展中，共生单元的进化发展动力越强大，共生过程的效率越高，共生体的稳定性越高。为了进一步分析共生发展的动态特性，本章基于案例探索和 Logistic 模型构建重点研究新型孵化器不同共生发展模式的均衡条件及稳定性。

第一节　新型孵化器共生发展模式特征：
基于启迪之星的案例探索

启迪之星是传统孵化器转型为新型孵化器的典型代表，其前身是成立于1999 年的清华创业园，是科技部火炬中心认定的首批国家级孵化器。发展至今，启迪之星在全国建立了孵化基地 150 多个，拥有创新孵化面积近 40 万平方米，创新网络覆盖国内外 80 个城市，成为国内线下覆盖网络最全的创业孵化器以及首个资产超千亿元的孵化器。通过整合相关创新创业资源，启迪之星搭建创新创业平台，与各地园区共同成长，累计孵化企业超过万家，投资企业 500 多家，已有 41 家企业成功上市，获得近 200 亿元人民币的投资回报。

一、启迪之星的寄生发展阶段

1994 年，清华科技园发展中心组建，开始建设清华科技园。2000～2005年，是清华科技园成型阶段。在此期间主要完成了园区的建设和招商，初步构建了创新服务体系，开始形成全国分园网络。2004 年清华科技园建设股份有限公司正式更名为启迪控股有限公司。在这期间，启迪之星主要是为清华校内服务，更多服务于清华大学自己的创业者，为在孵企业提供一些简单的空间和少量的资金支持，与在孵企业和各个共生单元之间的资源交流频率都不是很高。在此阶段，启迪之星通过提高与清华大学共生介质的兼容性，成功地与清华大学之间实现了共生能量的流动。同时启迪之星还通过明晰自己的发展定位和核心业务，突破了相互独立时的限制。但是由于共生能量的流动基本都是从清华大学流向启迪之星，这种单向的共生能量流动模式限制了启迪之星的进一步发展。随着启迪之星的发展，寄生模式的弊端也日益凸显，启迪之星开始探索如何在更多的地方搭建创新服务体系，希望以此来突破寄生模式的限制。

二、启迪之星的偏利共生发展阶段

随着我国孵化器体系的日益成熟，启迪之星也开始思考如何利用已有经验服务社会，如何帮助更多的地方搭建自己的创新孵化体系，如何推动科技成果转化以及如何促进当地区域经济发展和产业升级。在此期间，启迪之星开始与相关省市签订合作协议，先后尝试在陕西、广东、昆山、江西、山东等地设立分园。在这之后，启迪之星开始对这些分园进行了投资开发和管理，于是出现了以下三种模式：一是以清华大学为主导设立的科技园区，主要包括清华科技园（珠海）、清华科技园（河北）；二是由启迪之星控股主导设立的科技园区，主要包括清华科技园（广州）、清华科技园（南昌）；三是由清华校友自发建立的科技园区，主要包括清华科技园（陕西）等。当时的投资方也多半是清华校友。

这些园区的发展为地方政府带来了创新资源和思路，也拓宽了视野。但是由于管理上的薄弱和经验的不足，出现了一些问题：一是发展过快，缺乏相应的战略指导。当时启迪的高层对于启迪未来的发展并没有明细的规划，其自身的发展模式也不清晰，没有具体操作模式可供参考。这主要是因为当时国内孵化器的发展还处于初级阶段，没有可供参考的运行模式和手段。在此期间，启迪的发展模式基本是野蛮生长，在区域空间上没有形成点、线、面协同发展的格局，同时科技服务系统格局也没有建立起来，在园区的业务构建上也缺乏科技金融与实业的支撑。二是由于主园区和分园的隔离，不仅没有实现主园区和分园区的互动，而且导致主园区不能系统地为分园区提供资源支持，造成分园区既不能利用好主园区的资源，也不能为主园区提供地方资源。未能有效地利用当地资源导致了分园区发展受限，也制约了主园区的影响力和辐射力。三是与当地的融合度不够，缺乏对本地充分了解以及能够整合本地相关创新资源的合作者。孵化器的发展需要"本地化"，服务体系和创新体系的搭建需要充分结合本地特点才能持续焕发活力。同时，无法本地化也就意味着孵化器无法与当地创新资源形成良好的互动，即使孵化器建立起来了，也无法带动地方经济发展、促进当地产业结构的升级。启迪之星在分园的扩展方面遇到了瓶颈，也没有形成有效的可复制模式，因此需要制定新的发展战略和思路，探索新的模式和机制。

这一阶段的启迪之星开始寻求更广泛共生单元的合作，突破了地理环境限制，获得了更为广阔的共生环境，一定程度上破解了之前寄生于清华大学的尴尬局面。但是由于未能"本地化"，以及一些其他原因，导致虽然与其他单元产生能量流动，但是由于没有形成良好的共生界面，以至于共生能量分配不均。

三、启迪之星的互惠共生发展阶段

2012 年至今，是启迪之星的快速发展期。此阶段启迪之星致力于新型孵化器的发展，公司的战略转变为孵化器和科技园区的规划、建设、运营和管理，成为具备全面业务能力的科技服务提供商。为整个科技行业服务，其科技园开始打造三区联动，提出了"科技园区，科技金融，科技实业"三位一体的格局，推动清华科技园从单点式发展转变为园区网络发展，全面打造集群式创新生态系统。具体如图 5 - 1 所示。

在互惠共生发展阶段，启迪之星实现了资金网络、服务网络、技术网络、行业网络、政策网络的不断丰富。（1）资金网络：启迪之星依托启迪控股这一大平台，以投资、并购、合作等方式整合各金融服务机构完善其资本链条及投融资服务体系，形成清华梦想实验室种子基金、水木清华校友种子基金、启迪种子基金、清华梦想课堂天使基金 I 期 II 期、启迪之星天使投资基金、启迪之星（天津、包头、潍坊）风险投资引导基金以及创业导师指导、融资资源对接、投后增值服务三大投融资平台，实现天使投资、VC 投资、PE 投资和后期并购等基金的布局，为在孵企业提供全链条的金融服务。分析各行业未来发展趋势，其将投资重点集中在"互联网＋"、TMT、节能环保、新材料、生物医药、先进制造、教育培训、智能＋、现代服务、大消费等领域。

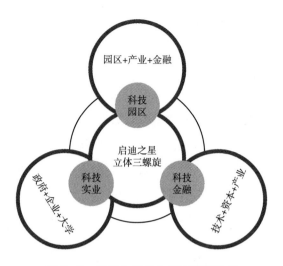

图 5 - 1 启迪之星的立体三螺旋结构

（2）服务网络：依托清华和启迪教育的资源，并与亚杰商会、黑马会、正和岛等合作，通过一系列创业培训活动的开展，促进在孵企业之间、在孵企业与孵化器之间、在孵企业与服务机构之间的交流，帮助创业企业解决创业中出现难题（Lin et al.，2012）。同时，依托专业的法律事务所和会计事务所，为在孵企业常年提供法律顾问、专项法律服务和专业财务服务，帮助在孵企业解决发展过程中所遇的各类法律、财务问题。（3）技术网络：启迪之星依托清华科技园，通过为在孵企业提供网站开发、移动 App 开发、认证检测、设计等技术服务，帮助在孵企业解决发展过程中的技术难题。（4）行业网络：启迪之星在互联网、新材料、节能环保、大数据、教育等领域进行布局，成立启迪之星（北京 . 移动互联网）、启迪之星（北京 . 互联网金融）、启迪之星（北京 . 互联网教育）、启迪之星（北京 . 清洁能源）、启迪之星（北京 . 节能环保）、启迪之星（北京 . 纳米）、启迪之星（北京 . 智能大街清洁能源）、启迪之星（北京 . 文创）等各类专业化孵化器，形成行业网络。（5）政府网络：随着影响力的不断增强，启迪之星孵化器结合各地方优势，将清华科技园主园区开发建设、运营管理的成功经验推广到上海、南京、昆山、西安、福州、盘锦、苏州、潍坊、江门等几十个城市，在当地建立基地和孵化园，为中国进入新阶段、新常态的地方经济，提供科技创新与产业升级服务，注入新生经济力量。启迪之星发展历程如图 5 - 2 所示。

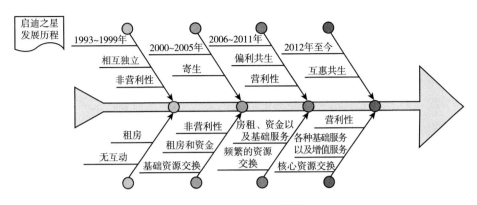

图 5 - 2　启迪之星发展历程

各种创业企业增多、汇聚的生产要素增加、集聚的空间载体变多、资金也越来越充足、孵化器共生网络上的节点也在不断增加，与各地区的融合度也在不断加深。相关联的科技实业、科技金融、科技园区也不断加入以启迪之星为核心的孵化平台中来。这一阶段的启迪之星通过完善共生界面，提高了启迪之星与其他共生单元之间共生能量的流动性和分配的公平性。因此，共生网络的稳定性以及共生能量的流通效率均得到了提高。启迪之星共生单元演进流程如图 5 - 3 所示。

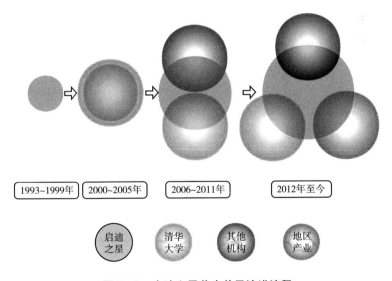

图 5 - 3　启迪之星共生单元演进流程

四、启迪之星不同共生发展模式的特征比较

在不同的生存环境下，共生发展会形成不同的共生模式。共生单元通过特定的共生界面进行信息、技术和资金的交换，然后产生共生能量并对其进行分配。最后共生单元会根据共生能量的分配和共生界面的要素进行筛选。如果共生单元认为公平，共生界面的效率仍处于可调节范围内，则共生主体会进行下一步共生。

启迪之星和清华大学等其他主体刚开始合作的时候，在信誉、资源、信息、资金、交易成本、价值取向等方面都存在较大的差异，同时主体之间的关系也不密切。因此，启迪之星对于其他共生主体的影响较低，这种情况表现在启迪之星可以通过其他共生主体获取一定的资源，但是对于资源却不能做出自己的选择。这主要是由于启迪之星在与清华大学之间的共生能量流动是单向的，启迪之星除了接受共生能量以外，对于共生能量的议价权并不高。

随着启迪之星的异地分园区计划的成功，启迪之星成功地突破了孵化器寄生阶段。同时，由于分园区的成立，孵化器可以从更多地方获取更多的资源来扩大自己的孵化器网络布局。在这种情况下，虽然启迪之星可以通过分园区获得各个分园区的共生能量，但是启迪之星却并没有对当地的科技服务体系带来太多变化。主要原因在于启迪之星虽然与地区形成了共生能量的流动，但是由于"本土化"等问题的约束，导致了启迪之星与其他共生单元之间没有形成良好的共生界面，阻碍了共生能量的传导和流动。

为了破解这一难题，启迪之星一是通过以人为本的事业合伙人制度来激发团队，完成分园区领导队伍的"本地化"。为解决分园区的"本地化"问题和启迪之星自身的转型升级问题，启迪之星对公司的管理体系和治理结构进行了重新设计。启迪之星的事业合伙人制度旨在以人为本，各事业合伙人高度认同启迪自身的价值创造观。同时启迪在各地的科技园区和孵化器的运行中，通过这种模式打造出了一批优秀的本土化企业家队伍，他们高度认同启迪之星的价值创造观，共同支持战略转型，高度认可启迪之星并传承启迪之星的企业文化。二是提出立体三螺旋结构，即"园区＋产业＋金融""政府＋企业＋大学""技术＋资本＋产业"三个螺旋交织互促的立体三螺旋模式。这是对原来国外学者提出的"政府＋企业＋大学"创新三螺旋结构的升

级，将一个维度的促进创新发展的三螺旋提升为多个维度的推动创新和产业共同发展的立体三螺旋。通过三个立体三螺旋的互相促进，有效地促进当地的技术资本产业化，同时促进孵化器园区的产业金融，孵化器园区的产业金融能有效地促进科研院所的科技创新，科研院所的科技创新又会促进技术资本产业化，技术资本产业化又会有效地促进孵化器园区的产业金融。启迪在各个地区的分园都在利用这个方式建设运行，在运用适合自身特色的三螺旋之后，与当地的产学研也相互协同自然形成了立体三螺旋，为推动当地的产业升级、地方的区域经济发展以及创新创业生态系统的构建贡献启迪力量。

随着启迪之星发展模式的日益成熟，分园区开始成功地融入当地的发展中。在完善地方创新服务体系发展的同时，也为区域经济发展贡献了自己的一份力量。在解决"本土化"问题之后，启迪之星与各个地区之间形成了良好的互动，共生界面也随之逐渐完善，因此也解决了共生能量的流动和分配问题，形成了更为稳定和效率的共生网络（见表 5 - 1）。

表 5 - 1 　　　　　　　　　　启迪之星共生演进机理

阶段	共生单元	共生介质	共生界面	共生能量	共生环境
相互独立阶段	无	场地	无	无	国内孵化器发展起步
寄生阶段	清华大学	场地和资金	清华大学校内外网络	单向流动	国内孵化器发展环境尚不成熟
偏利共生阶段	清华大学与其他各类共生单元	场地、资金和技术	清华大学校内外网络和各地区产业链	双向流动，分配不公	创新创业环境逐步优化
互惠共生阶段	清华大学与其他各类共生单元	场地、信息、资金、管理技术和人才	清华大学校内外网络和各地区产业链	双向流动，分配均衡	"双创"提出，高度重视创新创业体系培育

第二节　新型孵化器共生发展的 Logistic 模型假设

生物学中常用 Logistic 模型描述一种种群的增长规律，即其增长速度在最初是加快的，当增长到某一定值时，速度开始减慢，直到停止增长（张雷勇，2014）。新型孵化器在共生发展中上各个主体之间的关系较为复杂，其包括的共生单元一般都是多个，因此选择 Logistic 模型来描述新型孵化器共生关系的演化过程是较为贴切的，这主要是由于 Logistic 既可以描述两个主体之间的共生关系，也可以扩展到三个主体甚至多个主体上面。

根据质参量兼容原理，即相互共生的孵化单元的质参量可以相互表达，这种表达证明共生主体之间存在某种内部联系，质参量兼容与否是孵化单元共生的主要标准之一，同时这种联系也是新型孵化器共生关系得以形成的基础。例如高校和研究机构都具有类似的投入和科研功能，可以认定其为共生单元。可以认为，共生单元之间的关系可以表示为：

$$T_1 = T_2, T_2 = T_3, \cdots$$

其中，T_1，T_2，T_3，…表示新型孵化器共生关系上各个主体之间的质参量，在新型孵化器共生关系的共生模型中，存在着各种各样的合作关系，例如，技术转让、合作研究、委托代理和共建实体经济等。在不同模型中，质参量可以反映出新型孵化器各个主体的内部特征，因此可以将新型孵化器共生关系上的共生关系中的变量转变为新型孵化器共生关系上各个主体之间的质参量。

同时，通过之前对新型孵化器共生模式的分类，主要包含寄生、偏利共生和互惠共生三种。其中，寄生的新型孵化器是吸取其他共生单元的产生的共生能量；偏利共生的新型孵化器是通过利用其他共生单元逸散出来共生能量；互惠共生的新型孵化器通过和其他共生单元共生能量的流动来实现整个孵化器共生关系的发展。以下通过建立相关的 Logistic 模型来对新型孵化器共生关系上的各个主体之间的质参量兼容原理进行更为直接的表达。不同的共生单元间存在着不同的关系，或是相互依存，或是相互竞争。基于以上情况，做出关于构建模型的几点假设。

H（5-1）：新型孵化器的共生模型中一般有多类组织，但是根据实际情况，本研究将所有主体视为具备同一生产能力的主体，将主体的扩大视为质参量的增加，T 是时间函数，记为 T(T)。

H（5-2）：在既定的时间和空间范围内，新型孵化器共生单元可以利用的环境和资源都是有限的，即使新型孵化器和其他共生单元充分利用各种资源和环境，都不可能无限增加。随着主体质参量的扩大，主体的数量会增加，但是主体的增加率到最后会不断下降，直至为零。故假设面对不变的环境中的每个共生单元的规模都有一个临界最大值，即为 N，N_n 表示每个主体的最大产出。

H（5-3）：用 r 表示组织主体的增长率，不同共生单元会因所处环境和资源不同，而导致其增长率不同，所以一般 r 也会不一样，r_n 表示新型孵化器共生单元的增长率。因此基本的 Logistic 模型为：

$$\frac{dT(t)}{dt} = rT(t)\left[1 - \frac{T(t)}{N}\right] \tag{5-1}$$

$1 - \frac{T(t)}{N}$ 反映了因组织对资源的消耗而导致的对自身增长速度的影响。

将新型孵化器标记成种群1，其他孵化器共生单元依次标记，$T_1(t)$ 表示新型孵化器的质参量，其他共生单元的质参量记为 $T_n(t)$。

若新型孵化器单独存在，新型孵化器的规模变化用 Logistic 模型表示为：

$$\frac{dT_1(t)}{dt} = r_1 T_1\left(1 - \frac{T_1}{N_1}\right) \tag{5-2}$$

同理，若是除新型孵化器外的其他共生单元单独存在，其他共生单元的规模变化用 Logistic 模型表示为：

$$\frac{dT_n(t)}{dt} = r_n T_n\left(1 - \frac{T_n}{N_n}\right) \tag{5-3}$$

相互独立是概率学里面的一种说法，是指事情的发生与否对另一件事情没有任何影响。这里认为，新型孵化器的发展并不会对其他共生单元造成影响。也就是说，所有共生单元之间并不存在任何共生能量的流动。但是由于我国近年对科技服务业的重视，这些年对新型孵化器的扶持力度也是逐渐加大。因此，现阶段的新型孵化器从创立之初就已经脱离了相互独立这一阶段，仅仅只是那些在我国孵化器刚开始起步时期的一些孵化器才经历过这一阶段。根据相互独立时的表现，此时新型孵化器和其他共生单元之间的 Logistic 模型表现为：

$$\begin{cases} \dfrac{dT_1(t)}{dt} = r_1 T_1 \left(1 - \dfrac{T_1}{N_1}\right) \\[2mm] \dfrac{dT_2(t)}{dt} = r_2 T_2 \left(1 - \dfrac{T_2}{N_2}\right) \\[2mm] \cdots \\[2mm] \dfrac{dT_n(t)}{dt} = r_n T_n \left(1 - \dfrac{T_n}{N_n}\right) \end{cases} \qquad (5-4)$$

由上可以看出，当新型孵化器和共生单元达到共生的稳态均衡的时候可以用以下方程式表示：

$$\begin{cases} F_1 \equiv \dfrac{dT_1(t)}{dt} = r_1 T_1 \left(1 - \dfrac{T_1}{N_1}\right) = 0 \\[2mm] F_2 \equiv \dfrac{dT_2(t)}{dt} = r_2 T_2 \left(1 - \dfrac{T_2}{N_2}\right) = 0 \\[2mm] \cdots \\[2mm] F_n \equiv \dfrac{dT_n(t)}{dt} = r_n T_n \left(1 - \dfrac{T_n}{N_n}\right) = 0 \end{cases} \qquad (5-5)$$

对方程组求解可以得到共生模型稳态的均衡点为：$A_1(N_1, N_2, \cdots, N_n)$，$A_1(0, 0, \cdots, 0)$，又因为均衡点位于平面坐标系第一象限才有现实意义，故 A_1 才是方程组的解。此时，A_1 点表示新型孵化器和其他共生单元在没有形成孵化器共生关系时，在自身资源环境限制下所能发展到的最大值。在此阶段的新型孵化器（在孵企业除外）与其他共生单元之间的共生界面还没有形成，也没有产生共生能量的流动与分配。

第三节　新型孵化器不同共生发展模式的稳定性对比

一、寄生发展 Logistic 模型及其稳定性分析

寄生是生物学里面的一种生存方式。处于寄生阶段的新型孵化器主要依靠"吸取"孵化器共生关系上的其他共生单元产生的共生能量生存。寄生阶段的新型孵化器没有自负盈亏的能力，也无法离开宿主生存，而宿主却并不

需要寄生孵化器。寄生只有单向的共生能量流动，表现为资源或价值从宿主流向寄生孵化器。此时的寄生稳定性主要和寄生孵化器的共生能量消耗速度与宿主生产速度之差有关。此阶段，新型孵化器的主要表现在于其投资主体一般以政府、社区或大学为主，目的是帮助创业企业降低创业成本。服务对象基本都是创业者或创业企业，服务功能主要在于为在孵企业提供场地、基础设施等。

假设新型孵化器为受益方，新型孵化器的最大增加值为 T_1，其他共生单元为受害方，其他单元的最大增加值为 T_2，现阶段新型孵化器的发展面临着资源和人才的限制，新型孵化器可以通过吸取其他共生单元的资源和人才来发展。因此，其他共生单元对于新型孵化器的规模增长具有一定的促进作用，同时新型孵化器对其他共生单元的发展又具有一定的抑制作用。

新型孵化器的最大增长值变大，这种变化可以表示为：

$$\frac{dT_1(t)}{dt} = r_1 T_1 \left(1 - \frac{T_1}{N_1} + \sigma_2 \frac{T_2}{N_2} \right) \tag{5-6}$$

式（5-6）中 σ_2 为其他共生单元对新型孵化器的影响程度，也可以理解为其他共生单元提供给新型孵化器的资源是孵化器自身资源消耗的 σ_2 倍。

在寄生模式下，新型孵化器对于其他共生单元具有抑制作用，其他共生单元的这种规模变化可以表示为：

$$\frac{dT_2(t)}{dt} = r_2 T_2 \left(1 - \frac{T_2}{N_2} - \sigma_1 \frac{T_1}{N_1} \right) \tag{5-7}$$

式（5-7）中 σ_1 为新型孵化器对其他共生单元的影响程度，也可以理解为新型孵化器消耗其他共生单元的资源是其他共生单元自身资源消耗的 σ_1 倍。

在这个共生系统中，共生的数学模型就是：

$$\begin{cases} \dfrac{dT_1(t)}{dt} = r_1 T_1 \left(1 - \dfrac{T_1}{N_1} + \sigma_2 \dfrac{T_2}{N_2} \right) \\ \dfrac{dT_2(t)}{dt} = r_2 T_2 \left(1 - \dfrac{T_2}{N_2} - \sigma_1 \dfrac{T_1}{N_1} \right) \end{cases} \tag{5-8}$$

由此可以得出，当两个主体达到共生的稳态均衡的时候，可以用以下方程式表示：

$$\begin{cases} G_1(T_1, T_2) \equiv \dfrac{dT_1(t)}{dt} = r_1 T_1 \left(1 - \dfrac{T_1}{N_1} + \sigma_2 \dfrac{T_2}{N_2}\right) = 0 \\ G_2(T_1, T_2) \equiv \dfrac{dT_2(t)}{dt} = r_2 T_2 \left(1 - \dfrac{T_2}{N_2} - \sigma_1 \dfrac{T_1}{N_1}\right) = 0 \end{cases} \qquad (5-9)$$

对此方程组求解，可以得到共生模型稳态的均衡点为：$B_1(0, 0)$、$B_2(N_1, 0)$、$B_3(0, N_2)$、$B_4\left(\dfrac{N_1(1+\sigma_2)}{1+\sigma_1\sigma_2}, \dfrac{N_2(1-\sigma_1)}{1+\sigma_1\sigma_2}\right)$。又因为均衡点位于平面坐标系第一象限时（$T_1$，$T_2 \geqslant 0$）才有现实意义，对于 B_4 点来说，它代表着新型孵化器和共生关系的其他主体的产出水平分别是 $\dfrac{N_1(1+\sigma_2)}{1+\sigma_1\sigma_2}$ 和

$\dfrac{N_2(1-\sigma_1)}{1+\sigma_1\sigma_2}$，同时满足条件 $\begin{cases} \dfrac{N_1(1+\sigma_2)}{1+\sigma_1\sigma_2} \geqslant 0 \\ \dfrac{N_2(1-\sigma_1)}{1+\sigma_1\sigma_2} \geqslant 0 \end{cases}$。

然后通过对均衡点的稳定性分析，把 $G_1(T_1, T_2)$ 和 $G_2(T_1, T_2)$ 在 B_4 展开可得：

$$\begin{cases} G_1(T_1, T_2) \equiv \dfrac{dT_1(t)}{dt} = r_1 \left(1 - 2\dfrac{T_1}{N_1} + \sigma_2 \dfrac{T_2}{N_2}\right)(T_1 - T_1^0) + \dfrac{r_1 T_1 \sigma_2}{N_2}(T_2 - T_2^0) = 0 \\ G_2(T_1, T_2) \equiv \dfrac{dT_2(t)}{dt} = r_2 \left(1 - 2\dfrac{T_2}{N_2} - \sigma_1 \dfrac{T_1}{N_1}\right)(T_2 - T_2^0) - \dfrac{r_2 T_2 \sigma_1}{N_1}(T_1 - T_1^0) = 0 \end{cases}$$

$$(5-10)$$

此方程组的系数矩阵可以记：

$$B = \begin{pmatrix} r_1\left(1 - 2\dfrac{T_1}{N_1} + \sigma_2\dfrac{T_2}{N_2}\right) & \dfrac{r_1 T_1 \sigma_2}{N_2} \\ -\dfrac{r_2 T_2 \sigma_1}{N_1} & r_2\left(1 - 2\dfrac{T_2}{N_2} - \sigma_1\dfrac{T_1}{N_1}\right) \end{pmatrix} \qquad (5-11)$$

然后把均衡点 $B_1(0, 0)$、$B_2(N_1, 0)$、$B_3(0, N_2)$、$B_4\left(\dfrac{N_1(1+\sigma_2)}{1+\sigma_1\sigma_2},\right.$

$\dfrac{N_2(1-\sigma_1)}{1+\sigma_1\sigma_2}\Big)$ 代入矩阵 B 中，可得：

$$
\begin{cases}
B_{B1}=\begin{bmatrix} r_1 & 0 \\ 0 & r_2 \end{bmatrix} \\[2em]
B_{B2}=\begin{bmatrix} -r_1 & \dfrac{r_1N_1\sigma_2}{N_2} \\[1em] 0 & r_2(1-\sigma_1) \end{bmatrix} \\[3em]
B_{B3}=\begin{bmatrix} r_1(1+\sigma_2) & 0 \\[1em] -\dfrac{r_2N_2\sigma_1}{N_1} & -r_2 \end{bmatrix} \\[3em]
B_{B4}=\begin{bmatrix} r_1\dfrac{1+\sigma_2}{1+\sigma_1\sigma_2} & \dfrac{r_1\sigma_2}{N_2}\dfrac{N_1(1+\sigma_2)}{1+\sigma_1\sigma_2} \\[1em] -\dfrac{r_2\sigma_1}{N_1}\dfrac{N_2(1-\sigma_1)}{1+\sigma_1\sigma_2} & -r_2\dfrac{1-\sigma_1}{1+\sigma_1\sigma_2} \end{bmatrix}
\end{cases}
\tag{5-12}
$$

对于根据矩阵的特征根方程 $\begin{cases} \lambda^2+p\lambda+q=0 \\ p=-(a_1+b_2) \\ q=\det B \end{cases}$ 的稳定性和实际情况可得，

当且仅当 $p>0$；$q>0$；$p^2\geqslant 4q$ 时，共生系统能够达到稳定的均衡。

对于 B1，$p_{B1}=-(r_1+r_2)<0$，$q_{B1}=r_1r_2>0$，故不稳定。

对于 B2，$p_{B2}=r_1-r_2(1-\sigma_1)$ 当且仅当 $\sigma_1>1-\dfrac{r_1}{r_2}$ 时，$p_{B2}>0$，$q_{B2}=-r_1r_2(1-\sigma_1)<0$，没有稳定结点。

对于 B3，$p_{B3}=r_2-r_1(1+\sigma_2)$ 当且仅当 $\sigma_2<\dfrac{r_2}{r_1}-1$ 时，$p_{B3}>0$，$q_{B3}=-r_2r_1(1+\sigma_2)$，$q_{B3}<0$ 没有稳定结点。

对于 B4，$p_{B4}=r_1\dfrac{1+\sigma_2}{1+\sigma_1\sigma_2}+r_2\dfrac{1-\sigma_1}{1+\sigma_1\sigma_2}$，$q_{B4}=\dfrac{r_1r_2(1+\sigma_2)(1-\sigma_1)(1+\sigma_1\sigma_2)}{(1+\sigma_1\sigma_2)^2}>0$，通过解不等式方程组可得，当且仅当 $1>\sigma_1>0$ 时达到稳定结点，此时新型孵化器对其他共生单元贡献率较小。

根据寄生的 Logistic 模型分析可以发现稳定状态下均衡点的解为 $\sigma_2 > 0$，$0 < \sigma_1 < 1$ 时，通过相轨线对均衡状态点的全局稳定下进行分析，也就是对不同初始状态下的均衡点的稳定性进行分析，均衡点在不同初始状态下的稳定性分析可表示为：

$$\begin{cases} \varphi(T_1, T_2) = 1 - \dfrac{T_1}{N_1} + \sigma_2 \dfrac{T_2}{N_2} \\ \psi(T_1, T_2) = 1 - \dfrac{T_2}{N_2} - \sigma_1 \dfrac{T_1}{N_1} \end{cases} \quad (5-13)$$

然后根据 $\sigma_2 > 0$，$0 < \sigma_1 < 1$，相轨线如图 5 - 4 所示，假设 $\dot{G}_1 = \dfrac{dG_1(t)}{dt}$，

$\dot{G}_2 = \dfrac{dG_2(t)}{dt}$，则两条直线将平面划分为四个区域：

$$S_1; S_2; S_3; S_4$$

其中 S_1：$\dot{T}_1 < 0$，$\dot{T}_2 > 0$；S_2：$\dot{T}_1 > 0$，$\dot{T}_2 > 0$；S_3：$\dot{T}_1 > 0$，$\dot{T}_2 < 0$；S_4：$\dot{T}_1 < 0$，$\dot{T}_2 < 0$；

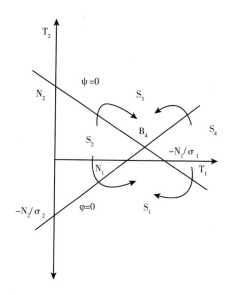

图 5 - 4　$\sigma_2 > 0$, $0 < \sigma_1 < 1$ 条件下的相轨线

因此无论从哪个点出发，都将趋于 $B_4\left(\dfrac{N_1(1+\sigma_2)}{1+\sigma_1\sigma_2}, \dfrac{N_2(1-\sigma_1)}{1+\sigma_1\sigma_2}\right)$。考虑均衡的现实可能性，可以得出模型稳定性结点的条件是 $\sigma_1>0$；$\sigma_2>0$。因此，共生单元之间能够达到稳定均衡点的共生条件是 $\sigma_1>0$；$\sigma_2>0$。对于稳定点 $B_4\left(\dfrac{N_1(1+\sigma_2)}{1+\sigma_1\sigma_2}, \dfrac{N_2(1-\sigma_1)}{1+\sigma_1\sigma_2}\right)$ 而言，有 $\dfrac{N_1(1+\sigma_2)}{1+\sigma_1\sigma_2}>N_1$，$\dfrac{N_2(1-\sigma_1)}{1+\sigma_1\sigma_2}<N_2$，这说明在稳定情况下，无论是新型孵化器还是其他共生单元，在这种共生模式下，即使有一方可以通过寄生扩大自身的最大生产值，也终究会有一方因为被寄生而导致最大生产规模变小。在这种模式下存在 Logistic 模型的稳定解，同时整个孵化共生关系也产生了能量的流动。但是在这个模式中，共生界面还没有形成且共生能量是单方面从宿主流向寄生孵化器，宿主并不希望该共生界面持续运行。因此，这种单方面的共生模式难以为继。

二、偏利共生发展 Logistic 模型及其稳定性分析

新型孵化器的偏利共生的稳定性主要在于共生介质，介质越稳定对偏利共生的稳定性调节能力就越强，共生关系就越稳定。此阶段，新型孵化器的主要特点在于其投资主体多数为政府、大学、企业或相关中介机构；其目的在于促进专业技术转化为商品；服务对象多数为某一专业领域内的中小企业；服务功能主要在于提供相关中介服务、技术以及就业培训。

在偏利共生的模式中，假设新型孵化器为受益方，新型孵化器最大增长值设为 T_1，其他共生单元不受新型孵化器的影响，其共生单元的最大增长值为 T_n。现阶段新型孵化器的发展面临着资源和人才的限制，但是新型孵化器可以通过吸取其他共生单元的资源和人才来达到发展自身的目的。因此，其他共生单元对于新型孵化器的规模增长存在一定的促进作用。新型孵化器的最大增长值变大，这种最大增长值变化可以表示为（$\sigma_n>0$）：

$$\frac{dT_1(t)}{dt}=r_1T_1\left(1-\frac{T_1}{N_1}+\sigma_2\frac{T_2}{N_2}+\cdots+\sigma_n\frac{T_n}{N_n}\right) \qquad (5-14)$$

式（5-14）中 σ_n 为其他共生单元对新型孵化器的影响程度，也可以理解为其他共生单元提供给新型孵化器的资源是新型孵化器自身资源消耗的 σ_n 倍。

假设在偏利共生模式下，新型孵化器对于其他共生单元不产生影响，同

时忽略共生关系上其他主体对自身的影响，则其他共生单元的这种质参量变化可以表示为：

$$
\begin{cases}
\dfrac{dT_2(t)}{dt} = r_2 T_2 \left(1 - \dfrac{T_2}{N_2} \right) \\[2ex]
\dfrac{dT_3(t)}{dt} = r_3 T_3 \left(1 - \dfrac{T_3}{N_3} \right) \\[2ex]
\qquad\qquad \cdots \\[2ex]
\dfrac{dT_n(t)}{dt} = r_n T_n \left(1 - \dfrac{T_n}{N_n} \right)
\end{cases}
\tag{5-15}
$$

在这个共生系统中，共生的数学模型是：

$$
\begin{cases}
\dfrac{dT_1(t)}{dt} = r_1 T_1 \left(1 - \dfrac{T_1}{N_1} + \sigma_2 \dfrac{T_2}{N_2} + \cdots + \sigma_n \dfrac{T_2}{N_2} \right) \\[2ex]
\dfrac{dT_2(t)}{dt} = r_2 T_2 \left(1 - \dfrac{T_2}{N_2} \right) \\[2ex]
\dfrac{dT_3(t)}{dt} = r_3 T_3 \left(1 - \dfrac{T_3}{N_3} \right) \\[2ex]
\qquad\qquad \cdots \\[2ex]
\dfrac{dT_n(t)}{dt} = r_n T_n \left(1 - \dfrac{T_n}{N_n} \right)
\end{cases}
\tag{5-16}
$$

由上可以看出，当两个主体达到共生的稳态均衡的时候可以用以下方程式表示：

$$
\begin{cases}
H_1 \equiv \dfrac{dT_1(t)}{dt} = r_1 T_1 \left(1 - \dfrac{T_1}{N_1} + \sigma_2 \dfrac{T_2}{N_2} + \cdots + \sigma_n \dfrac{T_2}{N_2} \right) = 0 \\[2ex]
H_2 \equiv \dfrac{dT_2(t)}{dt} = r_2 T_2 \left(1 - \dfrac{T_2}{N_2} \right) = 0 \\[2ex]
H_3 \equiv \dfrac{dT_3(t)}{dt} = r_3 T_3 \left(1 - \dfrac{T_3}{N_3} \right) = 0 \\[2ex]
\qquad\qquad \cdots \\[2ex]
H_n \equiv \dfrac{dT_n(t)}{dt} = r_n T_n \left(1 - \dfrac{T_n}{N_n} \right) = 0
\end{cases}
\tag{5-17}
$$

对方程组求解可以得到共生模型稳态的均衡点为：$C_1((1 + \sigma_1 + \cdots + \sigma_n)$ N_1, N_2, $\cdots$, $N_n)$, $C_2(0, 0, 0, \cdots, 0)$。又因为均衡点位于坐标系第一象限时 $(T_1, T_2, \cdots, T_n \geq 0)$ 才有现实意义。通过解不等式可以发现稳定条件为 $\sigma_n > 0$。但是由于其他主体共生能量的溢出，还是会给新型孵化器带来促进作用，比如过期的专利技术，或者其他大型的科研项目中的无用产出等。此外，因为 $\sigma_n > 0$，故而 $(1 + \sigma_1 + \cdots + \sigma_n)N_1 > N_1$，即解释为通过共生关系，新型孵化器共生单元在保持自身最大增长值的同时，新型孵化器可以通过利用共生关系的溢出效应达到扩大最大增长值的目的。在这一阶段，新型孵化器共生关系上的共生单元之间已经产生了共生能量的流动，但是其共生能量的分配却是不均衡的。无论是寄生还是偏利共生，由于其共生能量流向的单向性和不可逆，非受益方往往对于维持这种共生模式不是很积极，所以稳定性不是很高，这也导致了这种共生模式只是在局部或短期存在。

三、互惠共生发展 Logistic 模型及其稳定性分析

由于共生界面的存在为共生单元之间的能量流动提供了有效且公平的途径，同时在互惠共生模型中共生界面已经形成。因此，在互惠共生模式中，共生能量流动的效率得到了提高和共生能量的分配也达到了均衡。此阶段新型孵化器的主要表现在于其投资主体的多元化，既可以是政府也可以是社会资本；目的在于按市场机制分配创新资源；服务功能主要在于为在孵企业提供相应的专业技术平台、更为全面的后勤保障以及企业战略发展方向等服务。

假设新型孵化器为受益方，其最大增长值为 T_1，其他共生单元不受影响，其最大增长值为 T_n，现阶段新型孵化器的发展面临着资源和人才的限制，新型孵化器可以通过吸取其他共生单元的资源和人才来达到发展自身的目的。因此，其他共生单元在共生活动中会与新型孵化器产生共生能量的流动，这种共生能量的流动有助于提高整个网络的资源利用效率，对于新型孵化器的最大规模增长具有一定的促进作用。同时，这种共生能量的流动对其他共生单元的发展也具有一定的促进作用。新型孵化器的最大增加值变大，这种变化可以表示为（$\sigma_n > 0$）：

$$\frac{dT_1(t)}{dt} = r_1 T_1 \left(1 - \frac{T_1}{N_1} + \sigma_{21} \frac{T_2}{N_2} + \sigma_{31} \frac{T_3}{N_3} + \cdots + \sigma_{n1} \frac{T_n}{N_n} \right)$$

$$= r_1 T_1 \left(1 - \frac{T_1}{N_1} + \sum_{i=2}^{n} \frac{\sigma_{i1} T_i}{N_i} \right) \tag{5 - 18}$$

式（5 - 18）中 σ_{n-1n} 表示新型孵化器共生关系上的第 n - 1 个主体对第 n 个主体最大增加值的影响程度。在互惠共生的模式下，新型孵化器对于其他共生单元的具有促进作用。这种由新型孵化器引起的，对其他共生单元产出的促进作用可以表示为：

$$\frac{dT_2(t)}{dt} = r_2 T_2 \left(1 - \frac{T_2}{N_2} + \sigma_{12} \frac{T_1}{N_1} + \sigma_{32} \frac{T_3}{N_3} + \cdots + \sigma_{2-12} \frac{T_{2-1}}{N_{2-1}} \right)$$

$$= r_2 T_2 \left(1 - \frac{T_2}{N_2} + \sum_{i=1}^{2-1} \frac{\sigma_{i2} T_i}{N_i} \right) \tag{5 - 19}$$

$$\cdots$$

$$\frac{dT_n(t)}{dt} = r_n T_n \left(1 - \frac{T_n}{N_n} + \sigma_{2n} \frac{T_2}{N_2} + \sigma_{3n} \frac{T_3}{N_3} + \cdots + \sigma_{n-1n} \frac{T_{n-1}}{N_{n-1}} \right)$$

$$= r_n T_n \left(1 - \frac{T_n}{N_n} + \sum_{i=1}^{n-1} \frac{\sigma_{in} T_i}{N_i} \right) \tag{5 - 20}$$

为方便分析，假设在这个模型中，新型孵化器和共生关系的各个主体之间的影响是均等的，故可以将其他共生单元对这个主体的影响看成是单一"大型企业"的共生影响，因此在这个共生系统中，共生的数学模型可以看成：

$$\begin{cases} \dfrac{dT_1(t)}{dt} = r_1 T_1 \left(1 - \dfrac{T_1}{N_1} + \sigma_2 \dfrac{T_2}{N_2} \right) \\[3mm] \dfrac{dT_2(t)}{dt} = r_2 T_2 \left(1 - \dfrac{T_2}{N_2} + \sigma_1 \dfrac{T_1}{N_1} \right) \end{cases} \tag{5 - 21}$$

其中，σ_2 表示其他共生单元对于新型孵化器的影响，σ_1 表示新型孵化器对于其他共生单元的影响。由上可以看出，当两个主体达到共生的稳态均衡的时候可以用以下方程式表示：

$$\begin{cases} Z_1(T_1, T_2) \equiv \dfrac{dT_1(t)}{dt} = r_1 T_1 \left(1 - \dfrac{T_1}{N_1} + \sigma_2 \dfrac{T_2}{N_2} \right) = 0 \\[3mm] Z_2(T_1, T_2) \equiv \dfrac{dT_2(t)}{dt} = r_2 T_2 \left(1 - \dfrac{T_2}{N_2} + \sigma_1 \dfrac{T_1}{N_1} \right) = 0 \end{cases} \tag{5 - 22}$$

对方程组求解，可以得到共生模型稳态的均衡点为：$D_1(0,0)$、

$D_2\left(\dfrac{N_1(1+\sigma_2)}{1-\sigma_1\sigma_2},\ \dfrac{N_2(1+\sigma_1)}{1-\sigma_1\sigma_2}\right)$。又因为均衡点位于平面坐标系第一象限时

$(T_1,\ T_2 \geqslant 0)$ 才有现实意义，对于 D_4 点来说，它代表着新型孵化器和其他共生

单元产出水平分别是 $\dfrac{N_1(1+\sigma_2)}{1-\sigma_1\sigma_2}$ 和 $\dfrac{N_2(1+\sigma_1)}{1-\sigma_1\sigma_2}$，同时满足条件 $\begin{cases}\dfrac{N_1(1+\sigma_2)}{1-\sigma_1\sigma_2}\geqslant 0\\[3mm]\dfrac{N_2(1+\sigma_1)}{1-\sigma_1\sigma_2}\geqslant 0\end{cases}$，

通过解不等式可以发现 $1>\sigma_1\sigma_2>0$，这也就意味着均衡点 D_1 在现实中能达到
均衡的条件是 $1>\sigma_1\sigma_2>0$，同时对均衡点的稳定性进行分析，把 $Z_1(T_1,T_2)$
和 $Z_2(T_1,T_2)$ 在 D_4 展开可得：

$$\begin{cases}Z_1(T_1,T_2)\equiv\dfrac{dT_1(t)}{dt}=r_1\left(1-2\dfrac{T_1}{N_1}+\sigma_2\dfrac{T_2}{N_2}\right)(T_1-T_1^0)+\dfrac{r_1T_1\sigma_2}{N_2}(T_2-T_2^0)=0\\[4mm]Z_2(T_1,T_2)\equiv\dfrac{dT_2(t)}{dt}=r_2\left(1-2\dfrac{T_2}{N_2}+\sigma_1\dfrac{T_1}{N_1}\right)(T_2-T_2^0)+\dfrac{r_2T_2\sigma_1}{N_1}(T_1-T_1^0)=0\end{cases}$$

$$(5-23)$$

此方程组的系数矩阵可以记：

$$D=\begin{pmatrix}r_1\left(1-2\dfrac{T_1}{N_1}+\sigma_2\dfrac{T_2}{N_2}\right) & \dfrac{r_1T_1\sigma_2}{N_2}\\[4mm]\dfrac{r_2T_2\sigma_1}{N_1} & r_2\left(1-2\dfrac{T_2}{N_2}+\sigma_1\dfrac{T_1}{N_1}\right)\end{pmatrix}\qquad(5-24)$$

然后把均衡点 $D_1(0,0)$、$D_2(N_1,0)$、$D_3(0,N_2)$、$D_4\left(\dfrac{N_1(1+\sigma_2)}{1-\sigma_1\sigma_2},\right.$

$\left.\dfrac{N_2(1+\sigma_1)}{1-\sigma_1\sigma_2}\right)$ 代入矩阵 D 中，可得：

$$\begin{cases}D_{D1}=\begin{bmatrix}r_1 & 0\\0 & r_2\end{bmatrix}\\[6mm]D_{D2}=\begin{bmatrix}-r_1 & \dfrac{r_1N_1\sigma_2}{N_2}\\[3mm]0 & r_2(1+\sigma_1)\end{bmatrix}\end{cases}$$

$$
\begin{cases}
D_{D3} = \begin{bmatrix} r_1(1+\sigma_2) & 0 \\ \dfrac{r_2 N_2 \sigma_1}{N_1} & -r_2 \end{bmatrix} \\[4ex]
D_{D4} = \begin{bmatrix} -r_1\dfrac{1+\sigma_2}{1-\sigma_1\sigma_2} & \dfrac{r_1\sigma_1}{N_2}\dfrac{N_1(1+\sigma_2)}{1-\sigma_1\sigma_2} \\[2ex] \dfrac{r_2\sigma_1}{N_1}\dfrac{N_2(1+\sigma_1)}{1-\sigma_1\sigma_2} & -r_2\dfrac{1+\sigma_1}{1-\sigma_1\sigma_2} \end{bmatrix}
\end{cases}
\tag{5-25}
$$

根据矩阵的特征根方程 $\begin{cases} \lambda^2 + p\lambda + q = 0 \\ p = -(a_1+b_2) \\ q = \det D \end{cases}$ 的稳定性和实际情况可得，当且

仅当 $p>0$；$q>0$；$p^2 \geq 4q$ 时，共生系统能够达到稳定均衡。

对于 D1，$p_{D1} = -(r_1+r_2) < 0$，$q_{D1} = r_1 r_2 > 0$，故不稳定。

对于 D2，$p_{D2} = r_1 - r_2(1+\sigma_1)$ 当且仅当 $\sigma_2 < \dfrac{r_1}{r_2} - 1$ 时 $p_{D2} > 0$，$q_{D2} =$ $-r_1 r_2(1+\sigma_1) < 0$，故不稳定。

对于 D3，$p_{D3} = r_2 - r_1(1+\sigma_2)$ 当且仅当 $\sigma_1 < \dfrac{r_2}{r_1} - 1$ 时 $p_{D3} > 0$，$q_{D3} =$ $-r_2 r_1(1+\sigma_2) < 0$，故不稳定。

对于 D4，$p_{D4} = r_1\dfrac{1+\sigma_2}{1-\sigma_1\sigma_2} + r_2\dfrac{1+\sigma_1}{1-\sigma_1\sigma_2}$，$q_{D4} = \dfrac{r_1 r_2(1+\sigma_2)(1+\sigma_1)(1-\sigma_1\sigma_2)}{(1-\sigma_1\sigma_2)^2} >$

0，通过解不等式方程组可得，当且仅当 $1 > \sigma_1\sigma_2 > 0$ 时达到稳定结点。

通过互惠共生的 Logistic 模型可以发现，在满足 $1 > \sigma_2 > 0$；$1 > \sigma_1 > 0$ 的前提情况下。我们可以通过相轨线来对均衡状态点的全局稳定下进行分析，即分析在不同初始状态下均衡点的稳定性。均衡点在不同初始状态下的稳定性分析在下列方程中可记为：

$$
\begin{cases}
\varphi(T_1, T_2) = 1 - \dfrac{T_1}{N_1} + \sigma_2\dfrac{T_2}{N_2} \\[2ex]
\psi(T_1, T_2) = 1 - \dfrac{T_2}{N_2} + \sigma_1\dfrac{T_1}{N_1}
\end{cases}
\tag{5-26}
$$

然后根据 $1 > \sigma_2 > 0$；$1 > \sigma_1 > 0$，相轨线如图 5 - 5 所示，假设 $\dot{G}_1 = \dfrac{dG_1(t)}{dt}$，$\dot{G}_2 = \dfrac{dG_2(t)}{dt}$，则两条直线将平面划分为四个区域：

$$S_1；S_2；S_3；S_4$$

其中 S_1：$\dot{T}_1 > 0$，$\dot{T}_2 < 0$；S_2：$\dot{T}_1 > 0$，$\dot{T}_2 > 0$；S_3：$\dot{T}_1 < 0$，$\dot{T}_2 > 0$；S_4：$\dot{T}_1 < 0$，$\dot{T}_2 < 0$；

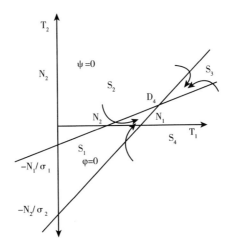

图 5 - 5　$1 > \sigma_2 > 0$；$1 > \sigma_1 > 0$ 条件下的相轨线

因此，无论从哪个点出发，都将趋于 $D_4\left(\dfrac{N_1(1 + \sigma_2)}{1 - \sigma_1\sigma_2}, \dfrac{N_2(1 + \sigma_1)}{1 - \sigma_1\sigma_2}\right)$ 且

$\dfrac{N_1(1 + \sigma_2)}{1 - \sigma_1\sigma_2} > N_1$，$\dfrac{N_2(1 + \sigma_1)}{1 - \sigma_1\sigma_2} > N_2$。

考虑均衡的现实可能性以及新型孵化器共生关系上各个主体的对称性，可以得出模型稳定性结点的条件是 $1 > \sigma_2 > 0$；$1 > \sigma_1 > 0$。因此，在组织新型孵化器和共生关系的其他主体之间能够达到稳定均衡点的共生条件是 $1 > \sigma_2 > 0$；$1 > \sigma_1 > 0$。此时由于均衡点在 $D_4\left(\dfrac{N_1(1 + \sigma_2)}{1 - \sigma_1\sigma_2}, \dfrac{N_2(1 + \sigma_1)}{1 - \sigma_1\sigma_2}\right)$，$\dfrac{N_1(1 + \sigma_2)}{1 - \sigma_1\sigma_2} > N_1$，$\dfrac{N_2(1 + \sigma_1)}{1 - \sigma_1\sigma_2} > N_2$，即可解释为通过互惠共生关系，其他共生单元可以通

过与新型孵化器的合作共生扩大自身最大增长值的同时，新型孵化器也可以通过利用共生关系之间的共生能量流动达到扩大最大增长的目的。由于双方都可以从中受益，故双方都希望这种共生关系维持下去。在互惠共生关系中，新型孵化器与网络上的其他各个主体之间形成了一种共生界面。共生界面的形成，提高了共生能量的流动效率和共生能量分配的均衡性。在这种共生模式中共生单元之间已经不存在机会主义倾向，是最稳定的共生模型。

四、各共生发展模式的均衡状态对比

进化是共生系统发展的总趋势和总方向，通过对比新型孵化器共生模式不难发现，尽互惠共生是系统进化的一致方向，最有效率也是最稳定的系统，也是共生发展的努力方向。

在相互独立阶段时各个主体之间的贡献率 σ_n 为零，均衡点的解为 $A_2(N_1, N_2, \cdots, N_n)$，新型孵化器和在孵企业与其他共生单元之间没有产生共生能量的流动，因此新型孵化器和各个共生单元的发展都只能在既定条件下达到自身发展的最大值。

在寄生阶段时，新型孵化器共生关系上其他主体对于孵化器的贡献率 $\sigma_2 > 0$，新型孵化器对于其他共生单元的贡献率 $0 < \sigma_1 < 1$，均衡点的解为 $B_2(N_1, 0)$、$B_3(0, N_2)$、$B_4\left(\dfrac{N_1(1+\sigma_2)}{1+\sigma_1\sigma_2}, \dfrac{N_2(1-\sigma_1)}{1+\sigma_1\sigma_2}\right)$，其中 $B_2(N_1, 0)$、$B_3(0, N_2)$ 表示在寄生情况下，可能会导致新型孵化器或者寄主的消亡，并且一方消亡之后，另一方最终也会回到当初未寄生时的最大值。$B_4\left(\dfrac{N_1(1+\sigma_2)}{1+\sigma_1\sigma_2}, \dfrac{N_2(1-\sigma_1)}{1+\sigma_1\sigma_2}\right)$ 则表示新型孵化器可以通过吸取其他孵化器共生关系上的共生能量来打破自身发展最大值的壁垒，但同时也会对其他主体造成一定的损失，并且也没有达到新型孵化器共生关系上各个主体共同发展的目的。

在偏利共生阶段，其他共生单元对于新型孵化器的贡献率 $\sigma_n > 0$，新型孵化器对于其他主体的贡献率为零，均衡点的解为 $C_1((1+\sigma_1+\cdots+\sigma_n)N_1, N_2, \cdots, N_n)$，这表示其他共生单元对新型孵化器提供的共生能量对孵化器打破自身最大增长值提供了一定的帮助，但是这些孵化器共生关系上其他主体对孵化器提供共生能量的同时并未影响他们自身的发展。

在互惠共生阶段，新型孵化器对于其他主体的影响 $1 > \sigma_1 > 0$，其他共生单元对于新型孵化器的影响 $1 > \sigma_2 > 0$，均衡点的解为 $D_2\left(\dfrac{N_1(1+\sigma_2)}{1-\sigma_1\sigma_2}\right.$, $\left.\dfrac{N_2(1+\sigma_1)}{1-\sigma_1\sigma_2}\right)$，这表示新型孵化器可以通过单元的共生能量来达到扩大自身最大增长值的目的，同时其他共生单元可以通过新型孵化器产生的共生能量达到扩大自身最大增长值的目的（见表5-2）。

表5-2　　　　　　　不同类型共生模式下的均衡状态分析

共生模型	均衡条件	均衡点	均衡结果
相互独立	$\sigma_n = 0$	$A_2(N_1, N_2, \cdots, N_n)$	无影响
寄生	$\sigma_2 > 0$; $0 < \sigma_1 < 1$	$B_4\left(\dfrac{N_1(1+\sigma_2)}{1+\sigma_1\sigma_2}, \dfrac{N_2(1-\sigma_1)}{1+\sigma_1\sigma_2}\right)$	新型孵化器扩大自身最大增长规模，而被寄生主体受损甚至可能消亡
偏利共生	$\sigma_n > 0$	$C_1((1+\sigma_1+\cdots+\sigma_n)N_1, N_2, \cdots, N_n)$	新型孵化器扩大自身最大增长规模，被寄生企业不受影响
互惠共生	$1 > \sigma_n > 0$	$D_2\left(\dfrac{N_1(1+\sigma_2)}{1-\sigma_1\sigma_2}, \dfrac{N_2(1+\sigma_1)}{1-\sigma_1\sigma_2}\right)$	新型孵化器共生关系上的各个主体的自身最大增长规模都得到了扩大

第四节　本章小结

本章基于案例探索和 Logistic 模型构建重点研究新型孵化器不同共生发展模式的均衡条件及稳定性，提出新型孵化器的不同共生发展模式具有不同均衡条件，其中在寄生阶段时，新型孵化器共生关系上其他主体对于孵化器的贡献率 $\sigma_2 > 0$，新型孵化器对于其他共生单元的贡献率 $0 < \sigma_1 < 1$，均衡点的解为 $B_2(N_1, 0)$、$B_3(0, N_2)$、$B_4\left(\dfrac{N_1(1+\sigma_2)}{1+\sigma_1\sigma_2}, \dfrac{N_2(1-\sigma_1)}{1+\sigma_1\sigma_2}\right)$。在偏利共生阶段，其他共生单元对于新型孵化器的贡献率 $\sigma_n > 0$，新型孵化器对于其他主体的贡献率为零，均衡点的解为 $C_1 ((1 + \sigma_1 + \cdots + \sigma_n) N_1, N_2, \cdots, N_n)$。在互惠共生阶段，新型孵化器对于其他主体的影响 $1 > \sigma_1 > 0$，其他共生单元对于新型孵化器的影响 $1 > \sigma_2 > 0$，均衡点的解为 $D_2 \left(\dfrac{N_1 (1 + \sigma_2)}{1 - \sigma_1 \sigma_2}, \dfrac{N_2 (1 + \sigma_1)}{1 - \sigma_1 \sigma_2} \right)$。

| 第六章 |

共生发展导向下的新型孵化器价值链创新

新型孵化器的共生发展与网络构建是存在难度的（Adlešič and Slavec，2012），库珀等（Cooper et al.，2012）将主要的难点概括为三个方面：一是启动早期创业者处于分秒必争阶段，有限的时间降低了创业企业参与网络的积极性；二是缺乏对其他入孵企业的信息了解；三是相互间信任的缺乏。同样，其他学者也指出了三方面的障碍：一是不同创业之间有着差异化的商业兴趣，同一孵化网络难以为不同诉求的创业企业提供量身定制的服务；二是资源的局限性，进入孵化器后难以获得新的联系；三是有限的空间阻碍了创业企业和研发伙伴建立联系（Sá and lee，2012）。价值创造是企业所有经营活动的核心主题，价值链理论研究为理解新型孵化器的共生导向和竞争力提升提供了重要视角。正如学者所指出的，孵化器要注意自身的选择标准，争取对有共同价值取向的创业企业开放（Bollingtoft，2012）。新型孵化器要通过价值链管理实现价值定位、价值创造、价值实现和价值传递的有效协同（唐明凤等，2015）。可见，价值链创新体现了新型孵化器利用内外部资源服务创业企业的能力，构成了新型孵化器从依附走向共生的行为基础和竞争力重要来源。

第一节　新型孵化器价值链构成及创新内涵

新型孵化器的价值链是由基本活动与辅助活动构成的，这些互不相同但又相互关联的生产经营活动，构成了一个不断实现价值增值的动态过程。

（1）基本活动：包括入孵企业的筛选、提供行政、咨询、投融资服务、毕业评估及后续服务等内容。孵化器在培育创业企业之初根据自身条件及其价值诉求对目标市场和目标客户进行定位，构建一套严格的筛选入孵机制（Bergek and Norrman，2008）。主要包括对行业是否有要求，是否以有核心技术为前提，对初创团队成员、人数等是否有要求等一系列问题。根据入孵筛选机制，孵化器于价值发现阶段对入孵企业进行筛选，筛选出与孵化器充分契合且具有良好发展前景的创业企业入驻孵化器内，为下一步的孵化培育做准备。

（2）辅助活动：为了完成基本活动，孵化器需要构建必需的资源，包括硬件环境的优化、服务团队和运营制度的建立以及外部的关系管理等，这属于辅助活动的范畴（马凤岭和陈颉，2014）。辅助活动包含内部辅助和外部辅助两个方面，其中，内部辅助是指依赖孵化器内部运营来有效支撑基本活动的完成；外部辅助是指在孵化过程中充分、高效整合外部政策、技术、资金、人力资源来推动基础活动的完成。

对于新型孵化器而言，价值共创、资源共享、风险共担以及共同成长的共生发展导向激发了价值链创新的意愿。比如在基本活动的推进过程中，新型孵化器对创业企业的定位就从资源消耗者，变为服务的客户以及输出给地方产业发展、资本市场的"产品"，无论是入孵筛选、提供服务还是毕业评估及后续服务都会面临更多的"顾客"需求。在此基础上，对内部各个业务单位进行优化调整，探求价值作业新的活动组合。

在辅助活动中，新型孵化器的一个最大特点是更加强化了外部关系管理，秉持合作共生和价值共创的理念，把外部的资源和需求引入组织内部运行中，提高中心价值链的创造效率（Bollingtoft，2012）。陈帆等（2017）认为，通过网络协同提升新型孵化器服务能力是破解其发展困境的重要手段。

从实践中，可以看到不少新型孵化器在基本孵化活动、内部运营活动以及外部协作活动等方面积极尝试。比如在基本孵化活动创新方面，Soho 3Q较早提出低成本共享办公空间，改进了原有场地服务。Y Combinator 创新推进集中营培训，改进传统培训方式。而由李开复创立的创新工场引入天使投资，衍生了新的孵化服务。在内部运营活动创新方面，腾讯众创空间推出线上产业开放平台，实现线上线下联动孵化。在外部协作活动创新方面，创新工场设立"兄弟会"，推进创业企业内部合作。生物医药领域孵化器贝壳社探索由创业导师出资成立产业基金，以此强化外部联系。

综上所述，本章将新型孵化器价值链创新视为新型孵化器对价值活动和相关利益者主体关系的组合优化，并将新型孵化器价值链创新进一步划分为基本孵化活动创新、内部运营活动创新以及外部协作活动创新。其中，基本孵化活动创新包含入孵、服务、毕业以及后续服务等环节，其作用对象为入孵企业，体现了新型孵化器的直接生产过程；内部运营活动创新涉及新型孵化器内部的人力资源管理、基础设施管理、财务与投资管理、项目开发研究等辅助活动；外部协作活动创新涉及政府、金融机构、大学及科研机构、中介机构等主体的关系构建及维系所需相关活动的创新。对于基本孵化活动而言，新型孵化器外部协作活动创新和内部运营活动创新是重要保障。新型孵化器价值链构成及创新维度如图 6 - 1 所示。

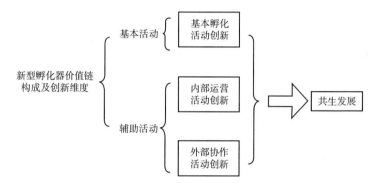

图 6 - 1　新型孵化器价值链构成及创新维度

一、新型孵化器基本孵化活动创新

基本孵化活动是由围绕扶持入孵企业成长和价值增值的一系列关联活动。这些活动的参与者功能各异，共同附着在入孵企业价值增值和共享的链条上，构成了孵化活动的价值链。基本孵化活动的创新就在于以市场需求为导向，构建一条从入孵筛选、孵化服务、毕业退出三阶段构成的全流程孵化链条。这条价值链成功运行的前提是作为孵化器产品的入孵企业具有强烈的市场应用前景和经济性，具有社会价值。在此基础上，孵化器通过链接有效资源提供精准服务实现价值增值，通过明确的市场退出机制完成价值实现和共享。

（一）入孵筛选：建立优质项目源渠道，形成价值与前景并重的筛选流程

在选择企业孵化器时，要充分考虑项目的可行性和风险，探索出切实可行的入孵企业筛选标准，按照科技含量高、产业关联度强、市场前景好的原则，坚持对孵化器的入孵企业进行选择。从国际经验来看，成功的新型孵化器都特别重视入孵企业筛选机制。对于不同孵化器而言，入孵企业筛选机制的侧重点也不尽相同。有的孵化器重视创业项目，而有的孵化器则重视创业者本身的素质。入孵企业的质量是培育出优质企业的基本前提（杨星星，2015）。

在入孵筛选环节，孵化器的孵化活动主要包括形成优质项目源渠道和建立项目筛选机制两个方面。优质项目源是孵化器求之不得的资源，稳定而持续的优质项目是保证孵化器持续良性发展的源泉。由于受政策导向影响，现阶段孵化器的数量呈井喷式增长，但优质项目的增长速度并不会同步。所以，如何获得优质项目对于孵化器大获成功就变得非常重要了。此外，目前孵化器的一个发展趋势是由平台提供商转变为服务提供商和企业生产者，其职能呈现出向服务产业功能的过渡（刘伟等，2014）。因此，孵化器如果能够借助集聚的产业资源、大型公司或科研院所的技术资源或者其他优势资源，则可建立稳定的优质项目源，同时也可以为这些主体提供它们所需的创新项目或人才，服务于产业转型或创新发展。

优质项目源会从两个方面产生：一是集聚的产业资源或者大型公司本身对于创新项目就有需求，而他们又能为创新项目提供良好的产业资源、人才、技术、资本、行业信息、经验等一系列孵化企业成长所需的资源，因此会对创业企业形成极大的吸引力；二是这些产业资源或大公司内部本身就有许多有创业需求的潜在项目，如果孵化器能够为他们提供完善的创业环境，将会对他们产生极大的鼓励，把创业梦想变成现实。李小康和胡蓓（2013）提出了"大企业衍生创业"的概念，并构建了以创业能力形成为中心环节的衍生创业的过程模型。他认为潜在创业者通过在大企业中工作积累了足够的创业能力和创业所需的社会资源，个人强烈的创业倾向如果有合适的外界环境刺激就会有创业行为产生。例如，浙江润湾创客中心则依托于华立集团强大的产业资源打造了创业孵化的产业生态链，为创业项目提供场地、科研资源、制造资源、供应链体系，同时通过合作提供孵化辅导、投融资等各类服务，形成了"产业＋服务"双生态孵化模式。可以说，产业资源或技术资源集聚地是潜在创业氛围形成的肥沃土壤。新型孵化器如果能形成优质项目源的合理渠道或者具有对优质项目强烈的吸引力，则会有事半功倍的效果。

另一个入孵筛选的重要环节就是项目筛选机制。这个环节就像企业的招聘环节，一是筛选"简历"环节，就是对创意项目商业计划书的商业前景、可执行性等进行考察；二是"面试"环节，在与创业团队的面对面交流中对创业项目进一步考察，同时也对创业团队进行考察。孵化器会围绕"项目是否和孵化器本身的目标客户匹配？""项目本身的质量和创始团队的能力是否达到一个基本的标准？"等问题进行交流。这个环节最重要的是能形成一个社会经验丰富、行业背景深厚并具有创业经历的评选团队，同时需形成相应的评选原则。从操作流程来说，筛选流程设置要具有专业性和综合性，既要看到创业项目的技术价值，又要综合考虑创新项目的成功率，形成技术专家、投资人、企业家等的多方评审机制。从评审内容上看，要对创业团队品质、技术市场价值、知识产权、市场成长性、商业模式可操作性等影响因素进行评价。同时，孵化器应在评审内容的各个方面形成指导性的原则。

（二）孵化服务：建立供需匹配的孵化服务体系

入孵企业在孵化器中的成长可以分为两个阶段：一是创意完善与产品化阶段；二是产品市场化阶段。在创意完善与产品化阶段，创业团队首先寻求的是便利化的创业环境，需要孵化器提供共享办公空间、财税和法律服务、政府政策对接和工商登记等基本服务；其次是创意完善和产品化的创意交流空间，孵化器内集聚了大量具有创新精神的主体，他们都拥有自己独特的创业知识，空间的集聚为这些创意知识的社会化提供了适宜的条件。在产品市场化阶段，入孵企业最需要的是产业链嵌入资源和社会网络支持。陈夙等（2015）将创业生态圈的资源归结为三类：战略性创业知识、技术性创业知识和创业服务与资金。战略性创业知识负责解决创意项目前期战略规划与商业模式的问题，技术性创业知识负责解决创业项目中的技术、运营与管理方面的疑难，资金、产业资源等创业服务则是助推创业项目成长的燃料。

在上述对创业项目各成长阶段所需资源分析的基础上，孵化器开展对应的孵化服务。新型孵化器的孵化服务有两个部分：资源的整合和合理分配。在资源整合方面，孵化器通过实施创意项目批量生产的方式，形成以创意项目驱动资源集聚的方式。以优质项目对资源的吸引力形成彼此间的强联系，这样资源整合与项目孵化之间会产生相互依赖、相互增强的效果，彼此间能够建立基于信任的持久的同盟关系（Cakula et al. ，2013）。在资源的合理分配方面，通过对创业项目的追踪服务了解孵化企业在成长各阶段中遇到的问题，孵化器在分类解决的基础上给予合适资源的配置，形成一个连续的创业辅导链条。这样，在入孵企业分阶段需求分析和资源集聚的基础上，孵化器通过资源整合和合理分配就形成了提供孵化服务的核心能力。向永胜和古家军（2017）以润湾创客中心作为案例研究对象，提出创业生态系统包括"产业＋服务"双核心生态层、多要素功能网络空间的完整要素层、全过程专业辅导的外围动态保护层，从而提高企业孵化速度和成功率。产业生态层依托孵化集团和外围合作企业的强大产业链资源，提供包括孵化基地、供应链体系、试验制造技术条件等产业孵化服务；服务生态圈以投资机构、产业基金、财税服务、人力资源服务为主的商业服务；全过程专业辅导则以创业导师为核心，分阶段解决孵化过程中的创意、产品、市场、运营等核心问题，实现知识、资源和创业项目的融合。

孵化器管理者、服务人员以及创业者基于面对面交流所形成的非正式组织构成了孵化网络运行的另一重要基点。在具体的孵化活动开展方面，孵化器应组织具有针对性的创业培训、导师辅导、资源对接、主题分享等四方面的活动（Peters et al.，2004）。创业培训注重于战略规划和商业模式等方面的知识培训；导师辅导在于解决企业发展中遇到的个性化问题；主题分享则在于建立创业者之间的交流空间；资源对接是根据创业企业的需求组织有针对性的推荐会。

（三）毕业退出：价值分享与共赢

在设计孵化器的盈利模式时，投资收益应成为其重要收益，而孵化服务应是其支出的成本。对于孵化器来说，通过投入种子资金的方式可以和入孵企业建立更加紧密的关系，从而加强自己的管理监督责任，这样既有利于孵化器不断优化孵化服务能力，也便于增进孵化网络中的信任，同时也可以获得可观的回报。对于创业企业来说，则可以以少量的股权换取孵化器的优质服务，降低资金压力的同时更可以主动要求孵化器提供自己急需的服务。对于双方来说，这是一个双赢的局面。因此，通过孵化服务或者初期的种子投资来获得股权收益应该是未来孵化器最理想的收入获取方式。

创业企业成功毕业包含产品上线、获取天使用户、团队完整、拿到后续融资等指标。对于孵化器来说，孵化企业的毕业退出主要涉及的就是价值分享。通常来说，孵化器的价值体现在帮助创业团队将它的商业蓝图变成现实，入孵企业在孵化器内完成了它的第一次成长过程。不管入孵企业是因为被收购还是可以独立运营而选择离开孵化器，面对激烈的市场竞争环境，如果能够再次获得资本青睐或者市场资源的支持，对其未来发展可以说是影响重大；对孵化器来说也是价值变现的好机会，不管获得的是股权收益还是良好的市场信誉。此外，毕业的入孵企业也是孵化器积累产业资源的好机会，对于双方来说，"校友"资源都是未来发展的助力器。

二、新型孵化器内部运营活动创新

新型孵化器的内部运营是为了实现扶持创业项目快速成长的运营目标，通过一系列的组织构建、流程设置和运营职能的开展，最终达到沟通入孵企业和外部共生单元的目的，实现孵化资源的合理高效利用和创业项目价值的高增值。其中，组织构建是指服务于孵化活动而建立的组织架构以及组织内部的学习和动态能力，流程创新是指孵化器通过构建和优化信息、知识、资源等流通渠道，提升孵化活动的资源利用效率，二者通过协同作用不断将创业知识沉积、内化形成孵化器的核心竞争力。

（一）组织构建：小巧精致的组织搭配快速的成长能力

新型孵化器的组织构建包括两个方面：组织架构和组织演化。作为一种服务型组织，新型孵化器的组织架构是依据入孵企业的服务需求设置的。从孵化器实际的运营情况看，孵化器内部的运营团队可以分为两部分：一部分是提供如入孵筛选、活动策划、品牌运营等服务的团队，由于孵化器提供的这些服务多是无形服务，同时入孵企业要求的服务质量又大多属于高端的知识型技能服务，因此孵化器对这部分运营人员的素质、经验和背景要求较高；另一部分是负责孵化器内部日常运营的行政、财务、人事等人员，对这部分人员的要求可能和其他的公司一样，并不会有过高的要求。从孵化行业的特点来看，孵化器的组织结构多是小巧而精致的。首先，这是因为孵化器提供的大部分资源是外取的，因此并不需要庞大的团队来配送资源；其次，这种外取特性又要求孵化器的组织具有专业、灵活、精准的服务能力，其组织结构也就会比较小而精。

(二) 流程创新：建立"线上 + 线下"的立体孵化体系

孵化流程是孵化器设计的连通在孵企业与外部共生界面的桥梁，是资源配置的流通渠道，其创新的重点在于明确各主体的功能和定位，理顺各价值链条如知识、技术、产业资源、投融资等的价值传递过程，实现资源的快速匹配与对接，提升资源配置效率。流程创新是操作程序、方式方法和规则体系的创新。伴随着数字化发展的深入，越来越多新型孵化器采用新的手段和方法，不断调整和优化孵化活动的流程率。例如，通过建立线上数据库，跟踪入孵企业运营产生的资金流、业务数据流、诚信行为记录等，将各主体间交流沟通的创业知识和信息进行文本化和数据化，形成日后可查阅的显现知识。线下活动的组织仍然是流程创新的重要部分。线上的信息收集、跟踪和对接是组织线下活动的基础，毕竟创业孵化中冷冰冰的数字只能说明一部分问题，线下活动的组织则可以进一步解决线上服务难以解决的问题，也可以通过面对面的深度沟通增进彼此间的了解和信任。线上平台的建设加上线下活动组织将围绕入孵企业建立起立体的孵化服务体系。

三、新型孵化器外部协作活动创新

相比基本孵化活动创新、内部运营活动创新，新型孵化器的外部协作活动创新与共生发展有着更为直接的联系（Cantù，2015）。企业孵化具有高风险和不确定性，对于外部资源方而言，并没有形成职责明确划分的分工关系，彼此之间是松散而没有强约束的"软"联系。这种"软"联系更多的是基于相同的价值取向和信仰。能否建立起良好的共生关系，关键在于是否通过一系列活动支撑各主体之间建立信任和链接，构建层次分明、功能互补的资源和服务提供群落。

(一) 活动组织与平台搭建：建立增强信任的合作机制

孵化共生中，由于链接的主体既有功能互补的异质体，也有相互竞争的同类，共生关系是较为松散的，具有明显的非中心特性。但入孵企业的价值增值特性又要求孵化网络具有持久性和稳定性，对孵化网络的关系治理提出了新要求。外部协作活动创新在于通过制度设计，加强信息沟通渠道和增强信任机制的建设，增强各主体的资源投入和协同，提升孵化网络的效率和价值创造能力。同时防止孵化网络内部出现投机行为，造成对孵化网络主体间信任关系的损害。王国顺和徐力俊（2019）从孵化网络声誉构建视角发现孵化网声誉构建受到孵化器资金支持力度与孵化器管制惩罚强度的共同促进作用。

平台的搭建能够很好地解决资源流动的问题，将各主体自有的创业知识、信息和资源形成汇总，服务于入孵企业的成长。建设的平台中包括企业运营数据跟踪平台、创业辅导平台、投融资数据平台、资源对接活动平台等，平台的建立既是为了方便利益各方对入孵企业运营情况的追踪，也是方便利益各方的追踪服务，更是孵化器形成创业辅导经验和知识积累的手段和工具。此外，孵化器常常会组织各种技术交流会、联谊活动、展示会以及在空间上的集聚为孵化企业提供重要媒介（梁琳、刘先涛，2005）。外部协作活动创新中，孵化器起到的核心作用在于知识和信息的整理、变现和传播，从而带动资金、资源的流动。孵化网络节点间交流与互动是催化共生发展效应的重要前提（Scillitoe and Chakrabarti，2010）。孵化器在这个网络中的另一个作用就是协助其他主体寻求自己的位置，确保各利益主体嵌入到一个资源异质互补的空间，形成一个在结构、功能、关系层级上积极互动、协同工作的网络，使整个网络从无序向有序发展。

（二）品牌运营：平台搭建与资源互补交换

品牌是孵化器核心竞争力形成和孵化服务能力品质保证的体现，是区别于其他孵化器的独特标志。面对激烈的竞争环境、稀缺的创新资源以及不断提高和多样化的服务要求，孵化器首先选择的可能就是多品牌运营和市场空间扩展。通过采取强强联合的战略，快速吸收强势品牌的资源和影响力。品牌的形成是孵化器对内部服务不断优化的结果，在孵化器这个大的品牌下面汇聚的则是代表孵化器优质服务的各个子品牌，这些子品牌是孵化器不断优化各种服务形成的核心服务能力。品牌的建立意味着孵化器已经形成了自身独特的竞争优势，也意味着孵化器理念的形成。品牌对孵化器的作用就像磁铁石一样，吸引着利益主体们在其周围集聚。孵化器的品牌影响力首先起作用的就是对优质创业项目的吸引。创业项目在选择孵化器时，良好的品牌认知意味着高品质的孵化服务能力，将会最先吸引到创业者的注意。入孵企业大多缺少社会认可，孵化器的好口碑将会成为入孵企业最好的背书，为入孵企业资源的获取、社会网络的搭建提供便利。对于孵化网络内的其他利益主体，孵化器的品牌影响力会让政府在政策优惠、财政补助等方面提供倾斜，创投机构、产业资源会与孵化器形成强强联合的关系，从而形成稳定的网络关系。孵化器品牌影响力的扩散是其价值实现的重要手段，通过品牌输出获得经济效益，同时也是不断扩展和维护品牌的过程。通过品牌的影响力，将孵化器早期积累的管理经验通过复制、转移的方式快速输出到其他地区，将其转化为经济效益。经济效益和价值观的扩散将会形成良性的互动机制，通过不断增强彼此的价值，最终将品牌这种无形资产转化为孵化器的持续经济收益。

第二节　新型孵化器（Y Combinator）价值链创新的案例分析

Y Combinator 是世界上最著名的孵化器之一，总部位于美国硅谷。创始人保罗·格雷厄姆（Paul Graham）本科毕业于康纳尔大学，在哈佛大学完成了计算机科学博士学位。创办 Viaweb，并在 1998 年以 5000 万美元的价格卖给了雅虎。之后 Graham 开始在互联网上写博客，成为各地年轻黑客和程序员中的知名人士。为了服务更多创业者，于 2005 年成立 Y Combinator。自成立以来，Y Combinator 先后资助了 3000 多家创业企业，投资的创业者超过 6000 多名，初创公司市场总估值超过 3000 亿美元。其中，超过 110 家公司价值超过 1 亿美元，超过 25 家公司价值超过 10 亿美元。

一、Y Combinator 的基本孵化活动创新

Y Combinator 最大的特点是以训练营的方式实现了创业企业的批量孵化。专注年轻极客、给创业团队提供种子基金换取少量股权、开展为期 3 个月的训练营以及最后面向投资人的"展示日"构成了 Y Combinator 孵化活动创新的重要特征。

（一）入孵筛选：极客型年轻创业者

Y Combinator 学员的平均年龄为 29.2 岁。Y Combinator 认为年轻的创业者具有理想创业者的武器——精力、贫穷、无根、同窗与无知。"精力""贫穷"指的是这样年纪的创业者一般没有家庭、没有贷款，生活成本会比较

低，所以创业心无旁骛。"无根"指的是创业者可以随时搬家，"同窗"指的是创业者知根知底的大学老同学，在必要的时候也许会成为创业合伙人，"无知"指的是创业者不知道创业前路有多少障碍和风险（杨星星，2015）。Y Combinator 对创业者的选择与孵化器创始人背景、经历有较大关联。2014年，年仅 29 岁的萨姆·阿尔特曼（Sam Altman）成为孵化器新的负责人，与创始人保罗·格雷厄姆（Paul Graham）一样，萨姆·阿尔特曼所创立的Loopt 公司在 2012 年以 4340 万美元的价格被收购。现任总裁杰夫·拉尔斯顿（Geoff Ralston）也同样有着创业经历，是美国教育科技产品孵化器 Imagine K12 的创始人。

在创业企业的选择中，Y Combinator 维持了较低的接受率。近年来，总体入营的企业不断增加（见图 6-2），达到了 400 余家，但对照上万家的申请总量，接受率仍旧非常有限。此外，国际化是 YC 运行中一个重要特点，目前，50%左右的项目来自海外，包括日本、中国、印度以及南美和欧洲国家等。

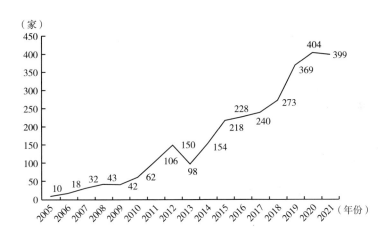

图 6-2　Y Combinator 训练营入营企业数

资料来源：笔者根据相关资料整理自制。

相比于创业项目，Y Combinator 更注重创业者素质因素，认为创业者素质比创业想法更重要，如果创业团队拥有与成功密不可分的品质，那么简单的创业想法配上强大的创业队伍也可以产生显著成效。一方面，Y Combinator 根据创业者素质对新创企业进行评价和筛选，这在很大程度上保证了在孵企业的质量，也为新创企业今后的上市或者收购奠定了坚实的基础；另一方面，在孵企业质量的保证也给了投资者极大的投资信心。两者的相互信赖，逐渐形成了一种良性循环。

（二）孵化服务：3 个月的训练营

为期 3 个月的训练营是 Y Combinator 在提供孵化服务中的最大特色。每年两期，其中冬季期在 1~3 月，夏季期在 6~8 月。与其他孵化器不同，YC 并不会给通过面试的企业提供场地，但要求他们在这 3 个月内搬到硅谷，并且离 Y Combinator 总部越近越好。在这 3 个月内，孵化器给每家创业企业提供一定的资金，用于日常生活和企业运营，而 Y Combinator 会得到约为 7% 的股权。在 2011 年之前，Y Combinator 对每个项目的投资额在 1.7 万美元左右，其中如果创始项目 3 人就是 1.1 万美元，如果 4 个人就是 1.1 万美元 + 3000 美元。但之后针对投资额度进行了多次调整，具体如表 6 - 1 所示。

表 6 - 1　　　　　　　　　Y Combinator 资助方式演变

年份	资助方式
2011	平均是 1.7 万美元换 7% 的股份。俄罗斯投资人米尔纳（Yuri Milner）和硅谷"超级天使"投资人罗恩康威（Ron Conway）的基金 SV Angles 联合给每家 YC 公司投资 15 万美元可转换票据
2012	种子基金规则不变，停止 Yuri Milner 和 Ron Conway 提供的 15 万美元，理由是资金太多对创业团队有负面影响；与此同时，YC 成立 YC VC Program，给每家 YC 创业企业投资 8 万美元可转换票据，并安排相关投资机构合伙人给创业者指导
2014	为了避嫌对资本市场的信息干扰，YC 宣布在一家初创公司获得他们的第一笔 50 万美元融资之前，YC Partners 不对其进行投资，除非这家公司在演示日（Demo Day）3 周后仍未获得第一笔融资

资料来源：笔者根据相关资料整理自制。

强调快速增长是 Y Combinator 提供孵化服务的又一重要特征。一般而言，一家创业企业可能得花上一两年时间才能将创始人的想法转变为实际产品。但在 Y Combinator，创业者被要求尽早发布产品，在此基础上进行迭代创新，而且对于创业企业提出了每周 7% 的增长指标，要求无论是什么类型的项目都要思考如何增长并盈利。为了实现这一点，Y Combinator 在 3 个月内会给创业企业大量的指导，通过引导他们快速试错，发现良好的创业机会。事实上，在 Y Combinator 资助的创业企业中，有一半以上是不需要钱的。这些企业仍然愿意到孵化器，更重要的 Y Combinator 能够帮助企业明确创业方向、提供进一步的融资指导以及提供强大的"校友"网络和投融资网络。从孵化服务来看，Y Combinator 主要提供以下几方面内容。

（1）日常指导交流。Y Combinator 鼓励创业企业在3个月内专注产品开发，在这期间会围绕一系列问题与创业企业进行交流。与合伙人见面交谈以及每周一次的晚餐聚会是重要创新形式。对于创业企业而言，可以根据合伙人时间进行预约，面对面交流各类问题。每周一次晚餐聚会，则会邀请孵化器合伙人、培训师、毕业校友以及硅谷制知名企业创始人、投资人来进行交流，以帮助创业企业寻找到最合适的发展方向。在聚会过程中，创业团队会被要求展示过去一周的成果。Y Combinator 创业导师服务内容如表6-2所示。

表6-2　　　　　　　　　Y Combinator 创业导师服务内容

序号	创意——产品各阶段	相应的导师指导
1	早期阶段	明确最紧要的问题
		花10%的时间讨论创业企业的发展方向
2	创业者尚未决定做什么或者改变想法的时候	两个方向：用户需要的，或者创业者擅长的
3	创业者的想法确定下来之后	建议创业者快速做出产品雏形，尝试进入市场进行试验，在与用户的交流中发现产品的问题
		做的东西要有市场的预估：谁会使用它，谁会付费使用它，如何接触到用户
4	如何推出新产品	两个问题：怎样呈现给用户，怎样呈现给媒体和投资者 指导创业者使用直白的语言简洁表达新产品
5	推出新产品之后会出现各种问题，最大的问题是用户不喜欢你的产品	重新思考最初的假设，根据现有的经验及事实去分析用户的需求
6	关于投资者	应该向谁争取投资，投资多少 一部分创业企业已经很有吸引力，争取投资不成问题；还有一些创业企业需要破茧成蝶，先争取小额的天使基金让企业初步发展
7	展示日之前	做展示的技巧
8	三个月结束之后，谈话可继续进行	

资料来源：杨星星. 市场型孵化器的内在机理与盈利模式研究［D］. 杭州：中共浙江省委党校，2015.

（2）创业图书馆。Y Combinator 围绕创业企业成长所需的各类知识，包含技术创新、商业模式、融资、员工管理、法律支撑等进行梳理，创建了包含文章、博客、视频等各类形式在内的创业图书馆，用于创业企业的孵化培育。

（3）创业学校课程。为了让更多创业者掌握创业技能，Y Combinator 在创业图书馆基础上，形成了创业学校课程，通过每周视频直播聊天与创业者进行交流。据统计，目前孵化器中 44% 的创业企业是创业学校校友，在入孵后，这些企业仍然可以学习创业学校的相关课程。

（4）为演示日做的交流指导。3 个月的集中训练除了实现产品创新外，Y Combinator 还希望创业企业能够掌握融资技能，更好满足外部投资者的需求。为此，Y Combinator 推出了诸多的关键日。如产品原型日（prototype day），在这一天，创业企业被要求展示项目，确保每个人知道他们在做什么，以便于提供帮助；天使日（angel day），邀请天使投资人来孵化器与创业项目进行对接；校友日（alumni demo day），邀请 5～6 名毕业校友，针对创业企业演讲发现问题、交流经验、提供建议；排练日（rehearsal day），为了更好地打动投资者获取融资，对创业团队提供演说能力和演示技巧方面的支持。

（三）毕业退出：演示日

Y Combinator 采取一年冬夏两次批量投资的方式大规模生产创业企业，演示日是 Y Combinator 对创业企业开展集中孵化后实现毕业退出的关键节点。通过举办演示日，YC 建立了一个有效的投资平台，为创业者和投资者之间的沟通对接打通了渠道，增加了创业者获得融资的机会（见图 6-3）。

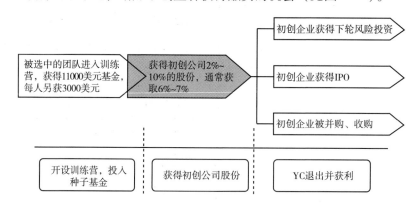

图 6-3　Y Combinator 毕业退出及盈利模式示意图

资料来源：笔者根据相关资料整理自制。

在演示日上，Y Combinator 会邀请诸多投资人开展投资交流会。根据创业者的演讲及项目评估，投资人会选择认为值得投资的创业项目，实行并购或后续投资。公司通常会在演示日之后的几周内筹集 100 万～500 万美元。2015 年 10 月 Y Combinator 成立 7 亿美元的成长期投资基金，用于孵化企业的后续投资。

二、Y Combinator 的内部运营活动创新

自 2005 年成立以来，Y Combinator 所孵化的企业规模日益扩大、与外部的联系也日趋广泛，如何保障低成本、有效地服务企业，满足投资人，实现共生发展，Y Combinator 着力从组织构建、运营流程两方面进行优化。

（一）组织构建：扩充合伙人和员工团队

随着 YC 投资项目数量的增加，在每位导师每期对接 10～15 个项目的状况下，Y Combinator 也在不断扩充全职合伙人和兼职导师团队。Y Combinator 有 4 名创始合伙人、1 名总裁、6 名集团合伙人以及 6 名兼职合伙人（visiting group partner）以及 53 名职工，涉及孵化业务、YC 投资基金、创业社区、创业学校等业务部门以及法律、活动运营、后勤、人力资源、财务、传媒等业务内容。

Y Combinator 的核心是导师制度和导师交流。从合伙人构成来看，基本上都有计算机相关专业背景，多数有创业经历，是具备专业知识和创业经验的复合型人才。创业导师以满足创业者谈话需求为导向，灵活调整工作时间。创业导师与创业者之间谈话的内容则取决于创业者所处的发展阶段，共性的话题聚焦于当前发展中创业者所面临的最紧要的问题，比如在整体上，双方探讨企业未来发展方向；当创业者提出新的创业想法时，为其提供相关建议；当创业者实施项目时，则引导其形成用户思维，系统考虑用户特征、用户需求、用户体验等（见表 6-3）。

（二）流程创新：快速响应

传统孵化器有一套标准流程，导致某些项目要么根本没有时间被阅读，要么回复周期非常长。Y Combinator 面对的是大量的创业企业，所以必须要开展高效率的项目交流。所有想要申请 Y Combinator 孵化计划的团队，都要在线提交表单，通过审核后会获得面试机会。据统计，Y Combinator 能够在两

表6-3　　　　　　　　　Y Combinator 合伙人和员工团队

创始合伙人	特雷弗·布莱克威尔（Trevor Blackwell）	机器人专家，于2007年制造了第一个动态平衡双足机器人。他发表了有关高速广域网拥塞控制、信令协议架构和文件系统性能的论文。拥有卡尔顿大学的工程学士和哈佛大学的计算机科学博士学位
	保罗·格雷厄姆（Paul Graham）	创立了Viaweb，第一家SaaS公司，1998年成为雅虎商店。2002年，发现了一种简单的垃圾邮件过滤算法，启发了当前这一代过滤器。拥有康奈尔大学的学士学位和哈佛大学的计算机科学博士学位
	杰西卡·利文斯顿（Jessica Livingston）	投资银行Adams Harkness营销副总裁，拥有巴克内尔大学的英语学士学位
	罗伯特·莫里斯（Robert Morris）	麻省理工学院计算机科学教授，拥有哈佛大学计算机科学学士学位和博士学位
总裁	杰夫·拉尔斯顿（Geoff Ralston）	建立了最早的Web邮件服务之一RocketMail，曾担任Lala首席执行官，后被Apple收购。2011年，参与创立了Imagine K12，这是首个Ed Tech加速器。拥有达特茅斯计算机科学学士学位、斯坦福大学计算机科学硕士学位和工商管理硕士学位
集团合伙人	迈克尔·赛博尔（Michael Seibel）	—
	哈里·塔格尔（Harj Taggar）	Auctomatic的创始人
	古斯塔夫·阿尔斯特罗姆（Gustaf Alstromer）	之前负责Airbnb产品与用户增长
	提姆·布莱迪（Tim Brady）	雅虎首位员工
	保罗·布克海特（Paul Buchheit）	Gmail和FriendFeed创立者
	道尔顿·考德威尔（Dalton Caldwell）	—
兼职合伙人	卡尔文·法兰西·欧文（Calvin French-Owen）	Segmet联合创始人兼首席技术官
	尼古拉斯·德萨涅（Nicolas Dessaigne）	Algolia联合创始人

续表

兼职合伙人	黛安娜·胡（Diana Hu）	Escher Reality 联合创始人
	基尔纳尼·雷什马（Reshma Khilnani）	MedXT 联合创始人
	苏尔比·萨尔纳（Surbhi Sarna）	nVision 联合创始人

资料来源：笔者根据相关资料整理自制。

三周内完成 6000 以上项目的网络筛选、内部项目评估和面试沟通。面试交流就是 Y Combinator 开展尽职调查的重要过程。面试前做充分的准备，面试中问关键的问题，面试后给快速回复。所有的项目在被面试后都会在线上留下记录，以便供企业合伙人面试时参考。基于数据库中累积的十万多份申请，Y Combinator 还开发了 HAL 的人工智能产品，来辅助筛选申请，提高工作效率。

在提供孵化服务的过程中，Y Combinator 也大量采用了在线化手段。比如合伙人网上预约系统，Y Combinator 的"合伙人"会在内部网络贴出自己的空闲时间，以便于需要单独指导的初创团队来预约。创业者通过网上预约系统与导师预约谈话时间，网上预约系统对双方谈话的预约次数不设上限。此外，还推出了类似于 Facebook 的 App "Bookface"。在这个平台上，创业者有任何疑问，都可以发布，24 小时内就会收到来自其他创业者的回答。因为校友网络中有大约一半的创业者每周会查看一次这个 App，更多人会在收件箱中收到关于讨论的每日分析。此外，疫情期间 Y Combinator 还利用线上平台举办在线演示日。

三、Y Combinator 外部协作活动创新

（一）协同主体：独特的校友网络

投资人、毕业校友以及各类创业者构成了 Y Combinator 的关键的协同主体。进入 Y Combinator 的创业者可以获得 100 种以上产品的折扣和免费账户。例如，2010 年 Facebook 宣布帮助 Y Combinator 创业者打造"革命性社交体验"，为对社交产品感兴趣的创业者提供产品、技术和设计资源，优先使用

Facebook Credits，Instant Personalization 以及其他测试功能等。2015 年 11 月，YC 实验室和一些著名的投资人包括 Elon Musk 等共同出资创办非营利人工智能研究院。这些合作搭建了创业企业和投资商之间的沟通渠道，在为创业者拓展了资源网络的同时，也为天使投资人和风险投资商及时进入项目早期阶段，获得丰富、优质的项目资源提供了平台。

当然，Y Combinator 协同主体中，最具特色的还是 3000 多家创业企业以及背后的 6000 多名的创业者。对于后来创业者而言，既是重要的创业导师，又是潜在合作伙伴。为了更好地帮助创业企业、加强合作，Y Combinator 也在积极吸纳出色的创始人成为合伙人。从这一点来看，Y Combinator 就像一个递归循环，它吸引着最优秀的创业者，而创业者吸引着最优秀的投资者和最高的估值，这又进一步吸引了最优秀的顾问，从而构成了整个循环，继续吸引最优秀的创业者。

（二）品牌宣传：专业性分享

Y Combinator 有着强大的品牌宣传能力，借助大量原创的内容、线上媒体的宣传渠道和线下品牌的活动吸引创业项目。比如通过书籍，在所有的孵化器当中，Y Combinator 图书出版的数量应该是最高的。创始合伙人杰西卡·利文斯顿（Jessica Livingston）出版过 2 本书，前总裁 Paul Graham 出版过 3 本书，萨姆·阿尔特曼（Sam Altman）出版过 1 本书。还有从第三方视角深度剖析 Y Combinator 3 个月创业集训营整个过程的书籍等。如通过博客，Paul Graham 的博客有着丰富的内容。2014 年以后，Y Combinator 的官网博客发布频率更高，内容覆盖面也更广，主体内容涵盖 Y Combinator 所有合伙人的文章以及对 Y Combinator 投资项目的最新介绍等。Y Combinator 的广泛宣传并不等同于网络开放，恰恰相反，Y Combinator 在创业想法、项目开发等方面的分享管理是十分严格的，比如每周二的晚餐交流会如果没有邀请无法参加，即便是毕业企业，比如 Bookface 账号由创业企业创始人保有等，体现出强烈的内部人认同和保密文化，以此保障在孵企业可以更好地享用内部资源及共享创业想法。

（三）关系治理：注意培养互助的文化

"创业即生活"的理念，是 Y Combinator 一直在提倡的理念。为了获得更多的资源和更大范围的信任，Y Combinator 在内部强调校友文化、互帮互助，对外强调信誉，强调整体性，通过一整套完备制度筛选出更优质企业。冒险与试错精神构成了硅谷创新创业的文化根基、团队精神、信托机制、社会关系网络构成了硅谷创新创业的契约，没有试错，则难以形成推陈出新的发展态势。没有互帮互助，无论是技术创新、产业组织还是市场开拓等任何一个方面或环节难以展开。在某种意义上，Y Combinator 是硅谷创业创新文化的缩影。对于 Y Combinator 的孵化企业，相关利益方都表现出了极大的信任。比如荣·康威和尤里·米尔纳在 2011 年创办了一家新基金 Start Fund，为参加 YC 训练营的每个创业团队提供 15 万美元的资金。Y Combinator 的创业企业并不需要再通过其他任何审核流程。基金会的投资人也没有要求查看其中一个被投资公司的创业计划，甚至连公司的基本信息也不过问。只要他们通过 YC 的评审流程，是 YC 合伙人在数千份申请中精挑细选出来的佼佼者，就足够了。这样一次性对大批公司进行批量投资的案例前所未有。这背后源于 Y Combinator 的信誉保障，也源于硅谷这个生态对于冒险精神、试错精神、创新精神的包容与鼓励。

第三节　新型孵化器价值链创新对共生发展的影响

一、研究假设

近几年，在政府政策的大力支持下，孵化器行业正在快速发展，吸引了创投机构、大公司的战略参与以及各种创新创业人才的集聚，这为孵化器的专业化分工发展创造了良好的条件，但同时也带来了"鱼龙混杂"的弊端。价值链创新对共生发展的影响主要体现在以下三个方面。

首先，有利于共生单元的有效识别。新型孵化器与共生单元之间关系是逐步建立起来的。对于孵化器而言，通过价值链创新能够形成有别于同行的做法。对于创业企业和外部共生单位而言，传递出了明确的价值主张，包括价值定位、产品定位和客户群体定位等，是为入孵企业提供精准化和专业化服务的首要前提。价值互惠承诺是多边互惠型价值主张构建的核心。没有明确的价值主张，孵化器不能形成一条持续向前发展的明确路径（Ballantyne et al.，2011；Holttinen，2014）。

其次，有助于共生发展能力的提升。价值链创新过程是梳理价值活动的过程，通过分析哪些业务活动产生价值、哪些业务活动不产生价值，理顺价值活动的内在关联、优化作业之间的衔接，努力寻求一种最优的组合方式。价值链创新可以帮助新型孵化器更好地利用内部资源，提高自身增值服务能力。同时，共生发展的运维是需要成本的，基于外部协作活动创新所开展对外部价值链的分析可以帮助孵化器降低交易成本。价值链创新有利于识别价值生成的全过程及每一个环节所需的成本，帮助孵化器通过对关键环节的成本管理和成本控制获得成本优势。在整条价值链总增值不变的情况下降低成本，或是在总成本不变的情况下使整条价值链得到最大增值（李建设和赵婧，2007）。孵化器只有在内部运营上不断总结经验，提升管理水平，并运用到孵化活动和关系协同中去，才可以产生积极作用，吸引大量的第三方资源集聚和优质项目进驻。可以说，孵化器的价值链创新行为能够有效满足入孵企业对资源的多样化需求，更好地扶持入孵企业的成长，有助于提升入孵企业的存活率。

最后，有助于探索价值实现的新途径。新型孵化器价值链创新中一个关键在于结合孵化企业的成长规律，通过基本孵化活动、内部运营活动、外部协作活动进行优化。由于在构建价值链时选择了不同的价值实现路径，造成共生界面和共生模式不同，相应地也带来了共生能量的多元化，不同的收入模式实现了孵化器价值实现方式的重构。比如联想之星推出天使投资基金，专注于技术成果专业化的种子期和极早期投资，在项目成长中通过吸引创投机构的风险投资，采用"隔轮退出"的方式控制投资风险，最终获得股权投资的高回报（刘伟等，2014）。

基于此，本书提出如下假设。

H（6-1）a：新型孵化器基本孵化活动创新有利于共生发展。

H（6-1）b 新型孵化器内部运营活动创新有利于共生发展。

H（6-1）c：新型孵化器外部协作活动创新有利于共生发展。

二、变量测量

（一）自变量

价值链创新包含基本孵化活动创新、内部运营活动创新、外部协作活动创新，测量项目如表6－4所示。

表6－4　　　　　　　　　　新型孵化器价值链创新行为的测量项目

维度	项目
基本孵化活动创新	与同行相比，有更加明确的筛选标准和筛选流程
	与同行相比，所提供的办公空间更具价格优势，符合创业者需求
	与同行相比，所提供的服务如工商登记、财税服务、法律服务等方面更具竞争优势
	与同行相比，能更有效跟踪项目进展，并在项目偏离预期时能够及时终止
内部运营活动创新	与同行相比，能够更好地培养运营服务团队并保持较低流失率
	与同行相比，能够更为有效地组织并开展各类内部活动
	与同行相比，能够更好地应用互联网、大数据、人工智能等技术进行创业孵化
外部协作活动创新	与同行相比，能够更好地搭建开放的服务平台，如商务服务平台、金融服务平台、技术服务平台等
	与同行相比，能够更为有效地组织并开展各类外部活动
	与同行相比，具有较强的品牌传播和运营能力，如多品牌合作、品牌宣传、新媒体等方面

（二）因变量

共生发展包含两个部分：一是与创业企业共生发展水平，采用入孵企业数和入孵企业平均在孵周期两个指标；二是外部共生发展水平，主要涉及"与同行相比，与地方政府的关系更为紧密""与同行相比，与金融机构、风险投资等金融机构合作更为紧密，获取投融资更为便捷""与同行相比，与高校、科研机构等机构的合作更为紧密""与同行相比，在产业链上下游资源对接方面更具备优势""与同行相比，与行业协会、第三方服务机构如中介、法务等方面的联系更为紧密"五个方面的主观问题。

（三）控制变量

本章涉及成立年限、投资主体（1＝政府；2＝投资基金；3＝科研机构；4＝企业；5＝其他）、获评级别（1＝国家级孵化器；2＝省级孵化器；3＝市级孵化器；4＝其他）、场地面积四个方面。

三、数据来源和样本分析

本部分所采用的数据与第五章所采用的数据一致，均来自问卷调研所收集的 174 份有效问卷。在回归之前对价值链创新行为的三个维度做因子分析和信度检验。在信度方面，三个维度的 Cronbach's α 系数均大于 0.8，表示量表的内部信度非常好。在效度方面，三个维度的 KMO 系数都超过了 0.7，并且球形检验显著，表明量表具有良好的聚合效度。三个维度的项目内容来自文献梳理和实地走访，比较切合孵化器内部实际运作情况，内容效度比较好，如表 6-5 所示。

表 6-5　　　　　　　　变量的因子载荷和信度检验结果

变量	项目	载荷 Cronbach's α 系数	Cronbach's α 系数
基本孵化活动创新	项目 1	0.891	0.801
	项目 2	0.861	
	项目 3	0.866	
	项目 4	0.853	
内部运营活动创新	项目 1	0.889	0.743
	项目 2	0.905	
	项目 3	0.900	
外部协作活动创新	项目 1	0.840	0.749
	项目 2	0.810	
	项目 3	0.825	

四、新型孵化器价值链创新影响的实证检验

本章采用 Stata14.0 对控制变量、自变量与因变量的进行关系检验，分析结果如表 6-6 中的模型（6-1）至模型（6-3）所示。从表 6-6 的回归结果来看，模型（6-1）中基本孵化活动创新、内部运营活动创新以及外部协作活动创新对入孵企业数都不存在正向影响，但均不显著。模式（6-2）中基本孵化活动创新、内部运营活动创新对入孵企业平均孵化周期存在正向影响，但均不显著，外部协作活动创新对入孵企业平均孵化周期存在负向显著影响。模型（6-3）中基本孵化活动创新、内部运营活动创新以及外部协作

活动创新对外部共生优化均存在正向显著影响。

表 6 - 6　　　　　新型孵化器价值链创新与共生发展水平回归结果

共生发展变量	模型（6-1）孵化企业数	模型（6-2）入孵企业平均孵化周期	模型（6-3）外部共生
基本孵化活动创新	-0.094 (-0.94)	0.231 (0.10)	0.318 *** (4.93)
内部运营活动创新	0.062 (0.59)	3.854 (1.63)	0.363 *** (5.34)
外部协作活动创新	0.133 (1.36)	-4.151 * (-1.88)	0.283 *** (4.47)
成立年限	0.035 *** (3.13)	0.949 *** (3.81)	-0.008 (-1.11)
投资主体	0.033 (0.92)	0.292 (0.37)	-0.005 (-0.20)
获评级别	-0.145 *** (-2.73)	-1.052 (-0.88)	-0.058 * (-1.69)
场地面积	0.000 ** (2.53)	0.000 ** (2.38)	-0.000 (-0.00)
Constant	3.708 *** (17.18)	20.623 *** (4.26)	0.197 (1.42)
Observations	174	174	174
R-squared	0.320	0.264	0.870

注：***、**、*分别表示在1%、5%、10%水平上显著。

　　为了进一步探讨新型孵化器价值链创新对外部共生发展的影响，本章将基本孵化活动创新、内部运营活动创新以及外部协作活动创新与外部共生界面中的五大关系进行回归。可以发现，价值链创新的三个维度均有利于优化与金融机构、高校、科研机构以及产业链上下游的共生关系。但在行业协会、中介机构以及政府的关联中，出现了差异，其中基本孵化活动与内部运营活动创新有利于优化与行业协会、中介机构的关系，基本孵化活动创新与外部协作活动创新有利于优化与地方政府的关系。从中可以看出，政府部门对内部运营活动创新敏锐性不足，不利于发现有良好组织架构和流程创新的新型孵化器，如表6-7所示。

表6-7 新型孵化器价值链创新与外部共生发展关系探索

共生发展变量	政府部门共生	金融机构共生	科研机构共生	产业链共生	服务机构共生
基本孵化活动创新	0.349 ***	0.285 ***	0.310 ***	0.213 **	0.335 ***
	(3.26)	(2.88)	(2.85)	(2.26)	(3.57)
内部运营活动创新	0.148	0.247 **	0.282 **	0.507 ***	0.515 ***
	(1.31)	(2.37)	(2.46)	(5.10)	(5.21)
外部协作活动创新	0.311 ***	0.356 ***	0.322 ***	0.243 ***	0.093
	(2.96)	(3.67)	(3.02)	(2.62)	(1.01)
成立年限	-0.008	-0.018 *	0.008	-0.012	-0.008
	(-0.63)	(-1.65)	(0.69)	(-1.17)	(-0.74)
投资主体	-0.074 *	0.001	0.005	0.012	0.035
	(-1.94)	(0.03)	(0.12)	(0.35)	(1.06)
获评级别	-0.100 *	-0.165 ***	-0.064	0.053	0.005
	(-1.75)	(-3.14)	(-1.10)	(1.06)	(0.09)
场地面积	0.000	-0.000	-0.000	-0.000	-0.000
	(0.97)	(-0.00)	(-0.69)	(-0.29)	(-0.02)
Constant	6.573 ***	6.382 ***	6.050 ***	5.877 ***	5.960 ***
	(28.49)	(29.94)	(25.79)	(28.88)	(29.47)
Observations	174	174	174	174	174
R-squared	0.650	0.720	0.681	0.751	0.748

注：*** 、** 、* 分别表示在1%、5%、10%水平上显著。

第四节 本章小结

本章重点分析了新型孵化器价值链构成及创新内涵，提出新型孵化器价值链是由基本活动与辅助活动构成的，价值链创新是新型孵化器对价值活动和相关利益者主体关系的组合优化，包含基本孵化活动创新、内部运营活动创新以及外部协作活动创新，其中基本孵化活动创新包含入孵、服务、毕业以及后续服务等环节，体现了新型孵化器的直接生产过程。内部运营活动创新涉及新型孵化器内部的人力资源管理、基础设施管理、财务与投资管理、项目开发研究等辅助活动。外部协作活动创新涉及政府、金融机构、大学及科研机构、中介机构等主体的关系构建及维系所需相关活动的创新。基于 Y Combinator 价值链创新案例和大样本的实证调研发现，价值链创新活动对新型孵化器共生发展存在积极影响，其中外部协作活动创新有利于缩短内部共生关系中的入孵企业平均孵化周期，基本孵化活动创新、内部运营活动创新以及外部协作活动创新对外部共生优化均存在正向显著影响。

第七章

新型孵化器价值链创新与共生
发展的动态演进：案例探索

动态演化性是共生发展的显著特征，不同共生发展阶段下价值链创新行为的演进是推动新型孵化器共生发展模式演进的重要动力。在明确价值链创新与共生发展的关联性基础上，本章导入动态视角，基于国内首家创业服务领域的上市公司——创业黑马的发展历程，共生发展阶段特征，分析价值链创新与共生发展的内在匹配以及整体趋势。本章重点探讨"如何通过价值链创新来促进新型孵化器共生发展"这一问题，需要按照时间顺序追溯相互关联的各种事件，涉及孵化器价值链创新在不同共生发展阶段的策略行为组合。研究所涉及的变量关系隐藏在复杂的现象内部，案例分析能够深入地探索案例企业特定现象背后的原因（王冬冬、段景伦，2020）。

第一节　创业黑马案例背景

创业黑马前身为北京创业创媒传媒技术有限公司，自 2008 年开始通过自建媒体品牌，在微博、微信、头条等平台吸引覆盖了千万量级的泛创业者用户群体。从 2011 年起，通过黑马大赛、黑马会、黑马产业大课、黑马大学、马脑等多种服务手段，依托"行业社群""城市社群"等多维度多重用户关系的运营，链接、触达了数量超过 10 万的创始人群体。同时，创业黑马在线下累计超 30 个地区建有"黑马城市学院"或"黑马城市创新中心"，目前每个城市能够触达 500 ~ 1000 家中小企业①。经过多年实践，创业黑马围绕中小企业及创新创业群体的成长需求，打造出多元化的企业服务平台，为企业

①《创业黑马：2019 年年度报告》，http：//quotes. money. 163. com/f10/ggmx_300688_6160924. html。

主和企业本身提供丰富的企业加速服务、城市拓展服务、科创服务、营销服务、投融资咨询服务等一系列的企业服务。

2015 年，创业黑马入选中关村示范区创新型孵化器名单，并纳入国家级科技企业孵化器的管理服务体系。2017 年 8 月 10 日在深交所创业板挂牌上市，成为国内第一家创业服务领域的上市公司。截至 2020 年，创业黑马实现营业收入 1.64 亿元，净利润 617.1 万元，累积孵化 1500 余家创业企业，其中 14 家成长为上市公司，包含上海荣泰健康科技股份有限公司、杭州泰格医药科技股份有限公司、北京大生知行科技有限公司、银科投资控股有限公司、酒仙网电子商务股份有限公司、山水假日（北京）国际旅行社股份有限公司、壹玖壹玖酒类平台科技 股份有限公司、北京铁血科技股份公司、点点客信息技术股份有限公司、深圳市住百家发展股份有限公司等①。作为案例研究的对象，创业黑马具有显著的新型孵化器特征，对价值链创新行为及共生发展的动态演进进行分析，可以为孵化器建设和孵化平台的发展提供理论指导。

第二节　创业黑马共生发展的阶段特征

创业黑马的发展经历的是一个不断发现价值、然后不断创造价值的过程。创业黑马设立之初主要向创业群体提供创业资讯，包括创业领域最新新闻报道、创业者或创业企业深度报道等内容。在与创业群体的交流中发现了创业者的学习需求，开始发展创业辅导培训业务。2013 年以后，随着国家大力支持创新创业的发展，创业辅导培训业务出现爆发式增长。针对创业公司的资金、宣传推广等需求，创业黑马开始以线上线下相结合的方式向创业群体提供公关服务，并成为其核心业务之一。为了能够进一步增进创业群体之间的相互联系与学习，创业黑马打造了创业者社区"黑马会"，开始向创业群体提供会员服务。在创业黑马的业务发展过程中，逐渐构建起了功能比较完善的共生系统。在此间，共生单元、共生介质不断增多，共生界面兼容性不断

---

① 《创业黑马：2020 年年度报告》，http：//data. eastmoney. com/notices/detail/300688/AN20210
6111497368514. html。

增强，共生能量的流动越来越高效，共生环境不断改善。具体而言，创业黑马的共生发展主要经历以下三个阶段。

一、2008～2012 年：黑马营和黑马大赛

创业黑马成立之初只有向创业者免费提供创业资讯服务这一项业务。一开始通过与纸媒合作，后来随着新媒体的兴起，公司逐渐打造了从 PC 端到移动端的线上媒体平台，为创业群体提供创业公司或创始人报道、创业案例分析、创业方法论等资讯内容。在此阶段，创业黑马与创业群体通过创业资讯平台建立了比较单一的联系，创业群体并没有通过创业黑马这个桥梁与其他共生单元形成共生界面取得联系，从而产生共生能量的流动与分配。

在提供创业资讯服务过程中，创业黑马发现创业企业除获取资讯、追求关注外，还迫切希望学习创业成长的理论知识与实战经验，并接触成功企业家思想和资源；而成功企业家也很乐于向年轻一代创业者分享创业经验、教训。基于早期运营积累的创业群体优势及创业领域的品牌优势，创业黑马创办了"黑马营"，开创了以企业家、投资人实战培训方式向创业者提供理论和实践指导的国内创业辅导培训新模式[①]。在创业培训课程中，企业管理人员、专业投资人导师除讲授企业运营过程中的实际问题、投融资知识以及创业经验分享外，其参与培训的主要目的是在规模庞大的创业者及创业企业群体中，进行自我宣传，寻找业务合作伙伴、投资标的，以形成良好的业务合作关系。

在创业辅导培训过程中，发行人发现所培训的创业企业缺乏展示舞台，有向用户、投资者等展示自身企业的迫切需求，于 2011 年创办了"第一届黑马大赛"。黑马大赛面向创业群体，为创业企业提供现场路演展示。黑马大赛实现了创业企业和投资人、创业企业和大企业的高效对接。黑马大赛等一系列线下活动加之线上传播的影响力快速增大，先后吸引了品牌企业、园区类政府机构的关注，他们从品牌推广、培育区内创业企业、招商引资等不同角度，对活动进行赞助甚至提出定制活动的需求，从而衍生出公司的公关服务。

---

① 《创业黑马：2017 年年度报告》，2017http：//quotes. money. 163. com/f10/ggmx _300688 _4298235. html。

从能量生成角度，投资人与大企业的创业知识、创业经验、资金、资源等开始向创业企业成规模地流动，品牌企业、科技园区及政府机构、创业企业等通过赞助费、授课费的方式大大拓展了创业黑马的收入来源。

二、2013~2016 年：黑马会、社群化

2013 年，创业黑马为了整合行业内优质资源成立了"黑马会"，围绕付费用户打造创业者社群。一方面，通过微信群、黑马会微信服务号等数字平台紧密链接与服务黑马会会员；另一方面，通过私董会、企业参访、创业沙龙等线下活动促进会员之间的学习与互动，帮助会员企业实现成长。创业黑马会员可以优先参加黑马运动会、黑马创业社群大会、创交会等黑马社群大型活动。"黑马会"由地方分会和行业分会组成，其中行业分会致力于打通行业内的资源，围绕行业发展相关主题开展活动，地方分会以会员集中地为标准划分，对接商业资源，促进会员间产生合作。截至 2016 年底，"黑马会"已成立 27 个地方分会和 18 个行业分会，成为国内覆盖面积较广、影响力较大的创业者社群。截至 2016 年，创业黑马的会员服务收入达到了 1164.18 万元[1]。黑马会将创业黑马与创业企业的共生关系推到了更高的层次，两者之间形成了强黏性联系，社交关系的沉淀大大增加了用户的转移成本，同时也激发用户深度互动、相互服务的动力与创造力。

截至 2016 年，创业黑马中 1/3 的黑马成长营学员在上课期间和结业后获得融资，总融资金额达 219.29 亿元，其中 1/3 的学员融资来自导师或导师所在机构。16.34% 的创业项目在其参加黑马大赛当年获得投资，总金额达 292.30 亿元，其中 1/3 的创业项目在大赛现场即获得投资人发出的邀约函并最终达成交易。此外，公司还为 32 各地方政府及其高新园区举办了 162 场定制赛事，共有 122 个参赛的初创项目在赛事举办当地的高新园区或孵化器注册[2]。由此，围绕创业黑马和创业企业两个共生单元形成的核心，周边集聚了越来越多的共生单元如投资人、大企业、品牌企业、科技园区及政府机构，形成了层次交互的共生界面。

---

[1][2] 《创业黑马：首次公开发行股票并在创业板上市招股说明书》，http://stock.jrj.com.cn/share，300688，zgsms.shtml。

三、2017 年至今：城市服务、百城计划

创业黑马在上市后获得了良好的品牌效应，为了在更大范围内实现共生发展推出了"黑马百城计划"，以"北上广"一线城市为出发点，加快在全国各地的落地布局，建立起分布于全国的网点服务系统。"黑马百城计划"以建立"黑马全球路演中心"、合作"黑马大赛"等业务的热点城市为依托，在当地建设"黑马城市学院"，为二线、三线城市的中小企业主人群提供多样化服务。通过区域拓展、业务延伸，将优质创业服务资源和创新型服务延伸至更广大的地域和受众人群，显著扩大了创业服务生态的外延。2020 年，创业黑马"百城计划"已覆盖全国 40 余地城区，根据当地产业发展规划方向建立产业加速中心，为地方企业提供培训辅导、企业服务、资源对接及股权投资结合的产业加速服务①。

2019 年，创业黑马参股并管理北京创新黑马投资管理合伙企业，将对创始人的个人服务延展到企业服务及投资服务领域，持续完善创业黑马"培训辅导＋企业服务＋投资服务"的加速服务生态，增强中小企业服务黏性。从共生能量生成角度来看，2020 年创业黑马实现创业辅导培训 9786 万元，公关服务 5032.8 万元，其中城市拓展服务 4404.2 万元，基金管理服务 788.3 万元，会员服务 463.9 万元，知识产权代理 19.4 万元，其他业务 259.6 万元②，创业黑马共生发展的阶段特征如表 7 – 1 所示。

表 7 – 1 创业黑马共生发展的阶段特征

年份	共生主体	共生介质	共生能量
2008～2012	创业企业、品牌企业、导师、投资人、科技园区等	创业资讯、辅导培训、公关活动	创业辅导培训、公关活动等收入
2013～2016	创业社群、品牌企业、导师、投资人、科技园区等	创业资讯、辅导培训、公关活动、社群服务	创业辅导培训、公关活动、会员服务等收入

---

①② 《创业黑马：2020 年年度报告》，http：//data.eastmoney.com/notices/detail/300688/AN20 2106111497368514.html。

年份	共生主体	共生介质	共生能量
2017 年至今	一线城市向二线、三线城市拓展	创业资讯、辅导培训、公关活动、社群服务、企业严选服务—城市拓展服务、投融资咨询服务、知识产权服务	创业辅导培训、公关服务、会员服务（含企业严选–城市拓展）、基金管理服务、知识产权代理等收入

资料来源：笔者根据创业黑马 2017～2020 年公开年报整理自制。

第三节　创业黑马价值链创新的动态演进

创业黑马作为一家完全市场化运营的创新创业服务商，在其发展过程中价值链创新行为表现得比较充分。传统的孵化器大多通过为创业企业提供物理空间和物业服务获得市场空间，而创业黑马走的是一条线上线下融合的方式，针对创业企业发展过程中的核心需求，通过整合资源形成自己的创新业务产品和服务，以满足创业企业、投资者、政府、科技园区等的需求。

一、基本孵化活动的创新演进

创业黑马的孵化活动创新主要包括用户获得和创新创业服务两个方面。具体而言，在用户获得方面，创业黑马以创业企业及潜在创业群体为目标，线上以网站、微博、微信公众号、App 等为用户入口，通过创业资讯等内容与用户形成互动，并引导用户参与线下活动。在创新创业服务方面，通过挖掘创业企业的核心需求，创业黑马形成了以创业辅导培训、创业公关服务、会员服务等创新产品为主的优质服务，为用户提供深度服务。对照共生发展的不同阶段，创业黑马在基本孵化活动创新上沿着服务体系化、高端化的方向不断演进。

（一）服务体系化

创业黑马根据创业创新企业的培训需求及自身实际情况不断推出新课程，2015 年新增黑马导师营/黑马连营课程，2016 年新增天使营和千里马课程，以满足企业培训的不同需求。随着创业辅导培训逐步走向深入，越来越多的企业创始人意识到，提升企业经理人和骨干员工的职业化素质是企业核心竞争力的源泉。在培训企业家的基础上，2017 年创业黑马又推出"高管营"，将公司辅导培训业务的用户从企业创始人拓展至管理层，聚焦企业高管人群开展关于提升格局、强化管理、领导团队、提高效率、创新营销等方面的培训。与此同时，在长期开展创业辅导培训服务的过程中，创业黑马还发现处于同一行业、同一阶段的学员通常具有较为相似的学习与合作需求，彼此能产生更强黏性。基于上述情况，公司开发"行业营"辅导项目，面向同一行业、同一阶段的学员的共性需求，开展针对性更强的培训课程。以黑马成长营、黑马连营、黑马导师营、天使营、千里马计划、EDP、国际游学项目为载体，创业黑马逐步建立了一个较为完善的创业辅导培训课程体系，面向种子期、初创期、成长期和 Pre - IPO 等不同阶段的企业创始人、核心人员提供自我成长、商业模式、团队建设、品牌营销、融资实务等多维度的培训课程①，如表 7 - 2 所示。

表 7 - 2　　　　　　　　　创业辅导培训课程体系

项目类型	项目简介
黑马成长营	是公司开设最早、最具市场影响力的培训项目；由创始人成长、产品、模式、融资实务、组织与团队、社群与营销六大课程模块组成
黑马连营	2015 年底启动的创新型学习项目；以社群明星创业者为导师，解构创业企业成长方法论；学习期为半年
黑马导师营	2015 年底启动的创新型学习项目；以知名企业家和投资人等为导师，深度解构一个特定的行业或主题；实行小班制，每名导师在半年学习期内辅导 10 ~ 15 名学员；实行滚动招生，每年服务学员 200 ~ 300 人
天使营	2016 年一季度启动的创新型学习项目；以拥有投资意向的成功企业家、创业家、企业高管为培训对象；学习期为一年；培训分必修模块和选修模块，其中必修模块分为投资基础模块、行业理论模块、商业模式模块以及投资实战四个模块，选修模块包括硅谷或以色列等地投资考察游学
千里马计划	2016 年底启动的创新型企业加速项目；以具有成为行业领袖潜质的杰出创业者为培训对象，通过邀请知名企业家、投资人、专家参与培养计划，帮助学员对接高端资源、突破成长瓶颈；实行小班制，每年计划招收两期，每期服务学员 15 ~ 20 人

① 《创业黑马：2018 年年度报告》，http://data.eastmoney.com/notices/detail/300688/AN201904251322773078，JWU1JTg4JTliJWU0JWI4JTlhJWU5JWJiJTkxJWU5JWE5JWFj.html。

续表

项目类型	项目简介
EDP 班	发行人传统课程，是包括创新型领导企业培训项目，以及针对热点主题开发的主题培训项目，学习期通常在 2 ~ 3 天。已开设黑马腾讯特训营、重度垂直—黑马 O2O 特训班、黑马华营等班级
国际游学	发行人传统课程，帮助创业者更加有效地借助海外先进经验和优势资源加速创业项目成长，包括海外名校创业课程、创新企业参访、中外创业项目联合路演等特色模块，一般学习时间在 7 ~ 15 天。已开设硅谷游学、以色列游学、德国游学、南北极游学

资料来源：笔者根据创业黑马 2017 ~ 2020 年公开年报整理自制。

同样的理念体现在公关服务上，创业黑马根据不同的需求，形成了黑马大赛、黑马创业社群大会、黑马运动会、黑马创交会等不同的活动类型，其中黑马大赛是国内较早发起的创业企业选拔、对接投资的大型系列赛事，于 2011 年 6 月开始举办；黑马创业社群大会是以服务黑马社群成员为核心，同时吸引众多创业者、投资人、知名企业家、高新园区、创业媒体进行现场互动的创业者交流交易大会。黑马运动会由创业思想交流和趣味体育竞技构成，通过观点分享、融资路演、团体运动竞技等形式，帮助创业者激发灵感、学习提升、获得创业资源和合作机会。黑马创交会旨在帮助创业者寻找所需资源，并且促成交易，采用展会与交易相结合的形式，如表 7 - 3 所示。

表 7 - 3 　　　　　　　　　　　　创业黑马公关服务体系

活动名称		定位	创办年份
自主品牌活动	黑马大赛	是国内较早发起的创业企业选拔、对接投资的大型系列赛事	2011
	黑马创业社群大会	以服务黑马社群成员为核心，同时吸引众多创业者、投资人、知名企业家、高新园区、创业媒体进行现场互动的创业者交流交易大会	2013
	黑马运动会	由创业思想交流和趣味体育竞技构成，通过观点分享、融资路演、团体运动竞技等形式，帮助创业者激发灵感、学习提升、获得创业资源和合作机会	2013
	黑马创交会	帮助创业者寻找所需资源，并且促成交易的活动平台，形式是展会与交易相结合	2016

资料来源：笔者根据创业黑马 2017 ~ 2020 年公开年报整理自制。

（二）服务高端化

以创业辅导培训为例，创业黑马投入了大量的人力和资源开发创业案例库及以此为基础的创业课程。针对目前创业培训领域缺乏体系化的课程与教材体系的现状，同时结合创业者"从零到一"创立企业的需求，构建了一个以典型创业案例为主的创业培训课程体系；通过把优秀创业者转化成能够基于自己的案例有体系地传递知识的创业导师，保证了公司能够持续将对创业者具有价值的创业导师输入创业教育体系中。在开发过程中，聚集了多位博士及行业专家，针对创业创新企业不同方面的学习与交流需求，有针对性地设计一系列的课程体系，并对课程体系不断完善和创新。截至2016年底，公司共开发了数百个创业案例，形成了规模庞大、内容丰富、实用性较强的创业案例库。在案例开发基础上，对创业者需求不断挖掘，形成了系统化的课程框架，即创始人成长、商业模式、融资实务、组织创新、社群与营销、产品六大课程模块。在导师团队建设中，创业黑马不断优化师资，形成了包括外部企业管理人员、专业投资人、专家学者等三类，而随着创业辅导培训业务规模的扩大，创业辅导培训客户中也涌现出一批成功的创业者成为导师。创业黑马的主要导师在相关行业里有较高的影响力和知名度，如企业家代表导师有京东商城创始人刘强东、新东方创始人俞敏洪，投资人代表导师有真格基金创始人徐小平、创新工场创始人李开复，专家学者代表导师有著名经济学家张维迎、大数据顶级科学家吴军、中国人民大学公共管理学院教授吴春波等。

二、内部运营活动的创新演进

创业黑马的内部运营创新主要体现为能够有效解决创业企业核心需求的服务体系的搭建。具体而言，服务体系在"线上导流、线下深度服务"的逻辑下，构建了线上与线下运营相结合的业务闭环。创业黑马在内部运营活动创新上沿着服务线上化、流程标准化、管理数据化的方向不断演进。

（一）服务线上化

在提供创业资讯的过程中，创业黑马就较早地接入了网络服务，形成了i黑马网、"i黑马"新浪微博、"i黑马"微信公众号、"创业家传媒"新浪微博、"创业家"微信公众号及相关头条号等在线服务平台。2017年9月，在创业资讯业务的基础上，开发了新产品"创业家App"，面向国内数千万企业主和生意人群提供精准的资讯内容和垂直服务[①]。

增加培训服务和公关服务之后，创业黑马发现线下活动虽然具有较强的黏性，但是举办频次、参与人员不固定，并且受地域限制较为明显，不利于共生成本的控制。为了更为契合创业者碎片化的使用习惯，更大程度优化资源利用，从2016年起开发线上产品"黑马学吧App"，进行会员的线上服务，并于2019年将其升级为黑马大学App。基于黑马大学App，实现了异地与本地导师双师授课、多城同步上课的创新模式，从而将公司在"北上广"积累的优质导师资源延伸到二线、三线城市。

（二）流程标准化

创业黑马基于中小企业的标准化共性需求，通过整合市场现有的优质企业服务资源，进行集约型服务资源采购，让过去只为大企业提供专业服务的企业级服务头部品牌，释放出专业的服务能力和服务品质以较优惠的服务价格普惠到中小企业，让更广泛中小企业群体不受发展阶段、规模、区域等限制，享受平台提供的优质服务，助力其成长发展，以此形成有竞争力的价格体系和服务品质。教学体系及企业服务体系的标准化承载了公司规模化的产品服务，提升了产品服务供给能力，降低用户获取高价值服务的门槛，也降低了业务规模化发展的边际成本。随着资源的不断扩充，用户的不断积累，公司的运营效率也将随之提升。

（三）管理数据化

在大数据背景下，创业黑马基于对创业者需求的深刻理解及对前沿技术的准确把握，开创性地研发了涵盖数据层、逻辑层及应用层的完善创业服务技术体系。其中数据层主要基于云计算平台及大数据技术研发了具有针对性的数据中心，沉淀并梳理创业者、创业项目、创业资源等多种类型的数据，通过结构化存储、统计、搜索、分类聚类等大数据技术，实现创业信息检索及用户画像分析，高效驱动逻辑层及应用层的创业需求匹配；在逻辑层，依托自研CRM系统，通过微信平台整合销售管理、订单管理、用户跟踪等流

[①] 《创业黑马：2017年度报告》，http://quotes. money. 163. com/f10/ggmx_300688_4298235. html。

程，实现业务流程的信息化、移动化，为决策提供数据支持服务；在应用层，有机融合即时通信、设备定位等技术构建移动互联社区，通过图文、语音等实时通信技术实现跨平台的一对多、多对多场景互通，实现了公司服务体系从线上到线下的多平台无缝链接①。自主开发了集课程交付、用户学习、数据管理于一体的中台运营构架，通过数据分析筛选，促进咨询＋培训＋资源匹配标准化建设及细分，围绕黑马大学在线学习平台，通过将导师能力和学员需求模型化，进一步提高匹配效率，保证用户在培训过程中良好的服务体验②。创业黑马管理数据化如图 7 - 1 所示。

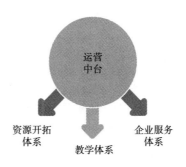

图 7 - 1　创业黑马管理数据化

资料来源：笔者根据创业黑马 2017 ~ 2020 年公开年报整理自制。

三、外部协作活动的创新演进

创业黑马的协作关系创新主要表现为能够满足创业企业核心需求的孵化网络的搭建，孵化网络主要包括主体、资源和方式三个方面。创业黑马以自己为中心，构建了包括创业企业、品牌企业、科技园区和政府类机构等核心利益群体在内的孵化网络。演进沿着定制化、集成化、品牌化的方向不断发展。在这样的发展过程中，创业黑马的服务与各共生主体的需求之间的紧密联系得到不断强化，服务的精细化与品质化特征表现得逐渐明显。

---

① 《创业黑马：首次公开发行股票并在创业板上市招股说明书》，http：//stock. jrj. com. cn/share，300688，zgsms. shtml。

② 《创业黑马：2019 年年度报告》，http：//quotes. money. 163. com/f10/ggmx_300688_6160924. html。

（一）活动定制化

创业黑马的定制化特征表现最明显的地方就是企业的公关服务。创业黑马的公关服务以线上线下相结合的方式进行。线上以公司自有资讯平台为客户提供品牌推广服务，线下以各类活动为主，主要分为"自有品牌活动""定制活动"两类。"自有品牌活动"均由公司作为主要发起方，包括黑马大赛、黑马创业社群大会、黑马运动会、黑马创交会等，旨在向创业者提供融资对接、学习培训、经验交流等服务；定制活动是公司根据各地高新园区、各级政府机构、知名品牌企业、高成长性创业企业需求而策划组织的各类创业活动，包括创业赛事、创业沙龙、创新产品发布等形式。通过定制活动，高新园区及各级政府机构为其本地创业者提供融资对接、宣传推广、学习交流等服务；知名品牌企业则达到宣传企业自身、收获优质目标用户，以及服务创业者用户的目的①。同时，公司以签约合作等形式，联手导师共同打造导师 IP 化产品。如针对不同阶段不同规模的需求已开设的"嘉御基金卫哲—组织效率实验室""特劳特战略定位—黑马实验室""小罐茶杜国楹—产品倒做实验室""达晨财智—产业升级实验室"等。

（二）活动集成化

创业黑马的产品与服务是在整合知名企业家、投资人、高新园区等优质资源的基础上完成的。创业黑马形成了更具竞争力的创业辅导培训体系，推出了城市合伙人、黑马伙伴计划、黑马创交会、黑马创业社群大会等更具实效的线下活动，使创业辅导培训、公关服务、会员服务等核心业务更加完善，周边利益群体的交互变得紧密而均衡。其中"城市合伙人"是通过线上传播与线下活动推广相结合的形式帮助新锐互联网创业公司进行品牌推广传播，提高知名度，从而更方便快捷地在全国范围内寻找商业合作伙伴。黑马伙伴计划是通过线上线下相结合的方式向创业企业客户提供多维度服务，线上通过黑马会微信公众号展示相关企业的项目，促成交易；"黑马创交会"是展会与交易的结合，在活动现场为参会的创业企业开设展区、展台，以便让其更好地进行展示和推广，同时设置互动交流环节，参会企业可以有针对性地

---

① 《创业黑马：首次公开发行股票并在创业板上市招股说明书》，http：//stock. jrj. com. cn/ share，300688，zgsms. shtml。

与上下游资源方进行沟通、洽谈，甚至现场成交。这些活动集成为共生关系的实现提供了基础。创业黑马在其中的核心作用就是通过线上创业资讯平台和线下各类活动为各利益方搭建交流平台。

（三）企业品牌化

品牌化发展一直是创业黑马业务发展路线的典型特点。从成立之初的创业咨询平台，到后来发展形成的创业辅导培训业务、公关服务、会员服务，每一项业务都在创业企业以及其他利益群体中建立了良好的品牌形象，并成功地吸引到潜在的利益群体。创业资讯平台以自身拥有的相关媒体平台来提供创业资讯服务，覆盖了广泛的创业投资人群，逐渐成为了创业创新领域领先的资讯平台，在创业群体中拥有良好的形象。创业辅导培训业务和公关服务则是通过打造具有品牌影响力的活动品牌，在创业企业、投资人、品牌企业、高新园区及政府等中具有广泛的影响力，甚至吸引这些利益群体成为创业黑马的服务参与者，如成为创业辅导培训课程的授课老师、赞助公司举办的各项活动、在活动中积极参与展示。创业黑马形成的具有影响力的活动品牌众多，如黑马成长营、黑马导师营、黑马大赛、黑马创交会、黑马会等。

第四节　案例讨论及启示

在不同的生存环境下，共生发展会形成不同的共生模式。共生单元通过特定的共生界面进行信息、技术和资金的交换，然后产生共生能量并对其进行分配。最后共生单元会根据共生界面的要素和共生能量的分配进行筛选，判断是否要进行下一步共生。在上文分析的基础上，进一步总结与比较了不同阶段价值链创新行为特征、趋势、共生发展特征，具体如图 7-2 所示。对照三个阶段的演进，可以看出三个主要的驱动因素。

一、共生主体需求驱动

创业黑马在发展其核心业务的过程中，均是在对大量共生主体核心需求的分析基础上，为满足这些核心需求创新业务形态，最终形成多种形式的服务业态。共生主体的需求变化是催化创业黑马价值链创新的重要原因。比如

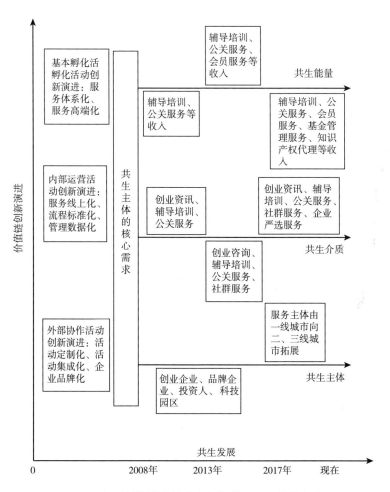

图7－2　新型孵化器价值链创新与共生发展的动态演进

在创业辅导培训课程的开发过程中，创业黑马是在通过创业资讯平台集聚了大量的创新创业主体，在了解到很多的创新创业主体都有对企业运营的理论知识、实战经验等的学习需求，而知名企业家、投资人又有向企业创始人传授经验、展示企业品牌的需求，在发掘到这种大量的共性的实践需求上，创业黑马开发出了能够对接双方需求的创业辅导培训课程。沿着各共生主体的核心需求，创业黑马的价值链创新活动逐渐丰富，形成了基本孵化活动的创新、内部运营服务体系的搭建和服务网络的形成。这个过程既展示了创业黑马极强的市场需求挖掘能力，也展示了其开拓创新能力。

二、共生环境诱导驱动

在创业黑马的成长中迎来了双创的重大机遇。国内创新创业保持了较高的活跃度，创业人群基数不断扩大，且加速从一线城市向二线、三线、四线城市拓展，带动了创业服务需求的持续增长。与旺盛的市场需求相比，创业服务仍处于发展初期，存在许多尚待发掘和满足的服务需求，这为创业黑马的价值链创新提供了诸多空间：一方面是惠及更多创业人群，另一方面是扩大服务所覆盖的区域范围。创业黑马的价值链创新深入把握了制度性机遇，比如在扩大服务范围中，持续落实"百城计划"的渠道下沉计划策略，不断深入国内二线、三线、四线城市，通过与各地政府签约，汇聚大量各地区政府的产业政策及政府订单等资源，快速抢占资源及发展先机。得益于创业黑马构建了线上化、标准化、数据化的服务中台，将其各项核心业务和孵化网络资源可以通过线上平台植入其他地方的土壤，使得孵化器形成了多地资源互补的联动效应。

三、孵化器主体特质驱动

面对同样的环境诱导和制度性机遇，不同的创业者的反应是存在差异的。已有研究表明创业者特质是制度创业者是企业把握机会推进制度性创业的关键（王冬冬、段景伦，2020）。创业黑马的创业团队有着自身的特殊性，即起步于媒体服务。比如创始人牛文文曾任经济日报记者、编辑以及中国企业家杂志社总编辑。并于2008年创办了北京创业未来传媒技术公司，主营业务为创业资讯服务。在价值链创新过程中，创业黑马牢牢抓住了自身的优势，在创业培训的基础上拓展了公关服务，而公关服务的发展为创业黑马的应收增长提供了有力支撑。观察新型孵化器发展，可以看到很多做得比较成功的孵化器都是从各自不同的特质出发，有侧重点地满足不同创业者的需求，进而衍生出 不同的商业模式，形成了不同特征的创业文化，促进了创业服务行业的繁荣发展。因此，立足自身的优势，拉长长板、面向产业、面向问题、组织各类要素，成为服务方式不断创新的创业资源组织者、集成者，成为专业面向全球竞争提供高端服务的创业服务商至关重要。

第五节　本章小结

本章以回答"如何通过价值链创新来促进新型孵化器共生发展"为重点，对国内第一家创业服务领域的上市公司——创业黑马进行深入的案例分析。研究发现，创业黑马的共生发展经历了三个阶段，在这个过程中共生单元、共生介质不断增多，共生界面兼容性不断增强，共生能量的流动越来越高效，共生环境不断改善。基于服务体系化、服务高端化所形成的基本孵化活动创新，基于服务线上化、流程标准化和管理数据化所形成的内部运营活动创新以及基于活动定制化、活动集成化和企业品牌化所推动的外部协作活动创新成为创业黑马共生发展模式演进的重要动力。而这个过程中，共生主体需求、共生环境诱导、孵化器主体特质成为驱动创业黑马价值链创新的关键因素。

| 第八章 |

从单一共生到群体共生：新型孵化器集群化发展

集群是指小型专业化公司在一特定地区的集聚（Marshall，1890）。孵化器集群是区域内多个孵化器在规模数量增长、专业化发展过程中，逐渐形成的分工明确又有协作的群落。有产业关联的孵化器在区域内集聚并相互竞合，推动着新型孵化器的共生发展从单一共生走向群体共生。众多不同类型孵化器与相关专业特色创业服务资源高度集聚，形成创业者找技术、找项目、找资金、找导师、找咨询等创业生活生态圈。一般而言，国家高新区、经济发展的城市区内科创企业众多、专业技术门类多样化，易于形成孵化器集群。在我国，北京中关村、上海张江高科、深圳南山区、杭州高新区等地已成为孵化器集群实践发展的先行者，并且把创业文化融入全社会，形成整合创业、产业、文化和社区功能的众创社区、创业街区、特色小镇等。孵化器集群的形成为整合创新创业资源、提高孵化效率以及促进区域创新与产业升级提供了有力支撑（樊霞等，2021）。

第一节　新型孵化器集群的现实观察

从空间形态来看，我国孵化器发展有着显著的集聚效应。根据《中国创业孵化发展报告2021》，2020年广东、江苏、浙江、山东、河北5个地区孵化器数量占全国孵化器总量的51.2%，其中，广东孵化器数量占到18.5%、江苏占比15.9%、浙江占比7.5%、山东占比5.4%、河北占比4.7%。我国孵化器绝大部分位于高新区范围之内，形成高新区支撑服务体系的一部分。具体到区域，北京中关村集聚超过200多家孵化器，推动创业企业快速成长，成为我国创新孵育的"策源地"；上海张江科学城集聚了近 120 家孵化器，占浦东区 75%，孵化企业约 2500 家；深圳南山区集聚孵化器和众创空间 275 家，累计毕业团队和企业超万个；杭州高新区（滨江）累计培育上市公司达到 53 家，被誉为"浙江资本第一区"，孵化器集群效应日趋明显。

一、北京中关村科技园孵化器集群

中关村科技园，起源于 20 世纪 80 年代初的"中关村电子一条街"，是中国第一个国家级高新技术产业开发区、第一个国家自主创新示范区、第一个国家级人才特区。截至 2020 年，中关村新创办各类创业企业达 2.6 万家。根据 2021 年 1～5 月规模以上企业统计数据，示范区实现总收入 29684.3 亿元、工业总产值 6334.1 亿元、实缴税费总额 1360.6 亿元、利润总额 2625.7 亿元。中关村示范区企业获得专利授权 32558 件，占北京市企业专利授权量的 59.9%。其中发明专利授权量 15400 件，占同期北京市企业发明专利授权量的 75.6%。截至 2021 年 5 月底，中关村示范区企业拥有有效发明专利 158707 件，占北京市企业同期有效发明专利量的 67.5%[①]。中关村孵化器集群的发展起步于 20 世纪 80 年代，其中创建于 1989 年 8 月的中关村科技园区海淀园创业服务中心是中关村科技园区海淀园管委会投资兴办的公益性创业孵化机构，也是我国最早的一批科技企业孵化器。作为我国创新创业最为活跃的地区，自 2009 年以来，中关村涌现出创新工场、车库咖啡、创客空间等一批运作模式新、创新能力强、专业水平高、平台搭建好的新型孵化器。这些新型孵化器内容涵盖投资、孵化、培训、媒体等各个环节，掀起了中关村创业服务发展的新浪潮，成为中关村创业服务体系的一支重要新兴力量。截至 2020 年底，中关村拥有创业孵化机构 200 余家，其中包含 158 家创新型孵化器和 42 家硬件型孵化器[②]。中关村创业孵化机构分类评价办法（试行）如表 8-1 所示。

① 2021 年 1～5 月中关村示意区创新发展情况［EB/OL］. http：//zgcgw. beijing. cn/zgc/tjxx/index. html.

② 中关村打造世界领先科技园区和创新高地［EB/OL］. http：//zgcgw. beijing. gov. cn/zgc/tjxx/index. html.

表8-1   中关村创业孵化机构分类评价办法（试行）

类型	定义	标准条件
创新型孵化器	为早期阶段技术创业企业（团队），提供创业培训、创业咨询、创业媒体、投融资、资源对接、联合办公等精细化服务	（1）在孵科技型企业、项目团队数量不少于30家 （2）在创业培训、创业咨询、创业媒体、投融资、资源对接、联合办公等方面具有独特服务模式和品牌影响力 （3）自有或可支配的创业投资资金不低于1000万元人民币，或签订合作协议的天使、创投机构和银行等金融机构不少于3家；组织开展在孵企业投融资对接活动，近一年在孵企业获得融资的案例不少于5个 （4）签约知识产权、法律、财务、咨询等创业服务机构共计不少于10家，签约创业导师不少于10名，每个签约机构和创业导师年平均服务次数分别不低于6次 （5）位于非中心城区的中关村分园的孵化机构，第1、第3、第4项条件的数量要求可在上述基础上降低20%
硬件型孵化器	依托专业化的运营团队、服务内容和技术平台，为科技型创业项目和企业提供产品研发、工业设计、小批量试制、中试熟化、检验检测、产业对接等专业服务	（1）在孵科技型企业数量不少于10家（在建项目除外），同一产业领域的在孵科技型企业数量占全部在孵科技型企业的比例不低于50% （2）可自主支配的孵化场所面积不低于2000平方米，其中用于孵化的场地面积不少于80% （3）运营团队中具有相关领域技术、管理和服务经验的专业人员（指技术经理人、高技能工程师、曾担任企业技术高管的人员或曾是科技创业者等的专职工作人员）数量不低于员工总数的50% （4）通过自建、共建或共享等方式，配备与产业方向一致的实验室和仪器设备等配套设施，为在孵科技型企业提供产品研发、工业设计、中试熟化、检验检测、小批量试制、产业对接等专业服务 （5）自有或可支配的创业投资资金不低于5000万元人民币，或签订合作协议的天使、创投机构和银行等金融机构不少于3家；组织开展在孵科技型企业投融资对接活动 （6）签约高校院所、行业领军企业分别不少于2家；签约相关产业领域的专业技术型创业导师不少于5人 （7）位于非中心城区的中关村分园的孵化机构，第2、第3、第5项条件的数量要求可降低20%

资料来源：笔者根据《中关村创业孵化机构分类评价办法》整理。

二、上海张江高科孵化器集群

诞生于1992年的张江高科园区，从一开始就把孵化器作为提高自我创新能力、促进创新成果产业化的重要抓手。1993 年，作为张江孵化器的雏形，张江高新技术生产力促进中心成立。1999 年 8 月，上海市委、市政府制定了"聚焦张江"的战略决策，更重要的是要推进科技创新和孵化创业，强调张江园区研发创新、孵化创业、转化辐射和机制创新四大主体功能。孵化创业作为其中之一的主体功能，进一步被突出和强化①。2015 年，张江高科主导的虚拟孵化器 895 营问世，整个张江形成了多层次、多元化的孵化器体系。2014 ~ 2019 年，张江高科共参股基金公司 17 家，资金规模达到 13.97 亿元人民币。从这五年的财报来看，张江高科企业投资孵化收益共计 31.75 亿元，投资金额累计 18.5 亿元，回报率达到 1.72 倍之多。相较于张江高科的主营业务，如房地产销售、房地产租赁、服务业等产业，毛利润共为 40.17 亿元，说明了孵化投资收益与主营业务基本持平，形成了集聚孵化的良好态势②。

与张江集团同属浦东国资委的张江火炬创投也是同系的投资主体。上海张江火炬创业园投资开发有限公司创立于 2008 年，其下属的上海张江火炬创业投资有限公司成立于 2012 年。2013 年至今，张江火炬创投共投资了 23 家公司，其中有 21 家注册地在张江园区内。分析张江内部的运作逻辑，孵化器集聚、企业集聚是有其必然性的。一方面，张江内部注重"服务"，能够为孵化器集聚、为企业孵化提供良好的条件。早在 10 多年前，张江内部就开始为园区内的企业提供工商、报税、人事招聘等服务，并且对行业趋势进行研判。另一方面，张江园区还帮助初创企业接触银行等金融机构，使得企业金融需求和银行等金融供给进行精准配对，从而形成良性的流通循环。尤其是895 加速营的问世，使得孵化体系更加健全、孵化流程形成闭环，外界社会资本也希望借助张江园区的眼光和平台优势，发掘潜力公司。截至 2019 年第七季创业营，张江园区累计入围项目 1700 个，入营项目 230 个，总估值超过150 亿元，并孵化出一大批如达观、傅利叶、钛米、智驾、鲲云等独角兽企业③，如图 8 - 1 所示。

---

① 朱叶慧. 张江高科技园区孵化器建设与上海高新技术产业的发展 [J]. 上海党史与党建，2009（6）：37 - 39.

②③ 《以张江高科为例，看园区企业如何投资孵化?》，https://www.sohu.com/a/331369373_465487。

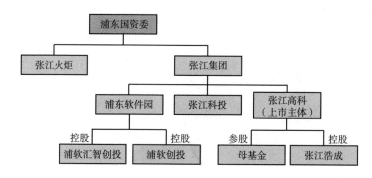

图 8 - 1　张江企业投资孵化示意

资料来源:《以张江高科为例,看园区企业如何投资孵化?》,https://www.sohu.com/a/33136 9373_465487。

三、深圳南山区孵化器集群

作为全国创新高地,深圳南山区拥有 160 多家上市企业、4000 多家国家级高新技术企业,PCT 国际专利申请量约占全国 1/8。2020 年地区生产总值为 6502.22 亿元,同比增长 5.1%。南山区孵化器的发展也起步于 20 世纪。1999 年首届高交会召开前夕,南山区成立区科技创业服务中心,在全市率先启动科技企业"孵化器工程"。2002 年 4 月,南山区科技创业服务中心晋升为国家级孵化器,成为深圳首个被认定为"国家高新技术创业服务中心"的区级鼓励高校、企业和创投机构等市场主体建设灵活多样的孵化平台,营造贯穿"产学研"全链条、多维度的孵化生态。并根据创业企业需求,不断引导孵化器提升创业服务供给水平,创新"投资 + 孵化"的发展模式,推动整个南山区朝着"大孵化器"方向演进。据统计,截至 2020 年 12 月,南山区共有孵化器和众创空间备案 275 家,孵化面积达 164 万平方米,在孵创业团队和创业企业达 9700 个,累计毕业团队和企业达 10143 个。其中,国家级科技企业孵化器 14 家,占全市的 47%;国家备案众创空间 67 家,占全市的60%;省级众创空间 47 家,占全市的 66%。累计培育孵化载体管理人才1874 名,引进创业导师 833 人,开展创业活动 2000 余次[1]。这些创新载体通

---

① 南山又有 3 家机构获得国家级科技企业孵化器认定 [EB/OL]. http://www.sz.gov.cn/cn/xxgk/zfxxgj/gqdt/content/post_8534945.html.

过提供创业场地、共享设施、技术服务、咨询服务、投资融资、创业辅导、资源对接等，集聚创新要素资源，为科技创新企业加速成长提供了重要支撑，先后培育出大疆创新、奥比中光、光峰光电等一大批国内行业龙头企业，累积培训创业青年超 10 万人。

四、杭州高新区（滨江）孵化器集群

杭州高新区始建于 1990 年，滨江区成立于 1996 年，2002 年 6 月两区管理体制调整，实行"两块牌子、一套班子"。全区现规划面积 87.42 平方千米，常住人口 32.9 万人，其中户籍人口 19.1 万人。2020 年杭州高新区实现生产总值 1745.7 亿元，全年引进各类人才 3.3 万人，新增注册企业 1.1 万家，增长 23.7%，集聚阿里巴巴、海康威视、大华股份、恒生电子、东方通信、信雅达、宏华数码、三维通信、长川科技等一批领军企业。杭州高新区在发展中也经历了"三次创业"，杭州高新区建立初期，定位于新兴电子信息产业，吸引高层次人才进驻，集聚积极培育中小科技型企业，成为高新技术的创新源和创新创业项目的孵化器。经过"一次创业"，高新区快速发展，阿里巴巴、海康威视、浙江中控等一大批领军企业不断成长，蓄积起了高质量发展的原动力。2002 年科技部提出高新区要进行"二次创新"，杭州高新区（滨江）以两区合并为契机，坚持"高"与"新"的新兴产业导向不动摇，推进腾笼换鸟、实现凤凰涅槃，在电子信息、安防等产业加大力度扶持龙头企业，引导企业做强做大做优，形成大企业集聚效应。同时，充分发挥大企业的裂变效应，完善创新创业生态环境，扶持由大企业裂变分化而成长的中小科技型企业。进入新时代，杭州高新区（滨江）以"三次创业"为契机，发挥杭州国家自主创新示范区核心区的优势，着力建设世界一流科技园区，聚焦新一代信息技术，着力突破 5G、人工智能、区块链等领域的"卡脖子"技术，努力打造原始创新策源地。

三次成功创业奠定了高新区（滨江）高质量可持续发展的基础。产业结构不断优化，成为数字经济发展新高地；创新氛围日益浓厚，成为没有围墙的大孵化器。在此过程中，许多老牌企业纷纷寻求转型出路，"腾笼换鸟"的变局也并不少见。以华业为例，从水泥厂转型国家级孵化器，10 多年间，孵化出了聚光科技等众多信息经济明星企业，如今华业又成立了 3000 万元规模的基金，过半用于园区内 400 多个项目的风投之上。还有万轮科技园，这家前身销售量巨大的自行车厂，在 2008 年成立了杭州首个"大学生创业园"，吸引无数创业者入驻其中。杭州高新开发区科技创业服务中心，新认定海螺邦等国家级孵化器和众创空间 9 家、江南智谷等省级孵化器和众创空间 14 家，在孵企业 3093 家，均列浙江省第一。累计培育上市公司达到 53 家，誉为"浙江资本第一区"。

第二节　新型孵化器集群的创新集聚效应及传导机制

对于单一深层次发展的孵化器而言，其在共生发展模式下虽获得了较依附式发展模式下相对多的资源要素，并进一步构建了自己的价值网络。但局限于单个孵化器自身规模的有限性，其可获得资源类型和数量是有限的，因而其整合资源的能力也是有限度的，能为创业企业提供的孵化服务类型是有限的，从而导致孵化企业同质性问题出现，这将在一定程度上导致孵化器之间、在孵企业之间出现恶性竞争。而孵化器的集群式发展则能很好地解决这一问题。将无数单一深层次发展的孵化器集聚在同一个区域，形成竞争和合作关系，抱团发展。

通过资源共享，增加孵化资源的类型和数量，更加低成本、高效率地孵化创业企业；通过集群内的分工合作，实现单个孵化器在某一领域产业链某一环节培育创业企业，降低孵化企业同质化问题；通过集群内各孵化器的良性竞争，激发孵化器自我优化的积极性。孵化器集群的形成其实质为单个孵化器间的共生发展，是单个孵化器共生发展边界的扩大。相较于单个孵化器，孵化器集群内集聚的包括资本、信息、商业、技术等在内的各类孵化资源无论从种类还是数量上来看都更加丰富，集群内各孵化器资源整合能力明显提高，从而能够更加高效地为在孵企业提供更好的孵化服务，加速创业企业的成长，并实现各孵化器内共生主体价值的增加。整体上看，孵化器集群主体的互动方式从浅层次、线性的发展型互动转变为网络化的协同型互动，创新资源也从简单聚集进一步丰富、发展和交融。樊霞等（2021）研究发现，孵化器集群主体间形成的协同高效的价值共创制度，使创新资源能够在协同高效的区域创新网络中实现整合与利用，如图 8－2 所示。

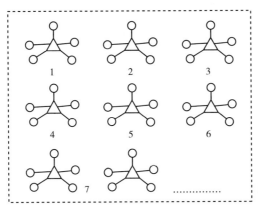

△代表孵化器 ○代表服务机构

图8-2 孵化器集群共生发展

一、新型孵化器集群的创新集聚效应

（一）规模经济效应

规模经济效应是微观经济学理论中描述的因生产规模扩大而实现长期平均成本下降的一种经济现象。孵化器集群将各类资源集聚于系统内，形成网络化生态圈，供系统内各创新主体使用。从经济学视角来讲，各类资源要素的充分组合有利于规模报酬的递增，孵化器集群内资源要素的集聚将产生规模效应。一方面，通过各类不同孵化器资源共享机制的建立实现集群内各孵化器共性资源的低成本获得，实质为孵化器集群的网络效应促使其内部规模经济的形成，在孵企业越多，规模效应越明显；另一方面，创业企业在对孵化器进行选择时，其能在集群快速寻找到相匹配的孵化器，从而降低了创业企业的搜索成本。

另外，随着孵化器集群规模的不断扩大，一方面，其内部创业企业的创业环境指数将会有极大的提高，更有利于区域科技与经济的良好发展，因而政府部门将会对孵化器集群更为密切地关注，投入更多人力、物力和财力到孵化器建设中，并推进相关创业创新政策以及创新机制的完善，从而实现集群内孵化器的低成本、高效率运营，实质为孵化器集群的政策导向促使其外部规模经济的形成；另一方面，越来越多的社会资源又会不断地加入该系统，使得集群内孵化器可利用网络资源越来越丰富，而且越来越多从孵化器集群内毕业的或尚未毕业的创业企业也加入孵化器集群孵化资源的供给中，以补充和完善孵化集群资源网络，对于单个孵化器而言，孵化器拥有的网络资源越多其运营成本将会越低，实质为孵化器集群的网络导向促使其外部规模经济的形成。

由集群内孵化器规模和创业企业规模增加而引致的孵化器集群内、外部规模经济的形成有利于其系统内各孵化器运营成本的降低和运营效率的提高，低成本、高效率、精准性的专业化孵化服务供给以及良好的创业环境有利于创业企业的健康成长，进入集群内的各创新主体均实现更低成本的生产和更高价值的回报，最终更加高效地实现创业企业培育。

（二）知识溢出效应

知识溢出效应是指知识的接受者或需求者消化吸收所导致的知识创新及所带动的经济增长等影响。孵化器集群知识溢出效应指集群内成员之间消化吸收各方知识时所导致的成员企业知识增加，由此创造出新的知识并带动成员企业竞争能力的增长。知识溢出效应产生的前提是地理上的接近，只有在一定空间形成集聚才能实现这种公共知识的溢出。

对于孵化器集群来讲，其知识溢出效应主要有两个方面：一是由孵化器集群内孵化器之间交流互动所带来的知识溢出效应；二是由孵化器集群内在孵企业之间交流互动所带来的知识溢出效应。孵化器集群将众多不同种类的孵化器集中在同一空间区域内，各孵化器之间就管理经验、孵化资源等信息进行共享，以整体提高孵化器管理水平，实现孵化器的高效运作，从而提高创业企业的孵化成功率。各创业企业在孵化器集群内的集聚则会带来技术、市场、管理方法等信息从众多创业企业溢出，逐渐成为孵化器集群内创业企业的共享知识，甚至成为集群外部企业共享知识，最终实现孵化器集群内企业整体生产效率的提高（Bruneel et al.，2010；Ballantyne et al.，2011）。具体来讲，某一创业企业拥有某项新技术，随着这项新的技术在新产品上的应用，集群内各创业企业基于模仿创新或多或少将会获得有关这项新技术的知识，并在此基础上结合自身优势进行技术再创新以提高自身技术水平，如此反复循环，最终实现集群内整体技术创新水平的不断提升；各创业企业都有不同的市场、管理等方面经验、信息，孵化器集群内各类沟通渠道传播扩散各类新信息，各创业企业选择适合自己的经验信息并进行应用，以提高自身生产运行效率；创业企业各技术创新成果将会推向市场，因而会与外部企业、经营机构及政府部门产生密切的联系，通过这些联系加速集群内创业企业技术创新成果和知识管理经验推向市场，实现知识、技术创新活动和成果等向孵化器集群以外的区域扩散。

（三）多元整合效应

基于孵化器集群内各孵化器的专业化分工，由此产生孵化器集群的多元整合效应，其是一种由孵化服务的多样化所带来的差异性竞争优势。一般来讲，孵化器集群内各孵化器往往分属于电子通信、软件开发、新材料以及生物制药等不同的领域，并各自在其领域内搭建配套生产设备、实验场地以及构建自己服务网络体系等，实现各领域内专业化孵化服务的有效供给。各类专业孵化器在集群内的有效聚集将有助于孵化器在集群内实现生态层级的错位分布，为创业企业提供多样化的服务选择，降低其搜索信息和试错的成本，更利于创业企业以最低的成本获得最专业化的服务。另外，从事复杂经营领域的创业企业在创业企业中占比逐渐增加。这类创业企业往往会涉及多个交叉学科，其所需要的孵化服务不再是单一领域的专业化服务，而是多个领域的专业化服务以及各类综合性服务，单一的、严格按照专业分工的孵化器往往难以满足这类创业企业日益增多的孵化需求。孵化器集群则能通过有效整合集群内各孵化器孵化资源，为这类创业企业及时、高效提供其所需各类专业化孵化服务以及综合性孵化服务，帮助创业企业快速成长。

二、新型孵化器集群创新集聚的传导机制

孵化器集群区域创新效应的实现是一个较为复杂的过程，涉及多个群体的孕育、诞生、成长、成熟等阶段，涵盖创新、创业、新兴产业等诸多领域。其主要通过"孵化器集群—创业企业集群—新兴产业—区域创新系统"这一路径，在规模经济效应、知识溢出效应及多元效应三大机制作用下，最终在区域创新系统中发挥推动区域产业结构升级、培育区域经济增长点等作用（见图 8 - 3）。

（一）创业企业集群的形成

产业集群能够有效降低内部企业的成本，孵化器集聚能够将创业企业集聚起来，通过规模效应降低企业创业的成本。从产业集聚理论而言，依托市

场的多样化需求，产业集群能够很好地将内部成员与集群外部间的交易打通，促进企业间的分工与协作，推动技术上的扩散与创新，由此促进产业升级、创新集聚。孵化器集群凭借自身完善的孵化网络体系：技术支持体系、金融支持体系、服务支持体系、政策支持体系等，通过规模化地为创业企业高效率地提供低成本、高质量的共性孵化服务以及有针对性地提供行业相关特殊孵化服务，实现各相关行业创业企业的批量孵化。

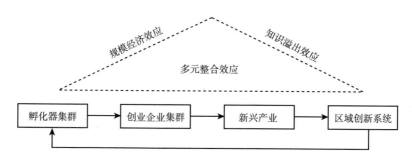

图 8 - 3　孵化器集群传导机制

从创新的角度而言，大部分创新创业成本来自活动的交易成本，而集群企业内部之间的交流与合作，其成本要远远低于外部成本。孵化器集群所带来的创业企业集聚，能够促进企业之间的交流互动，为企业进行创新提供更多的交流学习机会，尤其是隐性知识的交流，从而形成创业企业集聚，引发新兴产业的巨变。一批批高新技术企业在孵化器集群内集聚，最终逐渐形成相关产业企业集群。这些拥有相同产业背景的创业企业基于地理位置的一致性，能够共享信息、技术、市场等资源，一方面在一定程度上解决创业企业发展过程中所遇到的技术、市场等困境，推动新技术、新产品的产生，从而实现创业企业更好地发展；另一方面促进了集群内企业的专业化分工，实现产业集聚度与关联度的提高，吸引更多产业相关中小型高科技企业进入孵化器集群内。与此同时，集聚内所建立的相互信任机制，也使得内部的竞争合作机制更加趋向于完善，有助于企业之间的技术创新合作，以此更好地降低创新成本，促进集群内部的技术进步（Sedita et al.，2018）。

（二）企业孵化到产业孵化：新兴产业发展

大部分孵化器开始以"做上下游产业链的产业园"为目标，认为孵化器未来收益来源于产业聚集而非租金与服务收入。孵化器集群也为创业者提供了选择，企业可以根据孵化器所具备的产业价值与孵化器进行入孵双向选择，"通过孵化器的一套机制，一起进到生态里面相互孵化"，孵化器与企业逐渐成为发展共同体。创业企业集群的形成是新兴产业形成与发展的前提。孵化器的企业集聚存在着广泛的技术外溢与扩散机制，创新创业企业往往属于新兴产业，而这种外溢和扩散有利于其他技术向着同类型产业或者与产业相关的上下游之间进行集聚，由此形成集群视角下的产业集群。从这个视角而言，从企业孵化到产业孵化，更好地利用了孵化器所拥有的集聚网络效应，通过网络形成技术扩散的渠道，从而将创新的结果很快嫁接到其他企业，由此形成企业之间的分工与协作，为产业孵化提供有利条件。

在此基础上，孵化器集群的规模经济效应、知识溢出效应和多元集聚效应等作用机制不断凸显，以信息技术、生物技术等为主导的企业集群不断发展壮大，并且围绕这些产业的创业企业集群之间形成强联系关系，逐步形成信息技术产业集群、生物技术产业集群等新兴产业集群。除此之外，孵化器的集群式发展也初步形成以知识服务为主要内容的新产业。不仅如此，孵化器的集群式发展也会形成产业文化、创新文化，通过创新创业氛围的营造和完善，来推进新兴产业的发展。这种文化上的集聚与演进，则是更加隐性的，但从本质上而言，为技术创新、产业孵化提供了基础性条件，这种影响和机制将是潜移默化的。

（三）区域创新系统优化及反馈

何晓清（2019）发现，在创新网络相对发达的地区，可以帮助节点间知识溢出到区域层面，从而间接地对区域创新形成促进作用。产业集群有利于企业技术创新的支持网络形成，在某个范围内的产业集群，聚集的不仅是企业，也有高校、科研机构等研发主体，而这些主体在协同发展的过程中，有利于技术外溢，从而反哺区域技术进步以及创新系统构建。比如企业转型升级对科技创新提出了需求，人才、科研机构等集聚形成了创新的供给，政府部门等搭建相应的平台，则会形成良好的产学研一体化，从而优化区域创新。

具体到孵化器集群发展，随着新兴产业的不断发展，其因技术升级而对孵化服务提出新的要求，一方面，倒逼孵化器集群内孵化器转变发展模式，以共生式发展模式实现孵化服务的深入（Grimaldi and Grandi, 2005）；另一方面，新兴产业集群将会在区域内形成较为丰富的行业资源库，帮助区域内潜在的创业者提供相关资源，甚至不少成熟的在孵企业或已毕业企业依托此行业资源库在孵化器集群内设立产业孵化器为初创企业提供专业孵化服务，反哺孵化器集群。某种程度上讲其是孵化器集群孵化资源的补充，是一种创新网络的扩大。区域创新网络不断完善又继续促进初创企业培育、创业企业集群形成、新兴产业集聚。如此循环，形成一个良好的可持续的创新创业生态环境，最终实现促进区域创新经济发展。

第三节　典型案例：杭州未来科技城孵化器集群分析

杭州未来科技城是第三批国家级海外高层次人才创新创业基地，2011 年被中组部、国务院国资委列为全国四大未来科技城之一，集聚了阿里巴巴、中移动研究院、贝达安进研究院、中电海康研究院等一批知名企业和研究机构。2014 年，杭州未来科技城率先全国提出建设梦想小镇，打造双创平台，经过多年实践建构形成了"以众创空间为载体，以特色小镇为孵化核心，各类科创园区为加速空间，周边街道工业区块为产业化功能区"的复合空间形态，成为全国"双创"热土。2016 年，浙江提出建设包括杭州未来科技城、青山湖科技城、浙大科技城在内的杭州城西科创大走廊，规划总面积 224 平方千米，其中杭州未来科技城的战略定位是"一流的国际化创新创业社区、浙江转型发展的引领区与高端人才特区、杭州城西副中心和城西科创大走廊核心区、示范区、引领区"。2019 年 6 月，全国大众创业万众创新周活动在未来科技城梦想小镇成功举行。

一、杭州未来科技城的发展历程

自 2011 年以来，杭州未来科技城的发展共经历了要素导入期、网络建构期和网络拓展期 3 个阶段（见表 8 - 2），城市创新区特征日益显著。在每个阶段经济要素、网络要素以及物理要素的发展各有侧重，推动着未来科技城逐步建设成为杭州乃至全省重要创新增长极。

表 8 - 2　　　　　　　杭州未来科技城建设阶段演进及代表性要素

发展阶段	经济要素	物理要素	网络要素
要素 导入期	海归人才	海创园	海归人才创业网络、本地资本服务网络
网络 建构期	阿里巴巴、创业"新四军"、金融机构、孵化平台	梦想小镇、专业科创园区	信息产业衍生网络、创业孵化、金融服务网络
网络 拓展期	之江实验室、阿里达摩院等研发平台	人工智能小镇等特色小镇群、城市交通建设、国际社区建设	生物医药、人工智能等新兴产业人才网络、产学研协作网络
演进趋势	单一——多元	属性功能——交互功能	简单——复杂

（一）要素导入期（2011～2013 年）

在该阶段杭州未来科技城建设以海归人才引入作为重点。2011～2012年，累计引进海外高层次人才 288 名，其中国家"千人计划"16 名，省"千人计划"14 名。同时发挥浙江民间资本充沛的优势，推动本地资本和海外人才合作，破解海外人才创业的资金"瓶颈"。在该阶段网络要素是相对比较单薄的。在发展思路上，杭州未来科技城开始从原有建园向建城转变，系统开展城市总体规划、产业功能分区规划、建筑风貌设计导则等各层次规划编制。

（二）网络建构期（2014～2016 年）

2013 年 8 月阿里巴巴西溪园区正式投入使用，2014 年阿里巴巴在美上市，这对于未来科技城产业结构优化和集群发展形成了重要影响。杭州未来科技城进入龙头企业驱动发展新阶段，围绕信息经济衍生出了诸多创业企业。2012～2014 年杭州未来科技城集聚电子企业数均稳定在 200 余家，2015 年增至 869 家，增加了近 3.4 倍。在该阶段，杭州未来科技城启动建设梦想小镇为代表的一批特色小镇，这成为未来科技城市功能强化的重要突破口。通过积极引进各类孵化器、金融机构以及以"阿里系、浙大系、海归系、浙商系"为代表的创新创业"新四军"，未来科技城促进了人才链、资本链、产业链的有机融合，形成了信息产业衍生网络、创业孵化网络、金融服务网络等。

（三）网络拓展期（2016年至今）

杭州未来科技城以孵化企业输出及"飞地"建设等方式与周边工业园区、县（区）形成了产业协作网络。除了信息产业外，生物医疗、人工智能等新兴产业的人才流入量不断加大，形成了新的增长点。2017年，杭州未来科技城启动建设之江实验室、阿里达摩院、人工智能小镇等科技创新平台，其中之江实验室由浙江省政府、浙江大学、阿里巴巴集团共同建立，聚焦人工智能和网络信息两大领域，以创建国家实验室为发展目标。在该阶段，杭州未来科技城通过推进CBD城市综合体、生活休闲街区等商业和文体项目建设，统筹铁路、公路、水路、航空、城市交通建设以及推动医疗、教育供给和社区建设国际化对城市环境进行系统性提升，城市功能加速优化。

从杭州未来科技城发展来看，杭州主要通过多元空间功能拓展、复合空间形态建构、"全球—本地"网络叠加以及多主体协同共治等方式推动形成了大学园区、科技园区、公共社区以及城市街区融合发展的城市创新区。

1. 多元空间功能拓展

区域创新系统不是单一的生产、技术或服务要素集聚，而是融合汇聚，创新要素多样性更为突出。未来科技城最初的定位是海归人才集聚高地，在建设过程中，未来科技城沿着产业链、创新链进一步集聚龙头企业、资本、中介机构、科研平台等各类要素。在原有人才集聚功能的基础上衍生出了科技研发、创业服务以及产业化等功能，构建形成基础研究、应用研究及产业化有机融合的创新体系。城市特征是城市创新区的重要标识，为了增强城市功能，未来科技城充分重视创新在工作、生活和交流过程中的融会贯通和相互激发。围绕着人才需求，未来科技城又衍生出生活、生态、文旅、社交、休闲等功能，形成了生活、生产、生态"三生融合"的新型城市创新空间。

2. 复合空间形态建构

未来科技城积极打造各类科创园区，不同科技园区有着差异化定位，比如海创园以服务海归人才创业项目为主导，梦想小镇以服务大学生创业为主导，阿里巴巴西溪园区以服务阿里巴巴及其衍生企业为主导等，实现各个平台在创新驱动上形成优势互补和错位发展。此外，未来科技城在建设过程中十分看重产业、生活、娱乐、交流、商业等功能的混合开发。除了物理形态外，虚拟空间也成为未来科技城创新空间建构中的一种重要形式，比如梦想小镇通过整合政府、企业、市场、投资机构等各方面资源在网络上建立了创业集市，为园区内所有创业企业提供商业、物业、政务以及提供云主机、云储存、云协同等基础设施的线上服务（徐梦周、王祖强，2016）。

3. "全球—本地"网络叠加

顺应创新系统生态化以及创新全球化趋势，区域创新系统需要在本地网络及全球网络中建立双重链接，既要融入本地网络，以新要素、新业态带动形成更为密集的"本地蜂鸣（local buzz）"，又要嵌入全球创新网络，寻求更高水平的开放，建立高质量的"全球通道（global pipeline）"。在杭州未来科技城建设初期，基于招商引才所形成的全球通道发挥了资源导入的重要作用。在网络构建期，本地龙头企业成长所形成的创业生态以及由海归人才组成的跨国创新网络形成了叠加，在此基础上未来科技城又创新性地提供了特色小镇等空间载体，为本地知识流动及创业创新环境改善提供重要基础。在网络拓展期，浙江大学等本地高校以及阿里巴巴等企业之间的产学研协作不断深化、城市创新区和周边地区创新网络加速形成，对全球高端要素流入提供了有力支撑，高端要素引进、本地蜂鸣、创新环境和本地创新交互的叠加作用进一步凸显（见图8-4）。

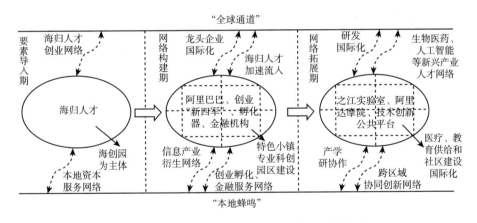

图 8-4　杭州未来科技城"全球—本地"双重网络叠加

4. 多主体协同共治

"物质空间"与"规划政策"要素是城市管理者在城市尺度上提供的，城市创新区建设需要对已有基础设施及配套服务进行重大调整，并建立起与已有城市创新体系的交通和功能联系，这些都需要政府部门发挥积极作用。但政府不是主导者而是创新的催化者。杭州未来科技城在建设过程中，改变了以往政府主导模式，引入了多中心治理理念，其中经济要素优化充分发挥了龙头企业的产业引领作用，杭州未来科技城在2013年之后无论经济要素还是网络要素都趋于丰富，一个重要原因在于阿里巴巴上市后所形成平台效益、外溢效益为创业者、投资者提供了良好产业空间。网络要素的优化则充分发挥了专业机构的桥接作用，借由孵化器、金融机构、人才协会等机构来协调、带动其他经济主体构建资源共享、相互依存的创新环境。

二、杭州未来科技城孵化器集群演进

（一）梦想小镇是杭州未来科技城孵化器集群演进的载体

从共生理论而言，特色小镇建设的意义在于驱动创新生态系统遵循于自组织演化，随着系统内合作主体关系的不断发展，各主体之间开始显现出类似于生物学上的"共生"特征（欧忠辉等，2017）。在于特定主体进入该区域后能够从整体环境中获益，实现更低成本的生产以及更高价值的回报。梦想小镇于2014年9月在杭州市未来科技城仓前区域建立，其核心区域总占地面积约3平方千米。小镇依托阿里巴巴总部所在地而产生的互联网产业优势和位于未来科技城而产生的科技金融产业优势，将发展重点定位于互联网产业和科技金融产业，设立互联网村和天使村。并先后引进良仓孵化器、阿里纵贯会、氪空间、苏河汇、极客创业营、马达加加、湾西孵化器、蜂巢孵化器、500Startups等36家孵化器、50多家天使投资机构以及各类服务机构等，旨在通过各类众创空间和O2O服务体系的构建，以"苗圃＋孵化器＋加速器"的孵化链条实现"泛大学生"群体的创业梦想。通过共生机制，梦想小镇集聚了创新资源，成为杭州未来科技城企业孵化的重要载体。

第一，梦想小镇吸引大量创新创业要素集聚。（1）截至2020年12月，梦想小镇举办创新创业类活动1893场，参与人数近25.01万人次；（2）集聚金融机构1432家、管理资本3088亿元；（3）集聚买好车、车蚂蚁、壹康复等创业项目互联网创业项目2447个、创业人才近20700名。

第二，向资本市场成功输出成熟企业。先后成功孵化杭州遥望网络股份有限公司、杭州仁润科技股份有限公司和杭州心有灵犀互联网金融股份有限公司等新三板上市公司。在孵企业目前大多也表现出强劲的生命力，其中 218 个项目获得百万元以上融资，融资总额达 127.75 亿元。

第三，实现在孵企业反哺梦想小镇孵化器集群。成功孵化的路遥网络依据其行业背景，集聚天使基金、手游开发商等，搭建起手游产业链孵化基地，成为梦想小镇孵化器集群中的一员，反哺于孵化器集群。

第四，梦想小镇集群的成功发展对周边孵化器的发展产生影响，孵化器发展模式实现转变：以重资产转变为重服务，其中较为典型的是恒生科技园。另外，小镇周边产业园也正在向新型孵化器转型，将其发展方式逐渐转变为共生发展。

（二）梦想小镇培育的主要做法

梦想小镇启动时间并不长，但在建设过程中充分体现了新一代创新园区以创新生态系统建构为核心的发展理念。从实践来看，梦想小镇紧紧围绕互联网创业特征、创业人才需求以及创业企业成长所需关键资源布局空间环境、设计系统结构以及制度体系，实现了价值导向、空间环境、系统结构以及支撑制度四大要素的内在契合。

第一，明确价值导向。创新生态系统的形成需要众多参与者，这些参与者有着不同的资源和差异化的利益诉求，明确的价值导向能够高效率吸引系统内关键及辅助主体的入驻，并让所有参与者对系统整体的价值导向形成共同理解和认可。依托未来科技城以及阿里巴巴总部所在地的产业优势，梦想小镇将发展重点定位为互联网产业和科技金融产业两类，其中互联网产业重点鼓励和支持"泛大学生"群体创业创办互联网相关领域产品研发、生产、经营和技术（工程）服务的企业；科技金融产业重点培育和集聚天使投资基金、股权投资机构、财富管理机构等。该产业定位下梦想小镇形成了两类外部消费者：一是普通消费者，以互联网企业提供的产品和服务为主要消费内容；二是资本市场，以成长型互联网创业企业为主要标的。梦想小镇的价值导向是十分清晰，在整个生成和传播过程充分考虑并利用了杭州市互联网产业的先发优势以及阿里巴巴、浙江大学等企业或机构在全国乃至全球的品牌效应，并结合中国（杭州）财富管理论坛、中国青年互联网创业大赛、中国互联网品牌盛典、中国研究生电子设计大赛等大型活动，在以大学生为主体的创业群体以及以浙商、阿里巴巴离职高管为重点的投资人群体中快速形成了影响力。在运营模式上，梦想小镇旨在通过建设市场化、专业化运营的众创孵化体系实现互联网创业企业快速成长，创业项目能否进入园区需要通过创业先锋营等竞赛平台的严格筛选，只有那些在专家或投资人看来较好发展潜力的项目才被允许进入。在发展理念上，梦想小镇通过挖掘传统"粮仓文化"，积极倡导"创业即生活"，生态、生活以及生产高度融合的公共创业文化。

第二，优化空间环境。在空间环境上，梦想小镇积极打造线上与线下两个层面的公共设施服务，其中物理空间以"一镇两村"为建设主体，两村为互联网村和天使村，其中互联网村主要为创业企业集聚地，天使村着力覆盖企业发展初创期、成长期、成熟期等各个不同发展阶段的金融服务体系。小镇近 1/3 的物理空间用于生活服务配套，重点众筹书吧、咖啡店、创客集市等公共空间，串联工作空间，为创业者之间、创业者和投资人之间、创业者和传统企业家开展信息、知识、创意交流提供平台。网络空间以云服务平台建设为重点，在"万兆进区域、千兆进楼宇、百兆到桌面、Wi-Fi 全覆盖"的设施基础上，小镇通过整合政府、企业、市场、投资机构等各方面资源，积极搭建共享共治的云服务平台：一是实现全方位商业物业线上服务；二是提供工商注册、项目申报、政策兑现等政府服务；三是构建财务、法务、人力资源等中介资源集聚和服务平台；四是以 O2O 方式建立创客募化平台和软件开发平台，提供云主机、云储存、云协同、云视频会议、云应用商城、云实验室等服务，配备开源软件，提供基础技术支撑[①]。通过分析并提取创业企业的共性需求以云平台的方式开展专业化服务、一揽子服务、标准化服务，大幅降低了创业企业各类成本。

第三，改进系统结构。依据梦想小镇的产业定位，创业企业、孵化器、投资人及各类服务机构毫无疑问是关键主体。为了最大限度激发这些群体的参与热情，梦想小镇改变了以往政府主导培育创业企业的模式，转而引入了多中心治理理念，借由众多孵化器来协调、带动其他主体，构建资源共享、相互依存的创新生态系统。创业企业能否进入创业园区并及时获得相应创业

① 赵杏文. 打造"互联网+"的政府服务新模式，助力梦想起飞 [J]. 杭州（周刊），2015（7）：23.

资源很大程度上取决于孵化器、资本及各类资源方的共同认可及协作。梦想小镇先后引入了良仓孵化器、极客创业营、湾西孵化器、阿里纵贯会、蜂巢孵化器、上海苏河汇、北京36氪、500Startups等孵化平台。这些孵化器在发展定位、运营机制上各有特色，比如由阿里巴巴离职高管团队创立的良仓孵化器，主要为互联网早期创业团队提供3~6个月的孵化服务，以服务换取股权，形成了"良仓三人行""良仓公开课""良仓Demo Day""CEO小饭桌"等系列活动用于对接创业团队、投资人以及服务机构的相互诉求。如极客创业营为我国首家资源众筹孵化器，在已有经营主体的基础上划分部分股份吸引大量社会资源参与，共同构建创业服务资源平台。以孵化器为核心平台，梦想小镇实现了资、智融合的常态化，大量"有资本、有经验、有市场、有支撑"的创业导师、投资人及服务机构与创业者开展广泛的知识共享及经验交流，为创业者提供各类定制式的叠加服务，通过专业性辅导降低试错成本，加速创业项目和创业项目迭代，提升系统价值创造能力。梦想小镇系统结构设计如图8-5所示。

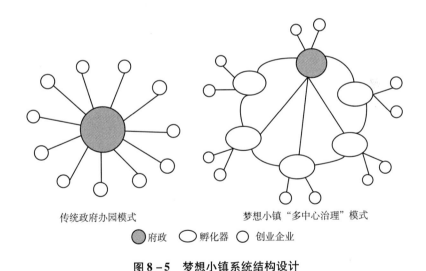

传统政府办园模式　　　　　　梦想小镇"多中心治理"模式

⬤ 府政　　◯ 孵化器　　○ 创业企业

图8-5　梦想小镇系统结构设计

第四，完善支撑制度。在梦想小镇建设过程中，未来科技城管委会围绕企业、人才、金融等核心要素开展了系列制度建设：一是推进商事制度改革。对互联网创业项目放开住所要求、放宽冠名限制、推行"五证合一"，开通企业核名自助查询终端，对需要省市审批的实行"就地受理、网络审核、就地发照"[1]。二是制定出台《关于建设梦想小镇的政策意见》《大学生创业贷风险池管理办法》《天使投资引导基金管理办法》等系列政策,为入驻创业者、企业提供办公场所租金补助、物业、中介服务、能耗等补贴,并先后设立 5000 万元天使梦想基金、1 亿元天使引导基金、2 亿元创业引导基金、2 亿元创业贷风险池、20 亿元信息产业基金引导民间资本向科技资本、产业资本转化。在政策制定过程中,充分考虑互联网创业企业特点,比如对于从事 App 开发的企业,引入了依据 DAU(日活跃用户量)开展奖励的方式,比如推出了创新券,鼓励创业企业通过云服务平台购买各类中介服务等。三是采用了"有核无边"的发展思路,与国内外重点创新平台、高校、研发机构以及各类产业园区建立起长效联系机制,重点关注技术、人才及产业发展动向与合作机会。

三、杭州未来科技城孵化器集群的共生发展

孵化器集群是推动杭州未来科技城创新发展的重要力量,杭州未来科技城为孵化器集群提供了良好的环境,由此可以认为是孵化生态与科技园区应当共同成长的。Logistic 模型由梅(May,1976)将其引入共生关系,既表达了个体成长,又刻画了集群共生的关系,所以 Logistic 模型被广泛应用于企业集群共生的问题研究上。孵化器集群生态和杭州未来科技城成长都具有周期性且受到彼此影响,符合 Logistic 模型的成长轨迹,所以采用该模型来研究两者成长及其互动关系,以此来研判杭州未来科技城孵化器集群的共生发展现状。

(一)个体成长模型

为了简化模型,假设孵化生态或者科技园区的成长轨迹符合如下形式:

$$\frac{dY}{dt} = \lambda Y(t) \cdot \frac{Q - Y(t)}{Q}, Y(0) = Y_0 \qquad (8-1)$$

其中,$Y(t)$ 表示在某一时刻 t,孵化生态或者科技园区成长的规模;Q 表示在充分完全利用社会资源的条件下,孵化生态或者科技园区所能够达到

---

[1] 赵杏文. 打造"互联网+"的政府服务新模式,助力梦想起飞 [J]. 杭州(周刊),2015(7):23.

的最大规模；$\dfrac{Q - Y(t)}{Q}$ 表示 t 时期孵化生态或者科技园区在除去对方所占用的社会资源后，孵化生态或者科技园区所占社会资源的比重。由此可知，当 Y(t)→0 时，只有孵化生态或者科技园区中的一方占用了社会资源，充满了发展的潜力；当 Y(t)→R 时，特色小镇或者科技园区中的一方完全占据了社会资源，导致了继续开发的潜力趋近于 0。一般而言有 0 < Q(t) < 1，说明孵化生态和科技园区都在成长，占据社会资源，但发展的潜力不断减小。

（二）共生模型

孵化生态与科技园区成长相互影响，具有很强的联系性，孵化生态成长提高了科技园区的创新能力，而科技园区发展也为孵化生态创造了条件。据此，本文在两者个体成长轨迹基础上，引入孵化生态和科技园区成长对彼此的正向作用，其数理公式表达如下：

$$\frac{dY_D}{dt} = \lambda_D Y_D(t) \cdot \frac{Q_D - Y_D(t) + \varphi_1 Q_F(t)}{Q_D} \qquad (8-2)$$

$$\frac{dY_F}{dt} = \lambda_F Y_F(t) \cdot \frac{Q_F - Y_F(t) + \varphi_2 Q_D(t)}{Q_F} \qquad (8-3)$$

其中，下标 D 代表科技园区，下标 F 代表孵化生态，φ_1 表示孵化生态成长对于科技园区的影响效应，φ_2 表示科技园区发展对于孵化生态的影响，由此来刻画孵化生态与科技园区的互相作用。有共生理论模型，可知科技园区与孵化生态之间存在不同的共生模式，具体如下：

独立共生关系，指的是孵化生态与科技园区之间不存在任何关系，两者之间的发展相互独立，由此孵化生态和科技园区的成长轨迹又回到最初的数学表达形式，有 $\varphi_1 = 0$ 且 $\varphi_2 = 0$。

寄生共生关系，指的是孵化生态与科技园区的成长对另一方面的作用呈现明显的相反关系。当 $\varphi_1 < 0$ 且 $\varphi_2 > 0$，说明孵化生态成长对于科技园区的发展存在负面影响，而科技园区的成长却能很好地推动孵化生态的发展。当 $\varphi_1 > 0$ 且 $\varphi_2 < 0$，说明孵化生态成长能够推动科技园区的发展，但科技园区的成长却对孵化生态发展存在负向影响。

偏利共生关系，指的是孵化生态与科技园区的发展都能够促进另一方的成长，但这种促进作用的效果在两者之间呈现较大的差异，此时的系数有如

下关系：$\varphi_1 > 0$，$\varphi_2 > 0$ 且 $|\varphi_1 - \varphi_2| > 0$。

互惠共生关系，指的是孵化生态与科技园区的发展都能够促进另一方的成长，且这种促进作用的效果并未在两者之间呈现较大差异，影响系数有如下关系：$\varphi_1 > 0$，$\varphi_2 > 0$ 且 $|\varphi_1 - \varphi_2| < 0$。

（三）杭州未来科技城孵化器集群生态关系测算

限于数据的可得性，本章采用孵化器被孵企业的规模作为孵化生态的衡量指标，一般而言，被孵企业的规模越大能够侧面反映出孵化生态系统越优渥，也能够直接推动科技园区发展；采用未来科技城的营业收入来衡量科技城发展，营业收入越高意味着未来科技城规模越大而且能够为孵化生态创造更好的基础设施条件。本章选取的研究周期为 2015 年 3 月至 2018 年 12 月，采用 SPSS 软件对未来科技城与孵化生态的成长轨迹进行拟合，并测算两者之间的共生模式，以此来探讨孵化生态与未来科技城的关系。从表 8-3 中可以看出，Logistic 模型的 R2 相对较高，说明孵化生态和未来科技城的成长轨迹都符合 Logistic 模型，选取 Logistic 模型最为合理。图 8-6 和图 8-7 汇报了孵化生态和未来科技城的 Logistic 模型拟合效果，可以看出孵化生态和未来科技城都呈现较快的发展态势，共享这整体社会资源。但随着孵化生态和未来科技城不断发展，两者的增长速度都有所放缓趋势，所以两者都会向外拓展来缓解原始的资源短缺。

表 8-3　　　　　　　　未来科技城和孵化生态模拟

模型	未来科技城			孵化生态		
	R2	F 值	Sig.	R2	F 值	Sig.
S 曲线模型	0.297	18.574	0.000	0.223	12.610	0.001
对数模型	0.553	54.364	0.000	0.082	3.913	0.054
线性模型	0.770	147.156	0.000	0.105	5.151	0.028
幂函数模型	0.683	94.827	0.000	0.326	21.300	0.000
指数模型	0.809	186.795	0.000	0.300	18.892	0.000
Logistic 模型	0.809	186.795	0.000	0.300	18.892	0.000

孵化生态与未来科技城相互作用，存在着共生关系，孵化生态助力未来科技城创新创业，而未来科技城为孵化生态成长提供较好的外部环境。本章采用 SPSS 软件对前文理论模型的 φ_1 和 φ_2 进行参数估计，由此来考察孵化生

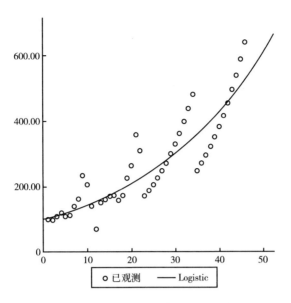

图8-6 未来科技城营业收入拟合

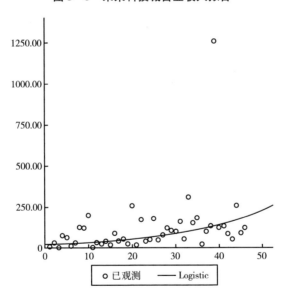

图8-7 孵化生态被孵企业规模拟合

态和未来科技城两者之间的共生关系。表8-4从总体层面汇报了模拟结果，φ_1和φ_2的符号为正，说明未来科技城与孵化生态之间存在着共生关系，而且未来科技城和孵化生态彼此之间具有显著的促进作用。与此同时，模拟结果也显示$|\varphi_1 - \varphi_2| = 0.003 \rightarrow 0$，说明未来科技城与孵化生态之间应当属于互

惠共生关系,未来科技城和孵化生态的成长对于彼此都处于有利状态。不仅如此,φ_1 的值要大于 φ_2 的值,说明孵化生态对于未来科技城的促进作用要大于未来科技孵化生态的促进作用,说明了孵化平台对于未来科技新创业具有非常重要的作用,而且两者之间的趋势预测图也反映了较为一致的变动趋势(见图 8 - 8)。

表 8 - 4　　　　　　　　未来科技城和孵化生态的共生系数测算

变量	系数	t 统计量	标准误差
φ_1	0.999 **	4.632	0.037
φ_2	0.996 ***	14.827	0.000

注:φ_1 表示未来科技城为因变量,所受到孵化生态发展影响的系数;φ_2 表示孵化生态为因变量,所受到未来科技城发展影响的系数。*** 、** 分别表示在 1% 、5% 的水平上显著。

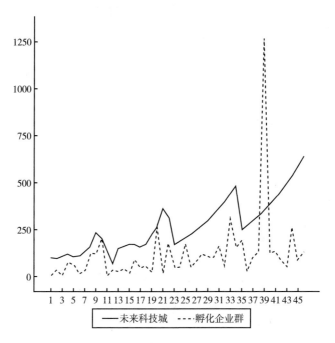

图 8 - 8　未来科技城和孵化生态的共生拟合

在此基础上,本章分别估算 2015 年、2016 年、2017 年和 2018 年的 φ_1 和 φ_2,以此来研判未来科技城与孵化生态之间共生关系的演化,结果如表 8 - 5 所示。2015 ~ 2018 年,未来科技城与孵化生态之间都具有良好的共生关系,相互之间的影响不断增大。同时,φ_1 和 φ_2 的差值不断从 0.016 缩小到 0.000,

说明未来科技城与孵化生态之间的共生关系不断向互惠共生演变。2015年，不论是孵化平台还是未来科技城都处于起步阶段，两者处于磨合状态，所以共生关系相对而言较为薄弱，而且2016年两者共生系数的不显著也印证了这个问题。随着未来科技城和孵化生态的不断发展，两者之间的共生关系也不断向互惠共生推进，孵化生态有利于未来科技城的创新创业，而未来科技城快速发展也为孵化生态完善提供了良好的外部环境。

表8-5　　　　　每年度未来科技城和孵化生态的共生系数测算

年份	变量	系数	t统计值	标准误差	$\mid \varphi_1 - \varphi_2 \mid$
2015	φ_1	0.996 **	17.791	0.003	0.016
	φ_2	0.980 **	6.624	0.033	
2016	φ_1	0.998	2.237	0.166	0.002
	φ_2	0.996	1.044	0.331	
2017	φ_1	0.998 *	4.100	0.070	0.001
	φ_2	0.997 **	4.939	0.050	
2018	φ_1	1.000	0.120	0.736	0.000
	φ_2	1.000	0.001	0.98	

注：**、* 分别表示在5%、10%水平上显著。

四、杭州未来科技城孵化器集群发展启示

梦想小镇是以集群内各孵化器为核心，协调创业企业、金融机构、服务机构等相关创新主体共同构建资源共享、相互依存的创新生态系统。分析梦想小镇孵化器集群，可以看到，集群内的孵化器多由大型企业、投资机构建设运营，辅以政府主导建设委托专业机构运营。其中幸福共享空间、浙大校友创业孵化器、创梦空间、浙江之江青年创业服务中心就是由各协会、政府主导建立，或自己运营或委托专业机构运营管理；良仓孵化器、氪空间、苏河汇、阿里纵贯会等则是由投资机构或大型企业投资兴建并运营管理。集群内孵化器价值导向与运营模式各有特色。例如浙江之江青年创业服务中心以帮助青年创新创业为宗旨，主要为青年创业者提供路演中心、会议室、智能硬件展厅等孵化服务，公益性导向较为突出；由阿里巴巴离职高管团队创立的良仓孵化器以自身盈利为根本，以"良仓三人行""良仓公开课""良仓

Demo Day""CEO 小饭桌"等系列活动帮助创业企业对接投资人、服务机构，实现孵化服务的供给换取初创团队部分股权，营利导向突出；苏河汇则是由天使投资机构发展而来，通过苏学堂、苏河投和 Familly Night 为创业企业提供包括办公场地、系统性的专业技术服务、创业辅导培训、天使投资等孵化服务，部分服务收取服务费用、投资获得创业企业股权，营利导向突出。

不同类型孵化器在孵化服务供给方面各有不同，专业化分工较为明显，各自具有其优势孵化资源。为满足创业团队的差异化需求提供了扎实基础，基本涵盖了办公、融资、社交、培训、市场推广、技术研发、战略辅导等各环节的孵化培育服务。各类孵化器在梦想小镇孵化器集群内的集聚，实质为各类专业化孵化资源的集聚。相较于单个孵化器，梦想小镇孵化器集群拥有更多、更专业的孵化服务资源，价值网络边界扩大，从而能够为在孵企业低成本、高效率提供规模化的共性孵化服务以及专业化的个性孵化服务，降低创业企业创业成本和创业成本，实现孵化成功率的提高。

梦想小镇启动时间较短，但从案例分析来，创新生态系统雏形初步形成，这很大程度上得益政府部门坚持企业办园、专业办园，扎实推进市场环境与市场基础建设的发展理念。梦想小镇通过市场主导的优胜劣汰方式不断激励创业企业的创新动力。这种竞争在创业企业入园阶段开始，在培育过程不断放大，那在投资人看来有较好前景的创新项目将在短期内大量的创业资源，获得"种子仓—苗圃—孵化器—加速器—产业园"的接力式孵化服务。不少创业企业因此出现了爆发式成长，创业团队获得了财务以及声誉的双重激励，并在园区内形成了强大的示范效应。值得注意的是，梦想小镇高效出清的是不理想的创意和项目，而不是创业团队。梦想小镇针对创业失败者建立了跟踪机制，鼓励创业团队吸取教训重新挖掘创业项目为再一次园做好充分准备。对创业团队的包容为系统创新力的形成提供了基础，也为创新项目的不断涌现提供了空间。

第四节　本章小结

本章重点关注了新型孵化器集群化发展现象，立足北京中关村科技园孵化器集群、上海张江高科孵化器集群、深圳南山区孵化器集群、杭州高新区

（滨江）孵化器集群的现实观察，提出新型孵化器从单一共生走向群体共生为整合创新创业资源、提高孵化效率以及促进区域创新与产业升级提供了有力支撑。在此基础上深入分析了新型孵化器创新集聚效应及传导机制，提出"孵化器集群—创业企业集群—新兴产业—区域创新系统"这一路径以及背后的规模经济效应、知识溢出效应及多元效应。最后，引入杭州未来科技城孵化器集群案例，利用 Logistic 模型对未来科技城与孵化器集群自 2015 年 3 月至 2018 年 12 月成长轨迹进行拟合，并测算两者之间的共生模式，发现两者之间共生关系不断向互惠共生推进，孵化集群有利于创新创业，而未来科技城快速发展也为孵化生态完善提供了良好的外部环境，相关结论对基于理论探讨提供了有力的实证支撑。

第九章

集群化发展背景下孵化器生态位优化的实证研究

　　共生关系涉及多个群落，针对其中的个体，可以用生态位来表达其在共生群落中所处的具体位置。生态位构建指生物体的构建行为能提高对环境的适宜程度（Laland et al. ，1999）。生态位的动态演进和相对稳定也是促进整个生态变迁的重要动力。从构成来看，生态位包含生态位宽度（niche width）和生态位重叠（niche overlap）两个关键性指标，其中生态位宽度反映了物种对环境适应的状况或对资源利用的程度。在资源一定情况下，生态位宽的主体适应力较强。生态位重叠度反映两个物种分享或竞争共同资源现象，现实中，主体间生态位一般或多或少都是部分重叠的，而重叠度过高就会引起激烈竞争（侯杰等，2011）。

　　集群是生态位研究中的重要情景，不同学者从生态位理论视角研究产业集群内企业的共生关系（Howard，2000；Lambert and Boons，2002；Long and Zhang，2011）。武晓辉等（2006）提出，建立在生态位理论基础上的产业集群生态位模型，龙跃（2018）认为，调节种群生态位有助于提高集群演化均衡和耦合协调度。孵化器发展环境类似于自然界的生物系统，不少学者也将生态位理论应用于孵化器的竞争与共生关系研究中。罗峰（2014）从生态位理论出发研究了孵化器的价值创造，以此剖析孵化器对于区域创新的影响。张凡和王书升（2019）从"经济—技术—社会资源"三个维度构建孵化器生态位评价指标体系，研究生态位的适宜程度。但从现有研究来看，还存在两方面不足：一是对于孵化器研究主要集中在个体层面，比如孵化器资源占有能力对孵化绩效的影响、孵化器商业模式创新等（张宝建等，2019），对于集群背景下孵化器发展考察有待增强。二是在孵化器生态位的研究中，鲜有从生态位宽度、重叠度两个层面共同论述孵化器生态位的优化问题，导致对孵化器协同共生关系缺乏系统性剖析。

据此，本章将研究背景放置到孵化器集群中，以杭州市未来科技城孵化器集群为观察样本，区分市场认可和政府部门认可两个维度的绩效指标，综合考察孵化器生态位宽度、重叠度的影响及其交互作用，明确孵化器生态位适应性，以期为单个孵化器策略选择以及地方推进孵化器集群的整体生态优化提供实践启示。

第一节　研究假设

作为培育和扶持创业企业的服务机构，孵化器为创业者提供物理空间、基础设施以及系列服务，降低创业风险，提高创业成功率。对于创业者而言，孵化器发挥了搭桥（bridging）和缓冲（buffering）两方面作用，既扮演中介角色，增强创业企业的外部联系，又在孵育过程中，通过营造一种内在环境让创业企业减少对外部资源的依赖（Scillitoe and Chakrabarti，2010）。无论是外部联系还是内部服务都需要孵化器获取各种资源予以支持。在孵化器集群中的每一孵化器都占有一定资源，并服务于一定的目标企业。当两个或多个孵化器利用同一资源时服务类似创业企业，将处于同一竞争生态位，必然发生资源竞争；反之，两个或多个孵化器服务不同创业企业、利用不同资源时，形成了生态位的分离，能够避免相互之间直接竞争。生态位的适当选择是各类主体特别弱势物种得以生存的重要原因。

生态位宽度指种群所利用的各种不同资源的总和，如果某个物种所利用的资源只占据总资源的很小部分，则说明这个物种的生态位宽度较窄；如果某个物种在一个连续的资源序列上能够利用多种多样的资源，则说明这个物种的生态位宽度较大（许芳等，2005）。多样性是物种避免竞争的一种方法。生态位宽度反映了孵化器对环境的适应性，生态位越宽，可以形成更为多元的创业企业，其适应性和竞争力就强。对于政府而言，生态位较宽的孵化器集聚能力较强，能够更好吸引各类创业企业，并解决招商引资等难题。对于风险投资等机构，生态位较宽的孵化器对市场有着更强的适应性。据此，本章提出如下假设。

H（9-1）：孵化器生态位宽度正向影响政府认可与市场认可。

生态位重叠度反映了种群所利用不同资源的共同趋向，重叠度高表明物种在生态位上具有较高相似性，如果生态位完全一致，表明百分百重叠。生态位重叠是物种间过度竞争的主要原因，在资源约束的自然竞争压力下，对于特定物种而言，应该通过差异化定位实现生态位分离，进而达到共存（许芳等，2005）。具体到孵化器，重叠度过高表明在特定集群内孵化器与其他孵化器所服务创业企业趋同，所需的资源也十分类似。对于政府及市场机构而言，重叠度高的孵化器面临的竞争对手数量以及竞争的激烈程度会相应增加同时由于缺乏独特性，容易被相似机构所替代，生存压力较大。据此，本章提出如下假设。

H（9-2）：孵化器生态位重叠度负向影响政府认可、市场认可。

如上所述，本章认为生态位宽度和重叠度会影响孵化器的政府认可与市场认可。这两方面因素的性质不同，生态位宽度反映了孵化器的适应性，取决于孵化器自身的战略选择，而生态位重叠度是孵化器集体作用的结果，但两者影响孵化器绩效的作用机制存在关联性。孵化器生态位宽度决定了其面临的竞争对手的数量和竞争强度，对于生态位宽度大的孵化器而言，并不必然产生较高的重叠度，但宽度的不断增加会影响孵化器之间的重叠度，如果特定集群内不能提供孵化器生存所需足够宽度的空间资源，那么生态位重叠所引发的竞争将加剧。因此本章认为两者的共存会削弱孵化器绩效，无论对于政府还是市场而言，孵化器的独特性会有所下降，且孵化器与孵化器之间同质性会产生恶性竞争。由此，本章提出如下假设。

H（9-3）：孵化器生态位宽度、生态位重叠度的交互作用负向影响政府认可、市场认可。

第二节　研究方法与数据变量

孵化器的生态位宽度代表孵化器所涉及领域的多样性，孵化器生态位重叠度代表孵化器所占据资源的重叠程度，重叠度越高、独特性越小。为了验证孵化器的生态位宽度与重叠度对于孵化器市场认可程度和政府认可程度的影响，本章建立如下实证模型：

$$Y_{it} = \beta_0 + \beta_1 X_{1t} + \beta_2 X_{2t} + \varepsilon \qquad\qquad (9-1)$$

其中，Y_{it} 为被解释变量，即孵化器绩效，包含政府认可与市场认可两个方面；X_{1t} 代表核心解释变量，即孵化器的生态位宽度和重叠度；X_{2t} 代表控制变量。被解释变量、核心解释变量及控制变量的选择说明及数据来源具体如下。

一、被解释变量

本章研究孵化器的政府认可程度和市场认可程度，所以模型选取的被解释变量为政府认可和市场认可，其中政府认可采用创新补贴获得率来替代，即每年度每个孵化器中所拿到政府创新补贴的企业占孵化器中所有企业的比例，创业企业是孵化器的重要产出成果，对创业企业的补贴反映了政府部门对孵化器运营绩效的认可；市场认可采用创业企业风险投资获得率来替代，即每年都每个孵化器中所拿到风险投资的企业占孵化器中所有企业的比例。能否拿到风险投资关乎创业企业的生存，风险投资率越高表明孵化器的选择及服务能力得到了市场的充分认可。

二、解释变量

（一）孵化器生态位宽度

借鉴魏志琴等（2004）学者关于生态位宽度的计算公式，本章将孵化器生态位宽度的公式设定为：$K_L = 1/\alpha \sum\limits_{j=1}^{\alpha} P_{ij}^2$，其中 K_L 为某个孵化器的生态位宽度；P_{ij} 为孵化器 i 在第 j 类别上的重要值占它所在产业位上重要值的比重，采用孵化器所投资企业所在类别占孵化器所投资企业所有类别的比重来衡量；α 为样方数，在孵化器中为创业企业产业类别数量。

（二）孵化器生态位重叠度

借鉴毕润成等（2003）的研究，本章设定孵化器生态位重叠度计算的具体公式为：$C_p = \dfrac{\sum\limits_{j=1}^{\alpha} P_{ij} P_{kj}}{\sqrt{\sum\limits_{j=1}^{\alpha} P_{ij}^2 \left(\sum\limits_{j=1}^{\alpha} P_{kj}^2 \right)}}$，其中 C_p 为孵化器 i 和孵化器 k 之间的重

叠度，其他符号含义同生态位宽度测算的公式。孵化器之间的生态位重叠可以表示为一个 n×n 矩阵，这个矩阵对角线上的每个与元素值都是 1，代表孵化器的自我重叠，而对角线以外的各元素都小于 1，代表各对孵化器之间的重叠。本章计算了每个孵化器与其他孵化器的重叠度的平均值，以此作为特定孵化器重叠度的取值。

三、控制变量

第一，投资项目数，指的是每个孵化器每年所投资的项目数量，以此反映孵化器每年的成长情况。项目数量大的孵化器往往更容易获得政府与市场的认可，需要加以控制。

第二，平均注册资本和平均人员，指的是每个孵化器所投资的企业的平均注册资本和平均人员数量，反映所投资企业的规模情况，以此来衡量孵化器的规模。

第三，入驻时间，指的是每个孵化器进入集群的时间，若 2015 年进入记为 4，2018 年进入则记为 1，以此类推。入驻时间反映了特定孵化器的经验以及与政府、风险投资机构的熟悉程度，因而需要加以控制。

四、样本与数据来源

由于聚焦孵化器市场化、集群化发展以及涉及生态位重叠度的测算，本章选择了杭州未来科技城孵化器集群作为观察对象。杭州未来科技城是首批国家级"区域性双创示范基地"，累计引进北京 36 氪、良仓加速器、紫金港创客空间等 50 家孵化平台。得益于良好的孵化生态建构，2019 年成为全国双创活动周主会场所在地。限于数据可得性，本章实证检验所选取的时间周期为 2015～2018 年，涉及 147 个孵化器观察样本。对于孵化器生态位的测度涉及的项目分类问题，很多创业项目所属行业较为模糊。因此，在未来科技城管委会所提供项目分类的基础上，本章引入了 1 位博士和 2 位硕士生作为编码者，首先对未来科技城十余家孵化器进行深度调研，了解孵化器运营特征，在此基础上根据每家孵化器的业务内容介绍对所涉及的类别进行分析编码归类，对存在异议的进行讨论，最终确定 IT/技术开发、电子商务、动漫影视等 25 个细分类别，即生态位宽度和重叠度测算中的样方数 α 为 25。

第三节　实证分析

一、描述统计与样本分析

本章采用 Stata14.0 软件进行分析，各个变量的描述性统计及相关性如表 9 - 1 和表 9 - 2 所示。

表 9 - 1　　　　　　　　　　变量的描述性统计

变量	样本量	平均值	标准差	最小值	最大值
市场认可	147	0.130102	0.2420259	0	1
政府认可	147	0.6503742	0.319779	0	1
生态位宽度	147	0.1232985	0.0443181	0.0557462	0.2
生态位重叠度	147	0.2914483	0.1630479	0	0.6219431
投资项目数	147	6.360544	6.03976	1	31
平均注册资本	147	569/2115	886.5584	7.67	7000
平均人员	147	11.18235	36.08771	1	433
入驻时间	147	2.183673	1.040419	1	4

表 9 - 2　　　　　　　　　　变量的相关性检验

变量	市场认可	政府认可	生态位宽度	生态位重叠度	投资项目数	平均注册资本	平均人员	入驻时间
市场认可	1							
政府认可	0.2714	1						
生态位宽度	0.0413	0.1689	1					
生态位重叠度	- 0.2659	- 0.2238	- 0.4345	1				
投资项目数	0.0001	- 0.1066	- 0.5998	0.3705	1			
平均注册资本	- 0.0463	- 0.1823	0.2132	- 0.0635	0.0425	1		
平均人员	0.1138	- 0.0271	- 0.0087	- 0.0266	- 0.0345	- 0.0245	1	
入驻时间	- 0.3098	- 0.2948	- 0.3812	0.5114	0.3436	- 0.0348	- 0.0043	1

二、回归估计结果

本章对孵化器的生态位宽度和重叠度对于市场认可和政府认可进行回归，结果如表9-3中的回归（9-1）至回归（9-3）、回归（9-5）至回归（9-7）所示。回归（9-1）至回归（9-4）检验了孵化器的生态位宽度和重叠度对于孵化器市场认可的影响，结果显示，生态位宽度与市场认可并不存在相关性，生态位重叠度对市场认可的影响显著为负，生态位宽度与生态位重叠度交互项与市场认可并不存在相关性。回归（9-5）至回归（9-8）检验了孵化器的生态位宽度和重叠度对于政府认可的影响，结果显示生态位宽度对政府认可存在正向主效应，生态位重叠度与政府认可并不存在相关性，生态位宽度与生态位重叠度的交互项对政府认可存在负向影响。

表 9 - 3　　　　　　　　　　　　基础模型回归

变量	市场认可				政府认可			
	回归(9-1)	回归(9-2)	回归(9-3)	回归(9-4)	回归(9-5)	回归(9-6)	回归(9-7)	回归(9-8)
生态位宽度	-0.0281 (0.578)		-0.272 (0.583)	-1.226 (0.844)	1.270* (0.757)		1.119 (0.773)	2.638** (1.114)
生态位重叠度		-0.285** (0.138)	-0.298** (0.142)	-0.906** (0.416)		-0.237 (0.185)	-0.183 (0.188)	0.785 (0.549)
生态宽度× 重叠度				5.106 (3.285)				-8.135* (4.336)
投资项目数	0.005 (0.004)	0.007** (0.003)	0.006 (0.004)	0.008* (0.004)	0.00534 (0.005)	0.002 (0.005)	0.006 (0.005)	0.002 (0.006)
平均注册资本	-1.64e-05 (2.25e-05)	-1.98e-05 (2.13e-05)	-1.68e-05 (2.23e-05)	-2.29e-05 (2.25e-05)	-8.45e-05*** (2.95e-05)	-7.25e-05** (2.84e-05)	-8.47e-05*** (2.95e-05)	-7.50e-05** (2.97e-05)
平均人员	0.0008 (0.0005)	0.0007 (0.0005)	0.0007 (0.0005)	0.0007 (0.0005)	-0.0003 (0.0007)	-0.0003 (0.0007)	-0.0003 (0.0007)	-0.0002 (0.0007)
入驻时间	-0.083*** (0.020)	-0.064*** (0.021)	-0.065*** (0.022)	-0.063*** (0.022)	-0.083*** (0.026)	-0.077*** (0.029)	-0.072** (0.029)	-0.075*** (0.029)
常数项	0.283*** (0.104)	0.311*** (0.049)	0.356*** (0.108)	0.467*** (0.129)	0.692*** (0.136)	0.922*** (0.065)	0.737*** (0.143)	0.560*** (0.171)

注：括号内为标准误；***、**、*分别表示在1%、5%、10%水平上显著。

对照研究假设，H（9-1）至H（9-3）均得到了部分验证。可以看出，生态位宽度和生态位重叠度对孵化器的绩效影响存在差异化作用路径。其中孵化器的生态位宽度对于市场认可的作用不显著，而生态位重叠度存在显著负相关，表明以风险投资为代表的市场机构对孵化器投资的多样性并不敏感，更加注重孵化器的独特性。对于一个集群内的孵化器而言，重叠度反映了该孵化器与其他孵化器的竞争状况，重叠度越高，意味着孵化器的独特性越低，对于风险投资等机构而言，这样的孵化器所挑选出来的创业企业也很可能缺乏独特性，因而降低了认可度。而与之相对，政府方面对于孵化器的生态位重叠度并不敏感，而孵化器投资多样性越强越容易受到政府的关注，也更加容易能够取得补助。在交互作用上，孵化器生态位宽度与重叠度存在负向作用，表明生态位宽度对政府认可的正向作用随着重叠度的增加而削弱。区别于市场机构的单一选择标准，政府部门在对孵化器的认可上更具综合性，同步考量了生态宽度和生态位重叠度两个因素。生态位宽度和重叠度的负向作用，表明政府更倾向于多样化投资的孵化器，但同时又考虑到集群的同质化竞争问题，对孵化器的独特性有所要求。

三、进一步讨论：门槛效应检验

前文的研究结论表明，生态位宽度与重叠度对政府认可上存在负向交互作用。作为孵化器自主选择的结果，生态位宽度大小是否会影响重叠度对政府认可的作用？如果会，那么生态位宽度带来的是线性关系还是存在一定的门槛效应？为了消除这些疑问，本章采用"门槛回归"方法进行检验。此部分选择孵化器生态位宽度为门槛值，考察对于不同生态位宽度的孵化器而言，政府认可度是否受到重叠度的影响。首先以孵化器的生态位宽度作为门槛值对门槛效应进行检验。本文采用"自举法"反复抽样5000次进行门槛效应显著性检验。先检验单一门槛模型，若不存在明显的门槛效应，则应使用线性回归模型；如果存在，则继续搜寻找是否存在第二个门槛，依此类推。表9-4分别汇报了单一门槛模型、双重门槛模型三重门槛模型的检验效果，从F统计值和p值结果可以发现，单一门槛和双重门槛效应均显著，而三重门槛效应不显著，说明存在双重门槛，应建立双门槛回归模型。

表 9 - 4 门槛效应检验结果（生态位宽度为门槛值）

回归模型	F 统计值	p 值	BS 次数
单一门槛模型	24.362	0.000	5000
双重门槛模型	15.519	0.019	5000
三重门槛模型	10.765	0.156	5000

进一步对双门槛模型门槛值进行估计（见图 9 - 1 和图 9 - 2），发现孵化器生态位宽度为 0.105 和 0.118 分别是两个门槛值（见表 9 - 5），表 9 - 5 汇报了门槛估计值和门槛值的 95% 置信区间。

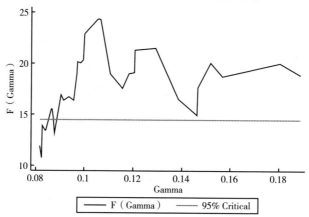

图 9 - 1　第一个门槛及其置信区间

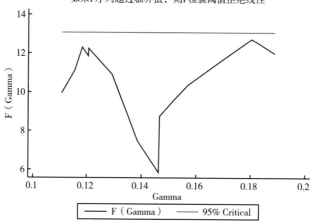

图 9 - 2　第二个门槛及其置信区间

表9-5 门槛值估计结果（生态位宽度为门槛值）

门槛	门槛估计值	95%置信区间
门槛1	0.105	[0.083，0.107]
门槛2	0.118	[0.097，0.157]

表9-6的回归结果表明，政府只针对中等生态位宽度的孵化器将其重叠度纳入是否扶持的参考因素，而对于生态位宽度较小和较大的孵化器则不考虑重叠度因素。结合现实而言，专精于某些的领域的孵化器可以发挥其专业优势，而跨越多个领域的孵化器可以发挥其平台优势，对于这两类孵化器，重叠度所代表的行业独特性发挥的影响可以被弱化，而对于生态位宽度处于中游的孵化器难以具备以上两种优势，其所投资的行业是否具有独特性就成了政府需要考量的重要因素。

表9-6 门槛模型回归结果（生态位宽度为门槛值）

变量	被解释变量：政府认可		
	生态位宽度 <0.105	0.105<生态位宽度 <0.118	生态位宽度>0.118
重叠度	0.133 (0.174)	-1.343*** (0.371)	-0.268 (0.275)
投资项目数	0.005 (0.003)	0.001 (0.016)	-0.046*** (0.010)
平均注册资本	1.220E-05 (3.530E-05)	-5.100E-05 (2.352E-04)	-1.000E-04*** (2.217E-05)
平均人员	-0.002 (0.002)	4.920E-04** (2.047E-04)	-0.010** (0.005)
入驻时间	-0.077 (0.031)	-0.017 (0.076)	-0.067* (0.037)
常数项	0.771 (0.082)	0.928*** (0.141)	1.174*** (0.111)

注：括号内为标准误；***、**、*分别表示在1%、5%、10%水平上显著。

第四节　本章小结

针对多数孵化器营收模式单一、过多依赖政府补贴的现实，本章以生态位理论为基础，从生态学视角审视整个创业孵化环境，并基于 2015 ~ 2018 年 147 孵化器样本数据资料，实证检验孵化器生态位宽度和重叠度对孵化器的绩效影响，以此明确孵化器生态位适应性以及优化选择的策略，得到如下结论：（1）孵化器的生态位重叠度对于市场认可显著为负，而孵化器的生态位宽度对于市场认可不存在显著影响，以风险投资为代表的市场更加偏好特色化的孵化器；而孵化器的生态位宽度对于政府认可的影响存在显著正相关。（2）建立生态位宽度和重叠度的交互项模型，回归结果发现，交互项对市场认可的影响不显著，而对政府认可的影响显著为负，说明政府在扶持孵化器时会综合考虑多样性和独特性。（3）构建门槛模型实证检验不同生态位宽度下重叠度对于政府认可的影响，结果表明唯有宽度处于 0.105 和 0.118 之间时，重叠度才对政府认可起到显著的负向影响。当孵化器生态位宽度小于 0.105 和大于 0.118 时，重叠度对政府认可孵化器的概率均无显著作用。针对研究结论，本章提出如下实践启示。

第一，孵化器市场化运营要以保持独特性为重要前提。风险投资等市场机构的选择更多是"挑选赢家"的过程，这是因为资本是流动的，能够在更大范围内进行寻找和比较。生态位宽度对政府认可的正向作用意味着孵化器增加投资多样性会更利于获得政府补贴。而在资源有限的情况下，生态位宽度是会影响重叠度的。过多包揽政府工作以获取补贴却导致失去独特性，难以获得市场认可。这有可能是当前多数孵化器"生存两难"的根源所在。因而孵化器要有所取舍，对生态位宽度优化中要以保持独特性为重要前提。

第二，孵化器在集群化发展中要加快明晰运营模式。从实证可以看出，政府在孵化器集群生态建设中是有倾向性的，更加青睐于平台型孵化器或专业型孵化器，因为前者可以承载更多政府职能，后者能够形成更多细分领域。在集群化发展中，对于特定孵化器而言，要尽早明确运营模式，避免陷入生态位宽度的中间区位，导致"两边不靠"。

　　第三，对于政府而言，要充分认识到市场的积极作用，进一步强化政府手段与市场化机制的融合，如更早发挥风险投资等市场机构在政府对孵化器补贴及政策支撑中的作用。支持行业协会、智库机构等第三方社会组织开展孵化器的社会评价，建立社会评价与政府考核相结合评估体系，驱动政府认可与市场认可的内在契合，给予孵化器生态位优化的良好指引。

第十章

我国孵化器政策体系演进及其优化：基于政策文本的分析

政府部门是创业环境的营造者，孵化器需要政府部门完善相关政策法规、出台相关优惠政策以减轻创业负担帮助在孵企业成长。30余年来，我国一直在顶层设计上引导孵化器发展。《中华人民共和国促进科技成果转化法》等法律确立了孵化器的法律地位，《国家中长期科学和技术发展规划纲要（2006－2020年）》与《国家中长期人才发展规划纲要（2010－2020年）》明确了孵化器在国家战略中的定位，财税支持政策进一步促进了孵化器的快速发展，从国家"十五"发展规划到"十三五"发展规划持续确保科技企业孵化器健康有序发展。根据国际发展态势以及创业孵化事业不同发展时期的内在规律，通过规划、示范和引导，明确孵化器的法律地位，并制定了一系列的扶持、优惠政策，为孵化器共生环境的优化以及孵化器的健康发展提供了有力保障。

第一节　我国孵化器政策概况

在我国孵化器发展中，政府政策起到积极的环境诱导作用。本章从政策目标主体（孵化器、创业企业以及大学、园区等合作方）和政策内容类别梳理我国1997年以来有关孵化器发展的政策文本体系。通过政策文本结构化编码和分类体系建构，利用政策文本分析进行现有政策环境的评估，结合实地调查明确新型孵化器在价值链创新过程中面临的主要政策障碍。

一、孵化器政策类别

首先利用"北大法宝"数据库，对"孵化器"相关政策文本进行检索①，

---

① 检索式为：篇名＝孵化器 AND 全文＝孵化器。为了使本研究更加精确，设定标题和全文中同时出现"孵化器"字样的数据纳入本研究范围，这样的检索策略可以较好地剔除全文中仅个别地方提及"孵化器"而整篇政策文本非"孵化器"主题的数据。

检索日期为 2021 年 7 月 7 日，共获得 1078 条数据。如表 10－1 所示，国家层面共颁布了 32 项政策，15 项部门工作文件、16 项部门规范性文件，1 项部门行政许可批复；地方（包含省市）层面共颁布了 1046 项政策，760 项地方工作文件、283 项地方规范性文件、3 项地方行政许可批复。此外，全部政策文件中现行有效 1025 项，失效 52 项，已被修改 1 项。

表 10－1　　　　　　　　　孵化器政策文本效力级别分布

行政层级	效力级别	频次
国家	部门工作文件	15
国家	部门规范性文件	16
国家	部门行政许可批复	1
地方	地方工作文件	760
地方	地方规范性文件	283
地方	地方行政许可批复	3
总计		1078

如表 10－2 展示了孵化器政策文件类型，在全部孵化器政策文件中，以"通知"形式发布的政策文件有 1018 件，位列全部政策文件类型第一位，"意见"（27 件）、"办法"（13 件）分列第二、第三位。

表 10－2　　　　　　　　　　孵化器政策文件类型

序号	政策文件类型	频次	序号	政策文件类型	频次
1	通知	1018	7	规定	2
2	意见	27	8	通报	1
3	办法	13	9	倡议书	1
4	批复	7	10	报告	1
5	函	4	11	公告	1
6	细则	2	12	决定	1

二、孵化器政策发文主体

政策发布机构是孵化器政策制定的主体。表 10－3、表 10－4、表 10－5 分别为孵化器政策国家层面、省级层面、地市层面主要的政策制定主体，特别是省级、地市层面政策制定主体根据上级的孵化器政策文件，因地制宜制定本区域的政策，在数量上可以反映出对孵化器工作的重视程度。在国家层面中，科技部是第一大政策制定主体，先后直接、参与制定了 27 件政策文件，其次是财政部、国家税务总局。

表 10 - 3　　　　　　　　国家层面政策制定主体分析

序号	机构名称	频次
1	科技部	27
2	财政部	5
3	国家税务总局	5
4	教育部	1
5	中国证券监督管理委员会	1

资料来源：笔者整理。

表 10 - 4　　　　　　　　省级层面政策制定主体分析

序号	机构名称	所在区域	频次
1	湖北省科学技术厅	中部地区	56
2	浙江省科学技术厅	东部地区	51
3	福建省科学技术厅	东部地区	34
4	重庆市科学技术局	西部地区	27
5	山东省科学技术厅	东部地区	25
6	安徽省科学技术厅	中部地区	24
7	吉林省科学技术厅	东北地区	23
8	湖南省科学技术厅	中部地区	22
9	陕西省科学技术厅	西部地区	18
10	江苏省科学技术厅	东部地区	17
11	天津市科学技术委员会	东部地区	14
12	广西壮族自治区科学技术厅	西部地区	12

注：频次≥12 次。
资料来源：笔者整理。

表 10 - 5　　　　　　　　地市层面政策制定主体分析

序号	机构名称	所在区域	频次
1	青岛市科学技术局	东部地区	60
2	大连市科学技术局	东北地区	48

序号	机构名称	所在区域	频次
3	武汉市科学技术局	中部地区	31
4	开封市科学技术局	中部地区	20
5	南京市科学技术局	东部地区	16
6	郑州市科学技术局	中部地区	15
7	宁波市科学技术局	东部地区	14
8	烟台市科学技术局	东部地区	13
9	唐山市科学技术局	东部地区	13
10	长沙市科学技术局	中部地区	13
11	合肥市科学技术局	中部地区	12
12	深圳市科技创新委员会	东部地区	12

注：频次≥12次。

资料来源：笔者整理。

在省级层面，各省、自治区和直辖市共制定了485件孵化器相关的政策，其科技主管部门是政策的制定主体，湖北省科学技术厅、浙江省科学技术厅、福建省科学技术厅分别发布政策文件56件、51件、34件，位列第一、第二、第三位；此外，对政策制定的主体所属区域进行分析，在发布文件频次大于等于12次的省级单位中，所在区域依次为东部地区（5家）、中部地区（3家）、西部地区（3家）和东北地区（1家），在东部地区中，浙江对于孵化器政策制定最为活跃，在中部省份中，湖北最为活跃，在西部省份中，重庆最为积极，在东北地区中，吉林最为积极（见表10-4）。

在地市层面，各地市共制定了561件孵化器相关的政策，其科技主管部门也是政策的制定主体，青岛市科学技术局、大连市科学技术局、武汉市科学技术局分别发布政策文件60件、48件、31件，位列第一、第二、第三位；此外，对政策制定的主体所属区域进行分析，在发布文件频次大于等于12次的地市单位中，所在区域依次为东部地区（6家）、中部地区（5家）和东北地区（1家），西部地区没有城市位列前12位之中，在东部城市中，青岛对于孵化器政策制定最为活跃，在东北城市中，大连最为积极，在中部城市中，武汉最为活跃（见表10-5）。

不同发文形式所对应的发文主体存在一定的差异，其政策效力等级就存在客观差别。其中，措施、方案、规程、规定、计划、意见等政策主要由地方人民政府颁布，办法、通知、细则、指引等政策主要由地方科技主管部门颁布，纲要、规划类的政策由中央科技主管部门颁布，条例则由地方人大及其常委会颁布（杜宝贵和王欣，2019）。当前相关政策的效力等级较低，法律法规层面的政策数量较少。

三、孵化器政策要点

国家层面作为我国孵化器相关政策的制定核心主体，其所制定和发布的政策文件，作为省级和地市级层面制定本区域相关孵化器政策文件的依据，因此本研究重点针对国家层面的政策文件做更详细的分析。国家层面共发布了政策文件 32 件，将具体的企业认定等工作文件剔除之后，得到 13 件国家关于孵化器直接相关的政策文件（见表 10 – 6），包括孵化器相关的发展纲要、管理办法、税收政策、发展规划等。图 10 – 1 所示为国家层面孵化器政策文本时序，时序轴表示时间走向，时序轴的下方是全部 13 件孵化器政策文件的发布时间、发布单位和文件名称，时序轴的上方是由党中央、国务院、全国人大等单位所颁发的指导性文件，可以看出，国家关于经济发展、科技创新、人才培养、中小企业发展等宏观规划、法律法规是科技部等部委制定孵化器政策的重要指导和依据。此外，2006 年 2 月国务院颁布《国家中长期科学和技术发展规划纲要（2010 – 2020 年）》、2016 年 5 月中共中央、国务院颁布《国家创新驱动发展战略纲要》之后，均引发了一次科技创新、中小企业发展和孵化器政策文件制定的高潮期。

表 10 – 6　　　　　　　　国家层面孵化器政策文本信息

序号	标题	时效性	发布部门	发文字号/年份	下行文件引用次数
1	关于印发《关于建立国际企业孵化器的工作意见》的通知	现行有效	国家科委（科技部）	国科发火字〔1997〕424 号	0
2	关于印发《中国科技企业孵化器"十五"期间发展纲要》的通知	现行有效	科技部	国科发火字〔2001〕237 号	4
3	关于印发《关于"十五"期间大力推进科技企业孵化器建设的意见》的通知	现行有效	科技部	国科发高字〔2001〕240 号	0

续表

序号	标题	时效性	发布部门	发文字号/年份	下行文件引用次数
4	关于进一步提高科技企业孵化器运行质量的若干意见	现行有效	科技部	2003	3
5	关于印发《科技企业孵化器（高新技术创业服务中心）认定和管理办法》的通知	失效	科技部	2006	8
6	关于科技企业孵化器有关税收政策问题的通知	失效	财政部、国家税务总局	财税〔2007〕121号	26
7	关于印发《科技企业孵化器认定和管理办法》的通知	失效	科技部	国科发高〔2010〕680号	95
8	关于印发国家科技企业孵化器"十二五"发展规划的通知	失效	科技部	国科发高〔2012〕1222号	1
9	关于科技企业孵化器税收政策的通知	失效	财政部、国家税务总局	财税〔2013〕117号	33
10	关于科技企业孵化器税收政策的通知（2016）	现行有效	财政部、国家税务总局	财税〔2016〕89号	28
11	关于印发《国家科技企业孵化器"十三五"发展规划》的通知	现行有效	科部	国科办高〔2017〕55号	7
12	关于科技企业孵化器 大学科技园和众创空间税收政策的通知	现行有效	财政部、国家税务总局、科技部、教育部	财税〔2018〕120号	12
13	关于印发《科技企业孵化器管理办法》的通知	现行有效	科技部	国科发区〔2018〕300号	36

资料来源：笔者整理。

　　表10-6呈现了国家层面的13件孵化器政策文本信息，可以看出，国家层面最早于1997年针对国际企业进行孵化器建设和试点工作，后于2001年开始面向中国科技企业的孵化器建设工作。随着经济的发展、大众创新创业的推行，科技部关于孵化器认定和管理的政策文件经过多次修订，逐渐完善和提高了孵化器的建设标准。财政部和国家税务总局也多次制定和修改完善了有关孵化器的税收优惠政策。国家层面的13件政策文件中，被下行文件作为依据引用次数最多的是科技部2010年制定的"关于印发《科技企业孵化器

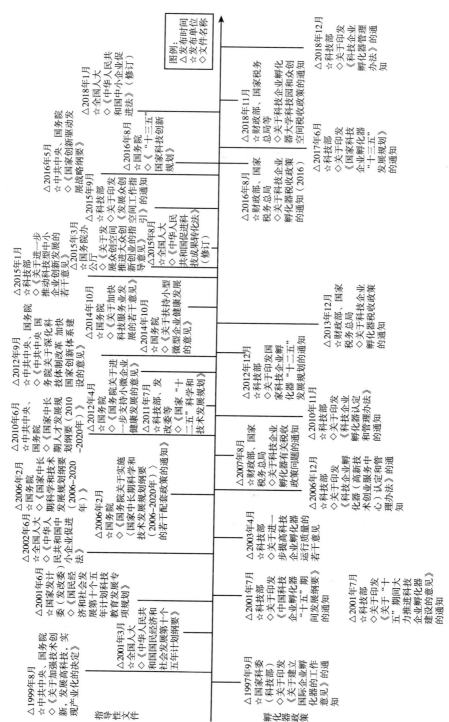

图 10-1 国家层面孵化器政策文本时序

认定和管理办法》的通知"，共被引用 95 次，其次是最新的 2018 年底新修订的"关于印发《科技企业孵化器管理办法》的通知"，共被引用 36 次，可以看出，科技部制定或修订最新的孵化器政策文件之后，各地区会很快结合本区域因地制宜制定相关的下行文件。

为了进一步对国家层面的 13 件政策文件中的文本信息进行分析，经过人工解读之后，提取出主要的关键词，绘制出关键词主题聚类关系图谱（见图 10 - 2）。可以看出，国家层面的孵化器政策文件主要包括四个方面，分别是创新能力建设、科技成果转化、孵化培育功能、税收优惠政策，体现出孵化器培育的导向、目的、作用和手段。此外，在整个孵化器建设的过程中，政、产、学、研、金、介、用等多主体参与，人才贯穿了孵化器建设的核心。

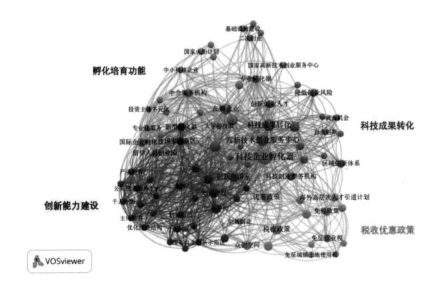

图 10 - 2　国家层面政策文本主题聚类关系图谱

进一步，对全部孵化器政策文本进行中文分词处理，以绘制词云图。本研究首先利用 CNKI 数据库中 CSSCI 期刊作为数据源，对"孵化器"相关的学术文献进行检索，获取 1109 条数据①，进而提取论文数据的关键词，将此部分的关键词补充进入人工解读的国家层面 13 件政策文本的关键词中，以此

---

①　检索式为：篇名 = 孵化器 OR 关键词 = 孵化器 OR 摘要 = 孵化器；检索时间：2021 年 7 月7 日。

作为构建主题词表的依据。经过停用词处理，绘制了孵化器政策文本词云（见图 10 - 3），词云图可以总体上反映出全部政策文本的焦点，可以看出孵化器作为创业服务中心，始终面向"发展"的根本目的、始终注重"创新"的根本要求，依托高新技术开发区，培育科技企业、培养科技人才，可以说，科技企业孵化器业已成为我国迈向高水平科技自立自强的重要载体。

图 10 - 3　孵化器政策文本词云

第二节　我国孵化器政策演进及面临的不足

一、我国孵化器政策演进

孵化器相关政策横跨 1997 ~ 2021 年，最早的政策是由国家科委（科技部）于 1997 年 9 月 5 日颁布实施的"关于印发《关于建立国际企业孵化器的工作意见》的通知"，作为我国在孵化器领域的首个国家层级部门规范性文件，该文件至今依然具有效力。除去 2021 年数据不全的原因，从整体上看，国家和地方层面上颁布和实施与孵化器相关的政策文本数量依然呈现出快速增长的趋势（见图 10 - 4）。

从孵化器的政策制定主体来看，逐渐由单一部门向多个部门转变。在科

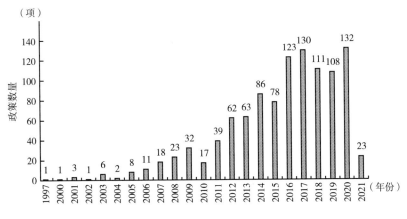

图 10 – 4　孵化器政策文本实施年份分布

技孵化器发展前期，政策主要是各级政府或科技主管部门基于自身的职责、专业特色制定，专业性较强。但各部门间缺少交流与配合，使得政策的协同度不高、内容重复严重，甚至出现市级科技孵化器的认定标准高于省级孵化器的现象。随着创新型国家建设的推进，多个部门共同制定或出台政策的现象不断增多。与此同时，孵化器政策也由以国家层面政策文件为主向省市县不断拓展，由沿海城市、中心城市向中西部城市扩散的局面。具体到政策内容，呈现出以下几方面特征。

（一）在功能定位上不断强化孵化器对创业创新的支撑功能

早期孵化器建设主题紧紧围绕"建设创新国家"这一战略目标，大力支持发展先进技术，如新材料技术、信息技术、先进能源技术、航空技术以及生物技术等，因此该时期的孵化器也主要服务于此类科技企业。随着国家创新能力的提高，人民群众的创新意识更加强烈，作为一个庞大的经济体，中国迫切需要扩大创新范围和创新主体。对照 2006 年出台的《关于印发〈科技企业孵化器（高新技术创业服务中心）认定和管理办法〉的通知》、2010年出台的《关于印发〈科技企业孵化器认定和管理办法〉的通知》和 2018年出台的《关于印发〈科技企业孵化器管理办法〉的通知》，可以看出不断强化了孵化器对大众创业创新的支撑功能。孵化器被视为创新创业人才的培养基地、大众创新创业的支撑平台。在原有培养科技企业和企业家精神的基础上，更加强化了以创业带就业，对全社会创新创业活力的激发，也在更大范围内引导了孵化器的共生发展（见表 10 – 7）。

表 10-7 孵化器管理办法修订演进

定义及功能	关于印发《科技企业孵化器(高新技术创业服务中心)认定和管理办法》的通知(2006)	关于印发《科技企业孵化器认定和管理办法》的通知(2010)	关于印发《科技企业孵化器管理办法》的通知(2018)
孵化器定义	孵化器是以促进科技成果转化、培养高新技术企业和企业家为宗旨的科技创业服务机构。创业中心是国家创新体系的重要组成部分,是区域创新体系的重要核心内容	孵化器是以促进科技成果转化、培养高新技术企业和企业家为宗旨的科技创业服务载体。孵化器是国家创新体系的重要组成部分,是创新创业人才培养的基地,是区域创新体系的重要内容	孵化器是以促进科技成果转化,培育科技企业和企业家精神为宗旨,提供物理空间、共享设施和专业化服务的科技创业服务机构,是国家创新体系的重要组成部分、创新创业人才的培养基地、大众创新创业的支撑平台
孵化器功能	孵化器以科技型中小企业为服务对象,为入孵企业提供研发、中试生产、经营的场地和办公方面的共享设施,提供政策、管理、法律、财务、融资、市场推广和培训等方面的服务,以降低企业的创业风险和创业成本,提高企业的成活率和成功率,为社会培养成功的科技企业和企业家	孵化器是以科技型创业企业为服务对象,通过开展创业培训、辅导、咨询,提供研发、试制、经营的场地和共享设施,以及政策、法律、财务、投融资、企业管理、人力资源、市场推广和加速成长等方面的服务,以降低创业风险和创业成本,提高企业的成活率和成长性,培养成功的科技企业和企业家	孵化器围绕科技企业的成长需求,集聚各类要素资源,推动科技型创新创业,提供创业场地、共享设施、技术服务、咨询服务、投资融资、创业辅导、资源对接等服务,降低创业成本,提高创业存活率,促进企业成长,以创业带动就业,激发全社会创新创业活力

图 10-5 展示了国家层面政策文本主题聚类演化图谱,以此分析聚类关系图谱的时间演化特征。可以看出当前国家层面的孵化器政策文本逐渐与当前大众创新创业、众创空间等时代背景紧密结合。

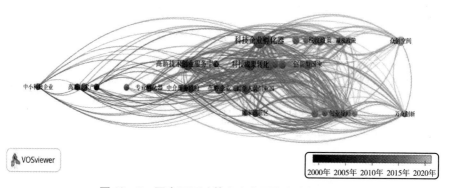

图 10-5 国家层面政策文本主题聚类演化图谱

（二）在市场准入上不断强化孵化器主体的多样性

1999 年，科技部、教育部、人事部、财政部、中国人民银行、国家税务总局、国家工商行政管理局七部委联合发布了《关于促进科技成果转化的若干规定》，第一次从法律法规视角提出支持高新技术创业服务中心。2003 年 1月 1 日实施的《中华人民共和国中小企业促进法》第一次在法律上提出建设孵化器，为孵化器的发展提供了良好的法律保障。对照 2006 年出台的《关于印发〈科技企业孵化器（高新技术创业服务中心）认定和管理办法〉的通知》、2010 年出台的《关于印发〈科技企业孵化器认定和管理办法〉的通知》和 2018 年出台的《关于印发〈科技企业孵化器管理办法〉的通知》，这点导向十分明显。2006 年的管理办法中强调的是孵化器积极利用外部资源，包括当地科研院所、高等学校、企业和企业服务机构的研究、试验、测试、生产等条件等，扩大自身服务功能和服务水平。孵化器与科研院所、高等学校、企业和企业服务机构相对独立，需要通过模式创新实现合作。到了 2010年的管理办法中强调鼓励大型企业、科研机构等建立专业孵化器。2018 年的管理办法进一步拓展了孵化器主体范围，提出支持有条件的龙头企业、高校、科研院所、新型研发机构、投资机构等主体建设专业孵化器，在多层次、多模式、多类型科技创新孵化体系探索上又推进了一步。

（三）在政策工具上不断强化对孵化器的多元支撑体系

文圆等（2021）指出，在我国孵化器政策工具应用中，策略引导型政策工具被使用最多，占比位列第一，形成了覆盖资金投入、金融支持、用地支持、税收优惠等系列的政策支撑体系。2006 年 2 月，国务院发布《国家中长期科学和技术发展规划纲要（2016 – 2020 年）若干配套政策》规定，"对符合条件的科技企业孵化器、国家大学科技园自认定之日起，一定期限内免征营业税、所得税、房产税和城镇土地使用税"。2007 年 8 月，《财政部国家税务总局关于国家大学科技园优关税收政策问题的通知》《财政部国家税务总局关于科技企业孵化器有关税收政策问题的通知》正式颁布。至此，进一步完善了支持孵化器发展的政策体系，形成了财政政策和税收政策并行支撑的财税支撑体系。

除了财税政策外，对孵化器的金融支持也是重要着力点。2003 年，科技型中小企业技术创新基金开始尝试专门面向孵化器中孵化企业的"小额资助项目"，选择一批具有一定额度自由孵化基金、孵化场地内初创期企业达到一定规模数量、且有较强孵化能力的孵化器作为依托机构，对其所孵化的成立时间不超过 18 个月，员工不超过 30 人，注册资金不超过 100 万元的初创企业提供 30 万元左右的小额资助。2005 年，科技型中小企业技术创新基金将"小额资助项目"固定为"研发资助"类项目，并进一步开发了"投资补贴类"项目。2007 年，又专门设立创业投资引导基金。2010 年开始，创新基金将"试点政策"扩大为"普惠政策"，在无偿资助支持方式中，将社会上所有成立时间在 36 个月以下的企业的优秀"初创期项目"纳入正常支持范围。

（四）在目标导向上不断强化孵化器的能力建设和创新发展

2003 年 4 月，科技部发布《关于进一步提高科技企业孵化器运行质量的若干意见》，提出质量并重特别是强化运行质量的指导意见。对照 2006 年出台的《关于印发〈科技企业孵化器（高新技术创业服务中心）认定和管理办法〉的通知》、2010 年出台的《关于印发〈科技企业孵化器认定和管理办法〉的通知》和 2018 年出台的《关于印发〈科技企业孵化器管理办法〉的通知》，可以看出国家层面对孵化器认定标准、入孵企业以及毕业要求上均有变化。

首先在孵化器认定标准上，更加强化了孵化器的投融资能力、服务能力、创新能力等，强调专业化、生态化、市场化、国际化。比如投融资能力上，提出孵化器要配自有种子资金或有一定规模的合作基金。在服务能力上，要求有职业化的服务队伍，包括专业化服务人员和创业导师等。在创新能力上，鼓励孵化器企业化运作提升自身品牌影响力，积极利用互联网、大数据、人工智能等新技术，提升服务效率。共生发展的理念也充分体现，比如鼓励孵化器应积极融入全球创新创业网络，探索形成"众创—孵化—加速"机制，提供全周期创业服务，营造科技创新创业生态等。其次在入孵企业认定及毕业要求上，由早期的重视孵化数量到注重质量，并且强调了外部共生单位对孵化企业的认可。如 2018 年出台的《关于印发〈科技企业孵化器管理办法〉的通知》在毕业要求中新增了"经国家备案通过的高新技术企业""累计获得天使投资或风险投资超过 500 万元"，体现了较强的社会效应导向。

（五）在绩效评估上不断强化考核工作的体系化规范化

2006 年 5 月，科技部批准设立火炬中心孵化器管理处，承担对孵化器的日常管理办法，包括承担孵化器国家标准、管理规章及考核评价指标体系的制定工作，承担协调、组织和建立全国孵化器的工作体系和工作规范，承担各类国家孵化器的申请受理、认定及相关考核评价工作，标志着孵化器管理进一步走向规范化。2007 年 8 月科技部火炬中心组织编撰并出版了《科技企业孵化器工作指引》，成为我国孵化器行业首部运营管理服务操作手册。2011 年首次开展国家级孵化器复核工作，从 2013 年开始开展国家孵化器工作绩效评价。在国家政策的导向下，各地纷纷出台配套政策和举措，制定相应的管理办法，孵化器建设整体迈入规范管理、有序运行的轨道。

二、我国孵化器政策不足分析

我国已经发展成为全球最大规模的创业孵化体系，面对数量庞大的孵化器，如何有效地规范、指导、协调、服务还需要进一步优化。

（一）政策实施缺乏细则、难以有效落地

孵化器相关政策涉及诸多方面，如税收、补贴、人才补助、产权保护等，需要发挥中央政策的引领作用，同时加强地方与中央之间的互动。但是目前一些地区出现将其孵化器作为争取优惠政策的工具，作为政绩工程的情况；支持创业孵化行业发展的不少政策尽管理念较好，但政策实施缺乏细则难以落地。比如一些地方出台政策鼓励国有孵化器员工"持股孵化"，但是难以突破国资管理限制，无法操作。如鼓励对孵化器给予办公用房、用水、用能、网络等方面的适当优惠，需要多个部门通力配合，难度较大。刘祯等（2021）对 2016～2019 年我国孵化器税收政策总体情况进行分析，发现仅有 30% 的孵化器享受了税收优惠政策，政策落实仍处于较低水平。

（二）区域之间发文不均、政策支持差距较大

从孵化器政策发文的区域分来看，东、中、西部的部分省域城市间仍存在较大差距。东部孵化器政策数量远超中西部地区，且政策创新较多。西部地区仍以转发中央政策、规划为主，适应本土孵化器发展的政策仍然稀少，存在"政策内容较为粗糙、创新性不足、地方特色不明显"等问题（李梓涵昕、周晶宇，2020）。同时，跨区域的政府间合作较少，缺乏联动。不同地

区对孵化器有着不同的需求，有些地方创新基础良好、社会资本丰富，有些地方经济社会发展滞后，创业意识不强，创新活力不够。进一步统筹不同地区的发展，发挥出孵化器的作用需要加强政策创新。中央与地方之间仍需进一步探索联合制定孵化器的扶持政策，不断提高政策的适用性更强，激发地方政府的积极性。

（三）政策工具应用不均、长效机制尚未形成

支持政策与引导体系需要进一步健全和完善，缺乏新经济条件下体制和机制的创新手段（周英豪、骆光林，2011）。我国对孵化器的支持中政府接入程度较高的策略引导型政策和政府主导型政策较多，且更多为短期激励。如一次性资金投入，尚未形成稳定持久的支持机制。而以激发市场自身活力为重要导向的参与推动型、自由发展型政策运用不足（文圆等，2021）。其中，参与推动型政策以鼓励社会力量参与以及加强共生主体合作交流为重点，自由发展型政策以强化孵化器规范发展、品牌示范和行业组织为重点，两者与孵化器共生发展、价值链创新紧密相关。此外，我国当前政策着力点对更偏向前期入孵、入孵管理，对毕业后支持关注相对滞后。涉及市场进入和退出的一些环节，如解散企业等活动便利程度还有提升空间。社会资本参与投资的力度和深度仍显不足，政策体系、监管体系、退出体系有待完善。

第三节　发达国家支持孵化器发展的经验与启示

一、美国支持孵化器发展经验

美国是孵化器的诞生地，拥有最为活跃的创业孵化体系，这是美国之所以能够走在世界科技发展最前沿的重要原因。美国不仅制定了一系列支持科技企业创新创业的政策，如《美国创新新战略》《创业企业扶助法》等，还十分重视对创新科技孵化器的建设。通过强化孵化器的政策支持力度、完善运营模式，使孵化器成为科技型企业培育和成长的重要载体。

（一）构建多元孵化器体系和法律法规体系

首先，美国政策允许政府和非营利性组织直接创建孵化器。此类孵化器的主要目的不在于盈利。而在于创造就业机会，有效拓展税收来源，进而推动区域发展（吴寿仁等，2003）。其次，鼓励学术机构创建孵化器。美国的院校资源、研究中心数量十分优越，政策鼓励技术开发中心、研究中心、研究所以及高等院校充分利用科研资源，构建孵化器以加快科研成果、知识产权的转换。最后，对于由非营利组织、私人部门以及政府部门联合创建的孵化器，政府将给予更多政策和资金上的优惠。美国孵化器的成功很大程度上得益于其健全的法律法规体系。政府对孵化器的支持不仅体现在资金补助与优惠政策上，更重要的是完备的法律法规体系，使得孵化器运营能够有法可依、健康持续（陈良文，2013）。

（二）有机结合风险投资和孵化器发展服务

大部分的孵化器都会设立风险投资基金，为入孵项目和企业提供孵化支持和投资支持。若孵化器没有设立风险投资基金，也要保证投资之和孵化企业更好地对接。美国为让创业初期的科技企业获得风险投资，自 20 世纪 60 年代开始实施了小企业投资公司 SBIC 计划。2008 年金融危机爆发后，美国颁布了《美国复兴与再投资法（2009）》，SBIC 计划也相应有所调整，将最大权益投资比例由原来的 20% 调整为 10%，以更好地保障创新企业独立发展。2012 年美国推出"创业美国"一揽子计划，出台若干创业刺激政策，帮助和鼓励创新创业（郝杰等，2016）。其中在资金支持方面，由美国小企业局（SBA）在 5 年内投入 20 亿美元，其中 10 亿美元作为影响投资基金用于投资优先发展领域和新兴产业领域，另外 10 亿美元作为早期创新基金用于投资创新型初创企业。

（三）大企业深入参与孵化器建设

美国孵化器发展与产业界保持密切联系。很多的大企业愿意投入资金扶持创业项目并提供技术指导，同时发掘新的产业发展机遇，实现互利共赢。大企业自建孵化器或深度参与孵化器的情况比较普遍，形成大、中、小企业相互配套、协调发展的格局。以惠普为例，通过惠普创业学习计划不断扩大对创业者的支持力度，已支持超过了 50 万名的全球创业者和超过 10 万名的美国创业者。惠普创业中心协同孵化器、风险投资、创业导师支持组织进一步创业创新。同样，微软在全球设立了 9 个孵化器，其中 3 个位于亚洲，在中国的孵化器已经先后 7 期扶持了 126 家早期创业企业，整体估值超过 300 亿元。

二、德国支持孵化器发展经验

德国是欧洲拥有孵化器最多的国家。作为世界领先的经济发展体，德国政府和企业都十分重视创新和研发。正因如此，德国的经济水平优势是制造业技术能够长期保持世界领先地位。而孵化器在德国的创新体系中发挥着重要的作用，是德国企业进行创业创新的重要基地。2014 年 10 月，德国企业孵化器 Rocket Internet 在法兰克福证券交易所上市，成为全球第一家上市孵化器。

（一）多元主体持股孵化模式

德国孵化器吸引了高校、企业、社会团体以及房地产商等多元主体参与。政府主导的孵化器应采用股份制经营模式，多元主体通过资金、管理要素、服务收入以及房租等作为资本进行参股，并一起参与到孵化器的运营管理中，形成合力。同时，德国政府还鼓励外地企业或国外企业进驻孵化器，并为企业们提供种子基金、风险投资以及完善全面的孵化器服务，逐渐形成了"孵化器＋创业企业＋天使投资"利益一致的多元主体持股孵化模式，吸引了许多跨国公司来德投资。

（二）中介服务机构的连接功能

德国政府将经济补贴政策与资金分配权力下放给德国的中小企业技术服务中介机构，并通过联合会、工商会以及德国联邦科技园与孵化器联合会等中介机构支持孵化器的创业创新活动。例如，德国联邦科技园与孵化器联合会承担着促进孵化器发展的五个主要任务：一是协同政府、企业以及产业部门，营造积极良好的创新创业环境；二是以促进科技企业孵化为核心，加快技术成果转换；三是与政府经济部门协同合作，检验各个孵化器的成果转换率以及企业对新的产业环境的适应性等；四是探索出具有科学性与专业性的企业孵化模式，不断提高孵化企业的成活率；五是优化各地经济协会、部门的信息资源配置，合力完善科技企业孵化工作。

（三）实行海外市场拓展战略

德国政府鼓励孵化器广泛调动海外资源，支持孵化器项目向海外延伸。德国电信在波兰设立了聚焦互联网产业专业孵化器：hub：raum，计划每年在波兰等东欧国家引入创业企业 10 ~ 15 家。孵化器设立了种子基金，为孵化企业提供最多 30 万欧元的启动资金，为其提供办公场地、导师咨询、专业培训的服务。希望通过该孵化器抢占先机，占领中东欧的移动互联市场的优势（李剑川、苏瑞波，2014）。

三、以色列支持孵化器发展经验

以色列被称为"创新之国"，是世界上人均初创企业数量最多的国家，也是除硅谷之外的全球又一个顶尖的创新发源地。科技产业对 GDP 的贡献率高达 90% 以上，每 1 万名从业人员中就有 140 位科技人员或工程师，以色列政府在企业创业早期的"死亡谷"坚定扶持，是以色列创新的关键要义。

（一）探索成立以色列创新署

首席科学家办公室制度是以色列优化创新体系的一大特色。在 13 个重要部门设立首席科学家和首席科学家办公室，负责国家科技政策制定、经费分配、科技管理。为了让以色列更加快速、高效应对创新生态系统的不断变化，2016 年以色列在首席科学家办公室的基础上建立了创新署，并于 2017 年正式运作。创新署统筹以色列技术创新工作，具有很强的独立性，下设创业部、成长事业部、技术基础设施、国际合作、先进制造社会挑战等部门，将产业研发、孵化器、风险投资、市场融合、国际合作等功能进行融合。

（二）鼓励孵化器市场化运营

以色列从 1991 年开始实施"技术孵化器计划"，国家通过建立不同的孵化器，为具有"创意或技术构想"的研究人员或企业家创造实现的环境（李季涛等，2021）。自 2002 年开始，以色列大规模推进孵化器私有化改革，增加了私人公司和个人在孵化器中所占有的股份，孵化器由非营利机构变成营利性公司，且允许孵化器在孵化项目中持有更多股权。在孵化器运营中，政府基金仍发挥重要作用，为孵化器提供种子投资并承担失败风险，如果孵化器的孵化项目在后期找到新的合伙人或获得了投资，具有独立运营能力并离开了孵化器，那么，政府将收回种子投资（吴汉荣、耿燕，2012）。在孵化期间，政府不参与孵化器的内部事务，仅对资金的使用情况进行的监督。另外，政府通过邀请学术机构、商界、工业、学术机构等专业人员组建委员会，专门对孵化器政策进行商讨、制定。综合来看，以色列创新科技孵化器最为显著的特点是政府资助、创业者或发明者项目与孵化器服务的紧密结合（胡海鹏等，2018；苏灿灿、李妃养，2018）。

（三）支持孵化器与世界顶尖资源对接

以色列人均风险投资额位居世界第一，也是微软、苹果和谷歌等世界上最大的跨国公司的 350 多个研发中心的所在地，以色列政府支持并鼓励全球顶级的跨国公司在以色列创建孵化器。例如，同欧洲生命科学孵化器开展合作，建立以色列生命科学孵化器。或者邀请跨国公司以观察员身份加入孵化器董事会，对感兴趣的孵化企业进行投资。这样的合作模式不仅造就了一批拥有潜在发展价值的高新技术企业，也促进跨国公司能在运营良好的孵化器内观察、投资孵化项目。

四、主要启示

基于发达国家支撑孵化器发展的经验，结合我国孵化器发展在政策支持上存在的不足，对后续发展形成了三方面启示。

（一）强调孵化器政策系统性与内在一致性

系统的政策体系架构是孵化器得以健康有序发展的重要保障。系统性政策首先要具有全局观，立足长远发展目标，设计可持续发展的政策工具。要契合国家的战略要求，综合考虑国家的产业布局、科技创新需求以及未来市场的发展趋势，强化中央政府对政策的推动性与引领性作用。其次要激发地方政府的创新性，促进中央政府与地方政府，以及地方和地方联合制定政策，促进地方政府在中央政策的统一方向上结合区域特色制定孵化器的扶持政策。系统性政策并不是简单集合了所有政策工具。孵化器政策涉及税务、资金、人才等各个方面，要保持各项政策间内在一致性，要强调提高跨区域政府间、跨部门合作水平。通过发挥各自优势实现优势互补与区域协同发展。

（二）强化关键孵化器政策的创新性

对于孵化器发展而言，融资环境至关重要。孵化器发展前期的主要资金是来源于政府的种子基金。但在后期，孵化器成熟后，孵化企业具备了独立运营的能力时，就需要通过多种融资手段来获取维持运营和扩大规模的投资。因此，一个便捷、成熟的风投与融资体系是孵化器得以持续发展的重要支撑。美国针对科技型企业设立许多关于贷款担保的政策工具，比如设立了 CDC 贷款、SBA 担保与小额贷款计划，帮助企业从金融机构获取资金支持。同时还设立了 SBIC 计划帮助企业获取风险投资。以色列则是通过民间投资和政府投资共同构成投资基金，并通过设立借款条件来吸引更多的风险投资。以色列构建了一个竞争开放的风投市场与完善有效的法律体系，明确支持外资机构在以设立风投基金，并实施"YOZMA 计划"吸引全球风投资本。大量的国际知名投资银行设立了办事处或金融服务的子公司，为孵化器及孵化企业提供便捷的融资渠道与兼并收购服务，或帮助企业在美国纳斯达克、欧洲证券市场及其英国创业板上市。正因如此，拓宽融资渠道，为孵化器提供充足的孵化资金是发达国家建设孵化器不一而同的策略。从中可以看出，在政府优化政策过程中，要围绕融资、信贷、风险投资等领域加大创新力度，并进一步强化参与推动型、自由发展型政策的运用。

（三）强调孵化器政策的开放性持久性

未来成功的知名品牌孵化器将在全国范围内和国外逐步推广、整合各地创新创业资源，通过在各地自建或合建方式，将服务标准输送到全球各地，为全球创业者服务，实现集团化发展、连锁化经营。孵化器运作要聚焦全球资源、全球技术，打通"境外孵化—中国加速—中国创造"的通道，通过境外投资布局孵化器模式，吸收国外先进创新技术，如华夏幸福就在特拉维夫、硅谷、波士顿、柏林、首尔、赫尔辛基等城市布局了太库孵化器，通过全球布局推动华夏幸福能够敏锐触及全球最先进技术，时刻保持产业的先发优势。因此孵化器政策在制定上要更加具有开放性，对标全球进行创新设计。此外，企业孵化是一个长期的过程，无论是孵化器建设还是政策工具的运用都需要不断摸索。孵化器政策的出台不仅要帮助创业企业实现健康成长，也应起到营造良好市场环境的作用，通过良好的市场环境来激励孵化器及孵化企业承担起先进科学技术发展的重任。因此，政府应注重宣传孵化器扶持政策的持久性与重要性，加强对孵化器产业的长远布局，有针对性、持续性地进行政策补充与资源投放。充分认识政策持久性将有利于孵化器进行长期性、战略性，而非短期性、功利性的投资行为，并将有效降低孵化器及企业对政策的依赖程度。

第四节　本章小结

本章利用政策文本分析方法，对我国 1997 年以来有关孵化器发展的政策文本体系进行梳理，共获得 1078 条数据。在明确孵化器政策类别、发文主体、政策要点，提出我国孵化器政策制定逐渐由单一部门衍生至多个部门，由以国家层面政策文件为主向省市县不断拓展，由沿海城市、中心城市向中西部城市不断扩散的局面。在功能定位上不断强化孵化器对创业创新的支撑功能，在市场准入上不断强化孵化器主体的多样性，在政策工具上不断强化对孵化器的多元支撑体系、在目标导向上不断强化孵化器的能力建设和创新发展、在绩效评估上不断强化考核工作的体系化规范化，但也面临着政策实施缺乏细则、区域之间差距较大、长效机制尚未形成等不足，亟待优化。基于美国、德国、以色列等发达国家发展孵化器经验，提出我国孵化器政策要强化系统性与内在一致性、提高跨区域政府间、跨部门合作水平。要强化关键孵化器政策的创新性，进一步强化参与推动型、自由发展型政策的运用。要强调孵化器政策的开放性持久性，加强对孵化器产业的长远布局，有针对性、持续性地进行政策补充与资源投放。

| 第十一章 |

研究结论与对策建议

经过 30 余年的发展，我国建设形成了面向不同创业群体、不同技术领域、不同创业阶段的孵化器，总体规模跃居世界前列，孵化服务体系健全，运营绩效大幅提升，展现出强劲的发展活力。其中，新型孵化器的兴起是各类市场主体适应新经济、满足新需求、探索新模式的重要结果。区别于传统孵化器的政府主导和公益性，新型孵化器依托运营主体社会化、市场化使产业发展回归商业本质，也带动着传统孵化器不断转型升级。在市场繁荣的背景下，我们仍然可能到新型孵化器的科技创业服务能力与服务水平尚不能满足不断越来越活跃的科技创业活动产生的巨大服务需求，运营模式和绩效有待提升、体制机制创新需要深化、公共管理与支撑环境有待优化。新一轮科技与产业革命正在创造历史性机遇。如果说在以往的大部分时间里，各级政府孵化了中国的孵化器行业，那么在实现了相当程度市场化的今天和未来，政府、市场、孵化器行业组织和其他社会组织，需要各就各位、各司其职、协同推进孵化器发展。

第一节　研究结论

本书立足我国孵化器行业发展历程，明确新型孵化器的兴起背景、在新经济中的积极功能以及繁荣背后面临的难点，提出"为什么现阶段大量涌现的新型孵化器中仅有少数能取得显著成效，多数仍然面临较大生存压力"这一问题，形成本书的关键问题，即新型孵化器竞争力来源。本书抓住共生发展这一新型孵化器竞争力的关键表征进行研究，分"文献综述""共生发展与新型孵化器竞争力的理论关联""共生发展对新型孵化器竞争力影响实证分析""新型孵化器不同共生发展模式演进及稳定性分析""共生发展导向下的新型孵化器价值链创新""新型孵化器价值链创新与共生发展的动态演进：

案例探索""从单一共生到群体共生：新型孵化器集群化发展""集群化背景下孵化器生态位优化的实证研究""我国孵化器政策体系演进及其优化：基于政策文本的分析"等内容进行研究，得出了如下结论。

第一，新型孵化器要实现发展可持续性就要形成区别于传统孵化器的价值创造逻辑和竞争力。一方面要破解服务能力不足的难题，实现对创业企业的群体孵化；另一方面要破解自身生存乏力的难题，实现盈利发展。从共生发展理论视角来看，新型孵化器竞争力表征主要为两个方面：一是从依附政府走向市场化，在发展中实现共生单元多样化；二是由非营利导向转变为营利导向，从寄生走向偏利共生、互惠共生，实现共生模式高级化。

第二，新型孵化器共生发展是指孵化器、在孵企业、科研院所、金融机构及专业中介服务机构等创新主体以利益共创为共生目标，通过资源共享、风险共担来实现共同成长和可持续发展的演进过程。新型孵化器共生发展包含内部动力机制和环境诱导机制，其中内部动力机制体现为共生单元识别、共生界面构建（共生介质优化、交流合作渠道拓展）、共生成本控制和共生能量生成。环境诱导机制包含正向反馈和负向反馈两方面，其中正向反馈有利于推动新型孵化器从寄生模式演进至偏利共生、互惠共生模式，从依赖政府走向市场化，而负向反馈则起到抑制和消极作用。

第三，新型孵化器共生发展对其竞争力有积极影响。基于问卷数据分析发现，内部共生水平对营业收入具有显著正向影响，对政府补贴收入占比存在显著负向影响；外部共生关系与内部共生关系存在交互效应形成了对营业收入的正向影响。新型孵化器的不同共生发展模式具有不同均衡条件，其中在寄生阶段时，新型孵化器共生关系上其他主体对于孵化器的贡献率 $\sigma_2 > 0$，新型孵化器对于其他共生单元的贡献率 $0 < \sigma_1 < 1$，均衡点的解为 $B_2(N_1, 0)$、$B_3(0, N_2)$、$B_4\left(\dfrac{N_1(1+\sigma_2)}{1+\sigma_1\sigma_2}, \dfrac{N_2(1-\sigma_1)}{1+\sigma_1\sigma_2}\right)$。在偏利共生阶段，其他共生单元对于新型孵化器的贡献率 $\sigma_n > 0$，新型孵化器对于其他主体的贡献率为零，均衡点的解为 $C_1((1+\sigma_1+\cdots+\sigma_n)N_1, N_2, \cdots, N_n)$。在互惠共生阶段，新型孵化器对于其他主体的影响 $1 > \sigma_1 > 0$，其他共生单元对于新型孵化器的影响 $1 > \sigma_2 > 0$，均衡点的解为 $D_2\left(\dfrac{N_1(1+\sigma_2)}{1-\sigma_1\sigma_2}, \dfrac{N_2(1+\sigma_1)}{1-\sigma_1\sigma_2}\right)$。

第四，对于新型孵化器而言，利益共创、资源共享、风险共担以及共同成长的共生发展导向激发了价值链创新的意愿。新型孵化器价值链创新包含基本孵化活动创新、内部运营活动创新以及外部协作活动创新。其中，基本孵化活动创新体现了新型孵化器的直接生产过程。对于基本孵化活动而言，新型孵化器外部协作活动创新和内部运营活动创新是重要保障。基于大样本的实证调研发现，价值链创新活动对新型孵化器共生发展存在积极影响，其中外部协作活动创新有利于缩短内部共生关系中的入孵企业平均孵化周期，基本孵化活动创新、内部运营活动创新以及外部协作活动创新对外部共生优化均存在正向显著影响。基于案例探索发现，不同共生发展阶段下价值链创新行为的演进是推动新型孵化器共生发展模式演进的重要动力，主要受到共生主体需求、共生环境诱导、孵化器主体特质三方面因素的影响。

第五，在以共生式发展实现单个孵化器的自我积累的同时，新型孵化器通过集群化发展积极解决单个孵化器资源有限性的问题，沿着"群体共生发展—集群式发展—创业企业集群—新兴产业—区域创新系统"的机理链，在规模经济效应、知识溢出效应以及多元集聚效应作用下，对区域创新经济快速发展形成有力支撑，成为新型孵化器在区域创业创新生态系统中重要性的表现。基于实证分析发现，集群化背景下保持独特性应成为新型孵化器生态位策略选择的重要导向，地方政府在孵化器集群建设中要强化政府认可与市场认可的内在契合以形成良好指引。

第六，基于政策文本分析发现，我国相关政策在功能定位上不断强化孵化器对创业创新的支撑功能，在市场准入上不断强化孵化器主体的多样性，在政策工具上不断强化对孵化器的多元支撑体系、在目标导向上不断强化孵化器的能力建设和创新发展、在绩效评估上不断强化考核工作的体系化规范化，但也面临着政策实施缺乏细则、区域之间差距较大、长效机制尚未形成等不足，亟待优化。

第二节 孵化器优化发展的对策建议

相较于传统孵化器的政府主导，新型孵化器运营主体的多元化、社会化为市场化、企业化运作提供了制度基础，但这并不构成竞争力的来源。新型孵化器要强化价值链创新、共生发展，实现从服务初创企业到培育新经济源头提升，从集聚创业要素到促进资源开放共享提升，从侧重共性服务到实现精准服务提升，从营造局部创业氛围到引领全社会创新创业文化提升，着力构建核心竞争力。

一、推进市场化运作形成自身独特生态位

30 余年来，我国孵化器市场日益成熟和完善，实现了从以行政配置资源为主逐步转向以市场配置资源为主，在注重孵化服务技术链的基础上进一步强化了价值链，从注重单一目标逐步转向目标实现与注重效益并重。伴随着新型孵化器数量的不断增多，孵化器产业走向纵深发展。对于政府主导的传统孵化器应当加速推进市场化转变，坚持市场主导、政府引导的原则，逐步摒弃对于政府资源的依赖性，健全孵化器的现代企业制度，更多地面向市场来提高自身的孵化能力和经济效益，更多地利用市场化的手段推进发展，包括融资渠道拓展、知识产权保护、科技成果转化等方面。同样，民营孵化器也面临着应用新体制、焕发新机制、创造新业绩的需求，需要强化价值创造意识，以培育企业而创造价值，以发现创业者的潜在价值并培育创业企业的市场价值来实现自身的价值实现。

在这个过程中要以保持独特性，形成生态位优势为重要导向。孵化器发展要基于自身发展资源禀赋优势、地方经济发展和产业特征，结合孵化器的投资主体、运营团队等要素，尽早明确价值主张、明确运营模式，形成自身独特的生态位。通过独特的资源、独特的经营模式、独特的服务内容以及与其他孵化器之间的差异性或者异质性来更好地吸引创业者。要将自身发展置于地方经济社会发展的大格局中，这样既能更好地嵌入地方产业链把握自身的差异化发展特征，也能适应地方经济发展的长远需求获得地方发展的有力支持。

二、以创业者需求为导向强化价值链创新

孵化器的发展最终是为创业者提供成长的空间和平台。所以孵化器在提升自身价值优化运营模式的过程中，需要充分明确创业企业的实际需求，提供定制化的高附加值服务。这种服务不仅包括提供场地、设施、商务、项目

申报等基础服务，还包括项目诊断、创业咨询、团队搭建、产品改进、财务顾问、市场拓展等创业辅导服务以及技术成果评估、科学实验、试制与检测、科技情报等创新服务。与此同时，孵化器代表着鼓励创新、鼓励冒险、乐于奋斗、竞争合作、开放的文化氛围，要推动创业服务利用新技术、应用新理念、开创新模式，以创业者为核心，主动整合创意与市场需求，实现创业机会和资源供给的有机结合。在这个过程中，孵化器要强化以下几方面。

第一，建立起严格的入孵筛选机制和退出机制。孵化器发展的重要评价指标在于孵化项目的成功与否，所以在选择项目以及项目退出的过程中，需要更好地进行甄别和筛选，建立起有效的信号发射机制和信息反馈机制。入孵筛选机制既要注重操作流程的合理性和科学性，能够评选出技术先进和市场前景好的项目；也要在评审内容上进行多方面的综合评审，包括创业团队、项目技术性、商业模式等。同时，孵化器应在评审团队间形成指导性的原则，以降低个人有限理性的失误。第三个层面是完善在孵企业的退孵机制，在为在孵企业安置退孵之后，还需要建立长期有效的追踪机制，即是分享在孵企业毕业之后带来增值收益，也可以将孵化器的创新服务向外部延伸，形成孵化器与孵化企业之间长效合作机制。

第二，不断优化运营模式，形成系统高效的孵化服务体系。在服务创业企业过程中，要将企业视为生态环境中的生命体，围绕企业需求提供全过程、全要素服务。这不仅包括覆盖"创业苗圃—孵化器—加速器"的全链条孵化，更包括凝聚创业企业所需的低成本、便利化全要素的服务体系。孵化器的管理运营团队应有丰富的创业经历和经验，应熟悉初创企业孵化过程中的每一个环节，对初创企业遇到的问题有深刻而独到的认识，能够及时、有针对性地解决孵化器遇到的问题。在运营模式上，孵化器需形成战略导向、培育计划、产业资源、孵化体系等一体化的运营体系。在孵化网络的建设上，孵化器应聚焦产业方向，形成用户参与、互帮互助，集中解决创业者各类问题的创新服务生态。

第三，建立起跟踪服务以及监督的动态管理机制。孵化器在服务和监督孵化企业的过程中，需要更好地建立起跟踪符合和动态管理的机制。对于服务而言，应当是跟踪性的，对每一个项目的进展情况应当是了如指掌的，尤其是利用好信息技术来实现这一基础性的功能。孵化器应摆脱自己"二房东"和仅仅是服务提供商的角色，承担起对入孵企业的监督职责，只有这样孵化器才有动力去不断提高服务质量，才可能维护好建立的孵化网络关系。在此过程中，需要充分地明确动态的监督，而不是静态"一刀切"的，以此实现服务更具有针对性、连续性和适宜性，能够更好地提高资源的利用效率。

第四，形成可持续性的盈利模式。可持续性的盈利机制为孵化器的生存打下了坚实的基础，也能够激励孵化器形成良性循环的演化机制。孵化器应强化在研发咨询、软硬件设计、专利转化、知识产权、投融资、实体化样品、批量生产等方面的拓展，在提高孵化服务水平的同时，探索新的盈利点，实现泛孵化器的可持续发展。应探索形成政府采购服务、场地租金、增值服务和股权投资收益相结合的多元收入模式。通过自有资金、应收房租租金或增值服务费等入股优质企业。股权分享机制会激励孵化器加强对入孵企业的管理监督责任，股权关系形成的紧密联系也有助于孵化器与其他利益主体之间建立更加信任的关系。如果孵化器不能发挥对入孵企业的监督职责，信息的缺失会导致投资人和产业资源很难形成对入孵企业的信任，孵化器的桥梁作用就会失效，孵化网络就会变得松散而不稳定。

三、优化外部共生提升要素资源配置能力

共生发展是新型孵化器的重要标志，基于外部共生的资源获取和配置被视为现代孵化器应有的核心服务能力。孵化器在运营效率上，很大程度上取决于要素集聚的态势，需要进一步优化共生界面，加快人才、资本、技术等要素集聚，提高资源配置效率，由此提升孵化器的运营效率和孵化能力。

第一，强化孵化器资源整合链接功能。积极与外部各个共生单元保持紧密的联系，加强外部资源网络、资金网络、信息网络和技术服务网络等网络构建。建立有效的资源整合平台和相关机制，促进孵化器共生网络的要素资源合理流通，实现其他共生单元与在孵企业以及孵化器之间和优势互补，促进整个孵化器共生网络的互惠共生。对于有条件的孵化器，可以通过投资各类专业服务商、购买各类专业服务供应商或培育各类专业服务供应商的方式实现外部资源的内部化，以此来降低专业化服务供给的成本和增强孵化器共生网络的稳定性。

第二，更好地利用新一代信息技术提升开放水平。要把握新一轮科技革

命带来的历史性机遇，运用互联网思维提升创业的开放水平，这不仅有利于孵化器与外界的联系和交流，也有利于孵化器将外界优势资源导入。孵化器可以积极运用互联网、大数据、云计算、人工智能等现代信息技术手段和工具提高整合资源的能力，通过自建或依托公共创新创业云服务平台，实现技术成果、信息数据、创新人才、投融资服务等资源的互联互通与开放共享，形成覆盖"线上＋线下"的立体孵化体系。

第三，深入推进孵化器品牌建设。品牌是孵化器核心竞争力形成和孵化服务能力品质保证的体现，面对激烈的竞争环境，孵化器要强化品牌运营，可以借鉴 Y Combinator 经验借助大量原创的内容、线上媒体的宣传渠道和线下品牌的活动吸引创业者和创业项目，也可以借鉴创业黑马经验推进形成系列具有影响力的活动品牌。也可以借鉴启迪之星连锁经营、品牌输出、一器多基地的经验扩大辐射范围，实现规模化发展。孵化器品牌影响力的扩散是其价值实现的重要手段，通过品牌输出获得经济效益，同时也是不断扩展和维护品牌的过程。需要在经验积累和团队培养方面投入大量资源，最终转化成为孵化器的核心竞争力。

四、融入区域创新战略形成协同发展格局

孵化器发展涉及产业、交通、城市建设以及各种配套，因而要自身发展纳入区域创新的整体战略，统筹各方面力量，分析现有基础及存在的问题，找到适应的功能定位。只有这样，才能实现与周边其他主体的协调，避免孤立的发展，利于人才、资本、土地指标、交通等各类资源要素的有效保障。

第一，紧密结合区域创新发展需求。面对创新创业活动的复杂化，单个孵化器将难有大作为，全行业及全链条的协调融合不可或缺。融入区域创新战略，从单一孵化器走向孵化器集群，形成创业社区，能够实现孵化器与孵化器之间、孵化器与科技园区之间、孵化器与区域之间的共生关系。依托孵化器集群、创业社区导入商业服务、医疗教育、娱乐休憩、交通出行等诸多配套，将显著增强了科技园区的社区功能、城市功能，有利于科技园与中心城区在产业发展以及空间功能上的相互链接，实现生产、生活、生态内在平衡，对营造区域创新氛围，提升区域创新能力有积极作用。在这个过程中，孵化器要更加注重地区社会文化肌理的延续，社会基础以及人文氛围确定自

身特色。

第二，更为开放的姿态融入并主动布局全球合作网络。面对新一轮科技革命和产业革命，孵化器在发展过程中也需要更加关注全球动态，导入国际化资源，加快推进开创型、引领型的项目孵化，积极融入全球科创网络中。在项目筛选、资源集聚等过程中，适当向国际化、领先型项目倾斜，并积极关注国际化人才、项目、资本的导入，使得内部资源共生能够有更多的国际化元素，为嫁接全球科创网络共生提供基础性的条件。同时，对于孵化器的管理人才等而言，也需要更加注重国际化视野的培育，使其有国际化的思维，能够更好地把握住发展态势。同时，可以积极举办国际化的孵化大赛、创新论坛、讲座等，提升相应的国际化能力，为参与国际分工、嵌入全球价值链提供了便利性。

第三节 政策环境优化的对策建议

发展初期，政府部门为了促进孵化器的发展，一般扮演着"管理者""经营者"和"所有者"三重身份，因此我国孵化器在初期发展的时候基本都是寄生式发展。这种模式对于孵化器发展初期是有利的，能够有效协调并集中优势资源发展孵化器，但随着孵化器市场不断成熟完善，政府过多干预资源配置将不利于孵化器的持续有效发展，政府的角色定位更应该是"支持者"，直接的指导经营并不适合市场化背景下的孵化器发展。新型孵化器基于价值链创新所形成的差异性孵化功能以及基于共生发展所形成的网络化、集群化运营是多元孵化体系建成的基础。相关政策制定者应坚持市场主导、政府引导的原则，以提升新型孵化器共生发展、价值链创新意愿、能力为切入口优化现有政策环境，加强政府在发展规划制定、开放合作、专业化人才培养、差异化政策支持等方面的引导和指导作用。

一、制定发展规划支持孵化器多元化发展

从宏观层面，政府部门应当提前谋划，制定孵化产业发展规划，为孵化产业发展指明方向，加快推进孵化器产业市场化发展，调动各类社会资源更好地投入孵化器产业发展当中。并在区域布局、产业布局等方面进行合理

谋划。

第一，促进各类新型孵化器建设发展。新型孵化器是培育创新创业项目的重要载体，为在孵企业提供着创新活动所需的知识、技术、风投、空间等在内的要素支持，乃至满足在孵企业个性化、多样化市场需求的创业实践的全链条服务，政府部门要积极鼓励和支持新型孵化器发展，围绕大众创新创业需求，完善多类型、多层次创业孵化服务体系（戴春、倪良新，2015）。降低孵化器认定门槛，进一步推进国有企事业孵化器转制，最大限度地调动各类社会资源投入孵化。此外，科研机构、创新型企业、中介组织和投融资机构等行为主体的构成也应以社会力量为主。

第二，围绕区域资源禀赋及产业发展，优化孵化器相关产业的空间布局。孵化器的发展需要一定的资源条件，如资金、产业背景、自然资源、人才集聚程度等。政府部门要注重合理布局孵化器产业，需要结合地区自身产业优势，利用各地区资金、产业、人才等优质资源，根据创新服务体系的现状和创新资源的分布情况，为孵化器的互惠共生提供便利的基础条件。在地区间充分考虑区域之间的差异性和不均衡性，就科技资源分布不均衡的实际情况采用差异化的分布策略。在此基础上，引导孵化器发展某一个或某一些产业，形成某一个或某一些产业集聚高地，强化孵化器与区域产业之间的协同作用。

第三，推进孵化器集群区建设。推进以国家自主创新示范区、国家高新区和特色产业基地等为基础，合理布局综合性、专业性孵化器，积极引导行业龙头、高校、科研院所、新型研发机构等发挥自身优势参与孵化器建设，以此来壮大当地特色产业、发展战略性新兴产业。积极引导在创新资源丰富、大众创业活跃的区域建设创业街区、创业社区、创业小镇等众创集聚区，以此集聚孵化器。并以集聚区为核心，聚集相关产业联盟、创新创业服务机构，吸引大量创业团队、创业投资人聚集，开展丰富的创业活动，营造交流碰撞、开放共享的创新创业氛围。

第四，注重创新服务体系的硬件设施建设。进一步完善交通、教育、医疗、商业等环境，为孵化器和创业者提供良好的基础保障。一是进一步优化区域交通网络体系，充分发挥交通对于区域发展的基础性、先导性、带动性的作用，优化交通基础设施建设。着重考虑高铁、轨道交通等对于孵化企业的作用，大力发展轨道交通，建设综合交通网络体系。进一步加大商业基础设施的建设。不论是孵化器产业发展，还是创新创业活动展开，都需要有商业来满足创业者等主体的日常生活需求，所以要建立起完善的商业服务体系，为创业者等提供便利。

二、推进开放合作实现创新资源互联互通

开放发展不仅要求孵化器能与区域内部的孵化器共生，也能够与区域外部创新资源共生，嫁接起全球创新网络。这就要求政府能够更加包容开放，促使孵化器不断创新孵化模式，加速孵化成果转化，为孵化器开放发展提供更为广阔的空间，推动形成区域内部协同、跨区域协调、各层级全覆盖的孵化器发展格局。

第一，强化区域内开放合作。积极引导孵化器与区域内其他孵化器、创新主体等共生发展：一是积极引导孵化器与科研院所、企业研发中心、中介服务机构、风险投资、市场营销与策划等主体进行对接合作，建立正式或非正式网络；二是加大力度推动孵化器举办项目推介、展会展览、产销对接平台等各种对接活动，提高孵化器的外联能力；三是推动众创空间兼并重组，加快形成品牌辐射和规模效应，鼓励传统孵化器将众创空间作为孵化链条前端部分进行整合；四是以孵化器为载体平台进一步提高成果转化效率。鼓励当地的科研机构和龙头企业与孵化器建立紧密的合作关系以便形成科研成果、产业资源、创意项目、孵化载体等主体间的协同效应。充分发挥各层次行业组织的统筹协调作用，加快建立孵化服务行业标准体系，推动孵化器行业研究常态化，形成规范与发展并重、有序与创新并举的良性局面。

第二，加强跨区域孵化器的交流合作。引导创新创业活跃地区与加快发展地区的合作，鼓励孵化器通过构建异地孵化、连锁经营、联合共建、模式输出、结对帮扶等模式，输出成功的管理、服务、运营模式等，形成创新资源的传导效应，帮助资源匮乏地区实现有效创新创业。发挥中心城市和国家高新区的孵化器对周边区域的辐射带动作用，形成创新创业资源、创业项目及团队、创业服务机构的双向交流互动机制，带动整个区域孵化器转型升级。尤其是促进各大城市的新型研发机构和行业龙头企业围绕产业共性需求和技术难点，建设特色产业孵化器，推进一批综合技术孵化器转型为专业孵化器。

第三，加强创新创业的全球链接，继续支持孵化器"走出去"和"引进

来"。把创业孵化活动与日益增长的国际创新创业活动融为一体，依托孵化器开展国际化创业服务体系建设，强化国家交流，促进全球创新创业要素的资源流动和跨国配置，推动创业企业形成更高水平的开放发展。鼓励企业建立海外创业园、国际企业孵化器、国内外双向合作基地，通过参与和举办国际性的孵化器行业活动，进一步增强国内外孵化器间的交流合作，全面提升我国孵化器发展水平。

三、强化人才培养打造一支专业孵化队伍

人才是引领创新的第一资源，孵化器的建设离不开专业的人才不对，不仅是创业者的素质，也包括孵化器建设者的能力。全国目前已有十几万名的创业孵化从业人员，但"懂创业、擅孵化"的职业化人才短缺。政府在支持孵化器发展中，需要以创业者的需求为导向，强化"创业导师＋创业辅导师"制度和职业化管理服务队伍建设，建立专业化、网络化、开放化的服务机制，扩大创业服务供给，提升增值服务水平，由此为创业者提供更为专业的服务保障。

第一，制定专业的人才支持和培养政策体系。人才是创新的关键，是孵化器发展的重要动力，政府应为新型孵化器发展提供人才保障。一是总体层面，制定长期人才发展战略和规划。制定开放式的科技人才发展战略，以自身人才的培养为主，辅以吸纳其他各国优秀创新型人才，提升区域整体人才素质和水平。二是建立健全人才培养体制机制，为人才发展制订全周期的培养计划。充分调动政府、企业和个人三方积极性，采取市场化运作机制，通过高校培养、高新技术企业与高校联合培养等模式实现高新技术产业相关人才的培养。三是打通人才市场，建立人才流动机制，鼓励人才流动。人才流动是市场经济发展的客观规律，高新技术产业作为一个时刻需要创新的产业，良性的人才流动很是关键。政府应制定相关的创新创业政策，解决高新技术人才的身份户籍问题、医疗健康问题、住房问题以及子女就业等问题，为高新技术人才的引进、留存提供制度性保障。孵化器是区域创新的重要载体，也是区域创新体系嫁接全球创新链的重要路径，吸引国际化的项目就会吸引国际化的人才，但这也需要有国际化教育医疗资源进行接轨，能够让人才真正享受到同步高品质的生活保障。

第二，加快管理服务队伍职业化建设，为孵化器发展提供人才支持。一是加大管理队伍培训力度，持续提升全国孵化器从业人员初、中、高级培训。强化师资队伍和课程体系建设，加大培训开展的规模和力度。鼓励与高校、大企业、人力资源机构、创投机构等密切合作，探索开展创业与孵化服务人才联合、委托培养的新模式（张伟，2017）。二是以"标准＋"来引领管理队伍人才建设和发展。推进创业孵化服务队伍的职业标准建设，建立起相应的评价体系，引导孵化器完善内部人才成长和培训激励机制。支持各类孵化器聘请天使投资人、企业家、成功创业者、技术专家、行业专家等担任创业导师，形成专业化导师队伍，为创业者提供专业性、实践性辅导服务，提高创业成功率。

四、因地制宜差异施策优化共生发展环境

为进一步推动孵化器行业健康发展，继续深化或创新财政资助、税收政策、科技金融政策措施，并强化考评结合，为孵化器的快速发展提供制度保障。

第一，加大财政资金投入力度，加强对孵化器宏观引导和公共服务产品供给。合理的补贴发放能对孵化器孵化合格企业形成激励，以提高其运营效率，实现孵化器的良性发展。加大对各类投资主体通过改建、扩建的方式建设孵化器、大企业将研发设计等平台对外开放、对公共服务空间的面积补贴、对新型孵化器的房租补贴、对创业苗圃和新型孵化器的开办费补贴、预孵化服务补贴、获风险投资服务补贴等。在实际补贴上，应根据孵化器的实际贡献可分别给予基础补贴和效益补贴。其中基础补贴的发放以孵化器运营效率即合格毕业企业数量为标准，基础补贴随合格毕业企业数量的增加而增加；效益补贴的发放以在孵企业和毕业企业为当地创造的税收为标准。由于降低认定标准后，扶持对象数量众多、内容丰富，监管、运营效果测评难度大，建议采用事后补贴的方法。

第二，因地制宜因才施策。进一步加大力度对孵化器实行税收减免政策，对特定行业创业企业进行税收优惠减免政策，推动孵化器率先落实国家和地方支持创业创新各项优惠政策。目前市场上存在着不同类型的孵化器，政府在提供政策支持前应根据不同特点，并与科技政策、产业政策、人才创业政

策相结合，应对不同类型的孵化器提供差异化政策支持。对于需要国家重点支持的孵化器，政府应对孵化器提供兜底的利益分配机制，形成风险共担机制。对于市场化程度高的孵化器，政府在支持孵化器发展的过程中应通过完善市场条件发挥竞争机制的力量。通过设计合适的激励机制，将政府、孵化器和入孵企业的利益紧紧结合在一起。从目前孵化器的收入结构来看，部分孵化器的收入构成中政府补助占比居高不下，政府在政策支持力度上应制造"短缺政策"效应，引起孵化器对政府支持力度的争夺，从而激励孵化器更好地提供孵化服务。在这个过程中，定期举办相应的政策交流会，加强政府部门与孵化器及在孵企业之间的沟通交流，能够更好地帮助孵化器及创业者的运行。充分发挥互联网技术的优势，建立信息服务平台。建立起政策资源库，按照不同条目对国家出台的、地方出台的相应政策进行归类，让孵化器和创业者能够简洁明了地查询到各大政策体系。

第三，制定和完善孵化器评价指标体系，引导资源流动。完善评价体系，引入竞争机制，充分调动孵化器自身发展的活力。就不同类型孵化器评价而言，设计相应的指标进行更为科学合理的评价。需要对孵化器内入孵创业企业的成长速度、毕业企业数量及其质量、资源集聚和转化能力、产生的社会经济效益（等方面进行评价考核，综合评价孵化器的运营效率和服务质量。从不同区域同类型的孵化器而言，需要充分考虑区域差异性，以此完善评价指标体系进行科学综合评价。给予综合指标较高者一定的奖励，以激励各地区孵化器改善服务质量、提高运营效率。评价体系的完善能够有效解决由地理区域带来的信息不对称问题，实现各区域相对真实信息的较低成本获取，一定程度上规避了道德风险和逆向选择。而奖励机制的实行，能够提高孵化器进行自我创新及完善以提高服务质量与运营效率的热情，有利于孵化器的建设。支持行业协会、智库机构等第三方社会组织开展孵化器的社会评价，建立社会评价与政府考核相结合评估体系，驱动政府认可与市场认可的内在契合，给予孵化器生态位优化的良好指引。

参考文献

［1］毕润成，尹文兵，王艳妮．山西南部脱皮榆种群生态位的研究［J］．西北植物学报，2003（7）：210-215.

［2］曹湛，彭震伟．全球城市与全球城市—区域"属性与网络"的关联性——以上海和长三角为例［J］．经济地理，2017，37（5）：1-11.

［3］曾鑫，赵黎明．"科技企业孵化器、风险投资、创业企业"三方合作网络研究［J］．中国科技论坛，2011（8）：62-66.

［4］陈帆，刘柏嵩，吴瑶．网络协同视角下科技企业孵化器的价值创造研究［J］．科技与管理，2017，19（5）：87-93.

［5］陈红喜，宋瑞，袁瑜．孵化器创新经营的指标体系研究——基于三螺旋理论和 ANP 方法［J］．技术经济，2020，39（4）：86-94.

［6］陈良文．美国支持科技型中小企业发展的经验及启示［J］．经济纵横，2013（7）：106-109.

［7］陈夙，项丽瑶，俞荣建．众创空间创业生态系统：特征、结构、机制与策略——以杭州梦想小镇为例［J］．商业经济与管理，2015（11）：35-43.

［8］程洪漪，阮博，杨诗炜，罗嘉文．广东省科技企业孵化器发展现状与运行效率评价［J］．科技管理研究，2020，40（11）：29-37.

［9］大卫·波维特，约瑟夫·玛撒，R. 柯克·克雷默．价值网［M］．北京：人民邮电出版社，2001.

［10］戴春，倪良新．基于创业生态系统的众创空间构成与发展路径研究［J］．长春理工大学学报（社会科学版），2015，28（12）：77-80.

［11］董静，余婕．外层网络资源获取、制度环境与孵化器创新绩效研究［J］．科技进步与对策，2020，37（10）：1-10.

［12］杜宝贵，王欣．科技企业孵化器政策变迁研究——基于政策文本

的量化分析 [J]. 中国科技论坛, 2019 (2): 11-21.

[13] 樊霞, 何昊, 刘毅. 政府制度工作、价值共创与孵化器集群形成机制 [J/OL]. 科学学研究: 1-18 [2021-08-27]. https://doi.org/10.16192/j.cnki.1003-2053.20210105.001.

[14] 冯苑, 聂长飞, 张东. 中国科技企业孵化器绩效收敛性与时空特征研究 [J]. 科技进步与对策, 2020, 37 (11): 33-42.

[15] 葛传斌, 池仁勇, 王会龙, 赵珍, 杨霞. 科技孵化器在催生区域创新网络形成中的作用 [J]. 科学管理研究, 2003 (6): 38-41, 51.

[16] 龚斌. 科技企业孵化器何以激活区域创新——风险投资与孵化基金的中介作用 [J]. 科技进步与对策, 2021, 38 (1): 34-44.

[17] 顾新, 郭耀煌. 社会资本及其在知识链中的作用 [J]. 科研管理, 2003, 24 (5): 44-48.

[18] 郭俊峰, 霍国庆, 袁永娜. 基于价值链的科技企业孵化器的盈利模式分析 [J]. 科研管理, 2013, 34 (2): 69-76.

[19] 郭磊, 郭田勇. 科技企业孵化器的功能迭代与发展方向 [J]. 中国财政, 2018 (7): 59-61.

[20] 郝杰, 吴爱华, 侯永峰. 美国创新创业教育体系的建设与启示 [J]. 高等工程教育研究, 2016 (2): 7-12.

[21] 何晓清. 创新网络演化视角下的区域创新机制研究——以高技术产业和中低技术产业为例 [J]. 研究与发展管理, 2017, 29 (1): 22-31.

[22] 侯杰, 陆强, 石涌江, 戎珂. 基于组织生态学的企业成长演化: 有关变异和生存因素的案例研究 [J]. 管理世界, 2011 (12): 116-130.

[23] 胡海鹏, 袁永, 邱丹逸, 廖晓东. 以色列主要科技创新政策及对广东的启示建议 [J]. 科技管理研究, 2018, 38 (9): 32-37.

[24] 胡海青, 李浩. 孵化器领导力与孵化网络绩效实证研究 [J]. 管理评论, 2016, 28 (3): 164-172.

[25] 胡浩, 李子彪, 胡宝民. 区域创新系统多创新极共生演化动力模型 [J]. 管理科学学报, 2011, 14 (10): 85-94.

[26] 黄紫微, 刘伟. 公共孵化器 VS 商业孵化器——孵化器市场结构演进过程 [J]. 科学学研究, 2015, 33 (12): 1813-1820.

［27］霍国庆，郭俊峰，袁永娜，张晓东．基于价值链的科技企业孵化器核心竞争力评价研究［J］．数学的实践与认识，2012，42（24）：84－94.

［28］孔栋，余艳，左美云．孵化器对在孵企业提供的创业能力支持服务——单案例研究［J］．技术经济，2019，38（8）：71－77，107.

［29］孔令夷．我国创业孵化生态系统环境综合评价［J］．兰州学刊，2020（12）：116－137.

［30］李季涛，刘茹，孟宇，刘雪松．发达国家生物科技企业培育孵化特点及对我国的启示［J］．世界科技研究与发展，2021，43（1）：89－99.

［31］李建设，赵婧．基于企业价值链的绩效考核体系研究［J］．长春理工大学学报（社会科学版），2007（6）：47－49，53.

［32］李剑川，刘长虹．德国孵化器发展模式对广东的启示［J］．广东科技，2014，23（24）：3－4.

［33］李庆博，刘西明．科技企业孵化器创新效率评估及关系研究［J］．科技管理研究，2018（4）：59－63.

［34］李小康，胡蓓．大企业衍生创业对创业集群形成的影响研究［J］．科研管理，2013，34（9）：72－80.

［35］李勇，郑垂勇．企业生态位与竞争战略［J］．当代财经，2007（1）：51－56.

［36］李振华，封新宇，吴文清，赵黎明．多中心治理模式下区域科技孵化网络协同创新机制研究［J］．中国科技论坛，2016（1）：44－50.

［37］李振华，赵黎明．科技企业孵化器的网络化发展研究［J］．科技管理研究，2007（11）：49－51.

［38］李志能，张洁，郁义鸿．美国孵化器的发展沿革［J］．上海经济研究，2000（7）：38－44.

［39］李梓涵昕，周晶宇．中国孵化器政策的演进特征、问题和对策——基于政策力度、政策工具、政策客体和孵化器生命周期的四维分析［J］．科学学与科学技术管理，2020，41（9）：20－34.

［40］梁琳，刘先涛．基于孵化功能的企业孵化器孵化能力的界定及评价指标体系设计［J］．科技与管理，2005（5）：28－30.

［41］梁祺，张宏如．新业态下孵化器社会资本对创新孵化绩效的影响

机制研究［J］. 软科学, 2019, 33 (11): 29 - 34.

［42］梁强, 邹立凯, 宋丽红, 李新春, 王博. 组织印记、生态位与新创企业成长——基于组织生态学视角的质性研究［J］. 管理世界, 2017 (6): 141 - 154.

［43］林德昌, 杨健康, 王红卫. 科技企业孵化器的规模效应分析［J］. 科技进步与对策, 2011, 28 (8): 91 - 94.

［44］林民书, 李连江. 营利型孵化器与非营利孵化器的比较研究［J］. 软科学, 2004 (2): 45 - 47.

［45］刘浩. 产业间共生网络的演化机理研究［D］. 大连: 大连理工大学, 2010.

［46］刘满凤, 危文朝. 基于扩展 Logistic 模型的产业集群生态共生稳定性分析［J］. 科技管理研究, 2015 (8): 121 - 125.

［47］刘平峰, 张旺. 创新生态系统共生演化机制研究［J］. 中国科技论坛, 2020 (2): 17 - 27.

［48］刘伟, 黄国良, 施博卿. 科技企业孵化器与风险投资的合作联盟研究［J］. 科技创新发展战略研究, 2021, 5 (3): 87 - 94.

［49］刘伟, 黄紫微, 丁志慧. 商业孵化器商业模式创新描述性框架——基于技术与资本市场的创新［J］. 科学学与科学技术管理, 2014, 35 (5): 110 - 119.

［50］刘彦平, 王明康. 孵化器运营效率对企业创新行为的影响［J］. 财贸经济, 2021, 42 (5): 127 - 143.

［51］刘洋, 丁云龙. 论产学研合作模式的进化: 一个共生进化视角的透视［J］. 北京理工大学学报 (社会科学版), 2011 (1): 43 - 49.

［52］刘祯, 段俊虎, 程子玲, 马宁, 朱婧. 专业孵化器与综合孵化器的孵化效益对比研究［J］. 科技管理研究, 2020, 40 (11): 23 - 28.

［53］刘祯, 贾敬敦, 孙启新. 中国科技企业孵化器享受税收优惠政策现状与对策建议［J］. 全球科技经济瞭望, 2021, 36 (4): 21 - 27, 33.

［54］刘志迎, 武琳. 众创空间: 理论溯源与研究视角［J］. 科学学研究, 2018, 36 (3): 569 - 576.

［55］柳卸林, 孙海鹰, 马雪梅. 基于创新生态观的科技管理模式［J］.

科学学与科学技术管理，2015，36（1）：18 – 27.

［56］龙跃. 基于生态位调节的战略性新兴产业集群协同演化研究 ［J］. 科技进步与对策，2018，35（3）：52 – 59.

［57］罗峰. 企业孵化器商业模式价值创造分析 ［J］. 管理世界，2014（8）：180 – 181.

［58］马凤岭，陈颉. 基于扎根理论的孵化器商业模式演进机制研究 ［J］. 科学学与科学技术管理，2014（5）：132 – 138.

［59］马克·P. 雷斯（Mark P. Rice），（美）金娜·B. 马休斯（Jana B. Matthews）. 成功企业孵化器的原则与实践 ［M］. 西安：西北大学出版社，2010（1）：3 – 9.

［60］迈克尔·波特. 竞争优势 ［M］. 陈小悦，译. 北京：华夏出版社，2005.

［61］欧忠辉，朱祖平，夏敏，陈衍泰. 创新生态系统共生演化模型及仿真研究 ［J］. 科研管理，2017，38（12）：49 – 57.

［62］潘红波，夏新平，余明桂. 政府干预、政治关联与地方国有企业并购 ［J］. 经济研究，2008（4）：41 – 52.

［63］潘旭明，颜安. 价值链的演进与价值创造 ［J］. 珞珈管理评论，2008，2（1）：169 – 176.

［64］钱平凡，李志能. 孵化器运作的国际经验与我国孵化器产业的发展对策 ［J］. 管理世界，2000（6）：78 – 84.

［65］钱言，任浩. 基于生态位的企业竞争关系研究 ［J］. 财贸研究，2006（2）：123 – 127.

［66］司春林，梁云志. 孵化器的商业模式与自身发展 ［J］. 经济管理，2010，32（10）：169 – 179.

［67］司尚奇，曹振全，冯锋. 研究机构和企业共生机理框架——基于共生理论与框架 ［J］. 科学学与科学技术管理，2009（6）：15 – 19.

［68］苏灿灿，李妃养. 广东省科技企业孵化器建设研究——基于国内外的经验分析 ［J］. 科技管理研究，2018，38（4）：79 – 85.

［69］孙大海. 中国科技企业孵化器面临的问题及对策（上）［J］. 中国高新区，2006（9）：82 – 85.

［70］孙梦瑶，李雪灵．外部孵化网络、资源搜寻与企业孵化器孵化能力［J］．当代经济研究，2019（12）：97-103.

［71］孙启新，李建清，程郁．科技企业孵化器税收优惠政策对在孵企业技术创新的影响［J］．科技进步与对策，2020，37（4）：129-136.

［72］唐明凤，李翠文，程郁．基于创新工厂案例的新型孵化器商业模式研究［J］．科研管理，2015，36（S1）：102-109.

［73］唐炎钊，韩玉倩，李小轩．科技创业孵化链条的运作机制研究：孵化机构与在孵企业供需匹配的视角［J］．东南学术，2017（5）：145-153.

［74］屠文娟，邹玉凤，蔡莉．基于钻石理论的我国科技企业孵化器竞争力影响因素与提升研究［J］．科技管理研究，2018，38（9）：125-133.

［75］王东宏．基于生态位视角的企业进化动力研究［J］．企业经济，2012（9）：9-12.

［76］王冬冬，段景伦．如何通过制度创业促进孵化效应提升？——基于 ZSSK 孵化器的案例研究［J］．科学学与科学技术管理，2020，41（11）：48-67.

［77］王国顺，徐力俊．孵化网络中在孵企业行为策略及其演化博弈分析［J］．系统工程，2019，37（5）：21-30.

［78］王健．基于科技园平台高校创业孵化器建设探索［J］．中国高校科技，2021（5）：80-84.

［79］王康，李逸飞，李静，赵彦云．孵化器何以促进企业创新？——来自中关村海淀科技园的微观证据［J］．管理世界，2019，35（11）：102-118.

［80］王是业，武常岐，张林．企业参与创建科技企业孵化器的生态嵌入——来自全国 31 个省级行政区的证据［J］．经济管理，2015，37（4）：21-31.

［81］王志标，杨盼盼．创新驱动价值链重构作用机理探究［J］．科技进步与对策，2015，32（21）：67-72.

［82］王子龙，谭清美，许箫迪．基于生态位的集群企业协同进化模型研究［J］．科学管理研究，2005（5）：36-39.

［83］魏志琴，李旭光，郝云庆．珍稀濒危植物群落主要种群生态位特征研究［J］．西南农业大学学报（自然科学版），2004，26（1）：1-4.

［84］文圆，危怀安，李旭彦．科技企业孵化器政策量化与演进研究［J/OL］．科技进步与对策：1－10［2021－08－27］．http：//kns. cnki. net/kcms/detail/42. 1224. G3. 20210701. 0907. 004. html.

［85］翁建明．科技企业孵化器基于价值链的竞争战略分析［J］．武汉理工大学学报，2008，30（5）：784－788.

［86］吴汉荣，耿燕．以色列技术孵化器私有化模式的理论分析及启示——基于交易成本经济学的视角［J］．科技管理研究，2012，32（18）：93－96.

［87］吴寿仁，李湛，王荣．中、美、法、韩四国企业孵化器的比较研究［J］．上海经济研究，2003（2）：11－18，53.

［88］吴文清，付明霞，赵黎明．科技企业孵化器规模对孵化绩效的影响——基于国家级孵化器的实证研究［J］．科技进步与对策，2015，32（19）：1－7.

［89］吴文清，石昆，黄宣．科技企业孵化器网络嵌入、知识能力与孵化绩效［J］．天津大学学报（社会科学版），2019，21（3）：208－220.

［90］吴瑶，陈帆，王其冬，陈翔．科技企业孵化器协同关系研究［J］．宁波大学学报（人文科学版），2018，31（5）：98－103.

［91］武晓辉，韩之俊，杨世春．区域产业集群生态位理论和模型的实证研究［J］．科学学研究，2006（6）：872－877.

［92］武玉英，田萌．基于生态位理论的企业战略联盟形成研究［J］．统计与决策，2008（6）：174－176.

［93］向永胜，古家军．基于创业生态系统的新型众创空间构筑研究［J］．科技进步与对策，2017，34（22）：20－24.

［94］谢艺伟，陈亮．国外企业孵化器研究述评［J］．科学学与科学技术管理，2010，31（10）：125－130.

［95］徐家良，卢永彬，曹芳华．公益孵化器的价值链模型构建研究［J］．中国行政管理，2014（12）：20－24.

［96］徐梦周，王祖强．创新生态系统视角下特色小镇的培育策略——基于梦想小镇的案例探索［J］．中共浙江省委党校学报，2016，32（5）：33－38.

［97］许芳，李建华．企业生态位原理及模型研究［J］．中国软科学，

2005（5）：130－139.

［98］颜振军．孵化与奋飞［M］．北京：民族出版社，2000.

［99］杨星星．市场型孵化器的内在机理与盈利模式研究［D］．杭州：中共浙江省委党校，2015.

［100］杨雪锋，刘超群．战略性新兴企业生态位评价与竞争战略选择：基于我国节能环保上市公司数据［J］．财经论丛，2014（1）：72－78.

［101］杨义兵．创业孵化器运行效率与商业模式研究［D］．长春：吉林大学．

［102］姚晗，黄攀，许治．孵化器类型差异对孵化绩效影响的机理探讨——基于资源视角的解释［J］．科技管理研究，2021，41（1）：111－119.

［103］余长春，沈先辉．服务模块化价值网络治理机制研究［J］．中国科技论坛，2017（11）：138－148.

［104］袁纯清．共生理论及其对小型经济的应用研究（上）［J］．改革，1998（2）：100－104.

［105］张宝建，裴博，孙国强．中国企业孵化器资源配置及其动态演变［J］．科技管理研究，2019，39（4）：184－191.

［106］张超，张育广．环广州大学城的全链条创新孵化育成体系建设——基于创新价值链视角［J］．科技管理研究，2021，41（2）：84－93.

［107］张凡，王书升．基于生态位模型的广东省孵化器发展水平及适宜度评价［J］．工业工程，2019，22（1）：11－19.

［108］张骧骧．企业集群动态演化均衡研究［J］．经济问题探索，2013（6）：154－161.

［109］张雷勇．我国产学研共生网络治理研究［D］．合肥：中国科学技术大学，2015.

［110］张伟．不忘初心砥砺前行［N］．中国高新技术产业导报，2017－09－18.

［111］张瑜．优化新型高新技术孵化器运行机制及技术转移公共政策研究［J］．现代营销（信息版），2020（5）：68－71.

［112］张玉喜，刘栾云峤．共生视角下科技金融生态系统对科技创新的影响［J］．系统工程，2021，39（3）：25－36.

［113］张振刚，薛捷．中国科技企业孵化器的现状及潜在问题分析
［J］．中国科技论坛，2004（2）：54-58．

［114］赵黎明，刘书英．科技企业孵化器与创投机构股权分配问题探析
［J］．河北学刊，2012，32（6）：134-136．

［115］赵良杰，赵正龙，陈忠．社会网络与创新扩散的共生演化［J］．
系统管理学报，2012，21（1）：62-69．

［116］赵志耘，杨朝峰．创新范式的转变：从独立创新到共生创新
［J］．中国软科学，2015（11）：155-160．

［117］周英豪，骆光林．中美科技企业孵化器发展比较及启示［J］．中
国流通经济，2011（8）：89-92．

［118］朱婧，周振江，苏瑞波．广东省科技企业孵化器技术效率测度及
特征分析［J］．科技管理研究，2020，40（2）：115-122．

［119］朱思因，杜海东．初创企业孵化器运营绩效评价的实证研究——
创业生态系统视角［J］．科技管理研究，2020，40（7）：82-87．

［120］Abduh M，D'Souza C，Quazi，Burley H T. Investigating and classif-
ying clients' satisfaction with business incubator services［J］. Journal of Service
Theory & Practice，2007，17（1）：74-91．

［121］Adlešič R V，Slavec A. Social capital and business incubators perform-
ance：testing the structural model［J］. Economic and business review，2012，14
（3）：201-222．

［122］Albort-Morant G，Oghazi P. How useful are incubators for new entre-
preneurs?［J］. Journal of Business Research，2016，69（6）：2125-2129．

［123］Albort-Morant G，Ribeiro-Soriano D. A bibliometric analysis of inter-
national impact of business incubators［J］. Journal of Business Research，2016,
69（5）：1775-1779．

［124］Allen D N，McCluskey R. Structure，policy，services，and perform-
ance in the business incubator industry［J］. Entrepreneurship theory and practice,
1991，15（2）：61-77．

［125］Amezcua A，Grimes M G，Bradley S W，Wiklund J. Organizational
sponsorship and founding environments：a contingency view on the survival of busi-

ness-incubated firms [J]. Academy of Management Journal, 2013, 56 (6):
1628 – 1654.

[126] Avilés L, Abbot P, Cutter A D. Population Ecology, Nonlinear
Dynamics, and Social Evolution. I. Associations among Nonrela-tives [J]. The
American Naturalist, 2002, 159 (2): 115 – 128.

[127] Ballantyne D, Frow P, Varey R J, Payne A. Value propositions as
communication practice: taking a wider view ? [J]. Industrial Marketing Manage-
ment, 2011, 40 (2): 202 – 210.

[128] Bathelt H, Malmberg A, Maskell P. Clusters and knowledge: local
buzz, global pipelines and the process of knowledge creation [J]. Progress in Hu-
man Geography, 2002, 28 (1): 31 – 56.

[129] Becker B, Gassmann O. Gaining leverage effects from knowledge modes
within corporate incubators [J]. R&D Management, 2006, 36 (1): 1 – 16.

[130] Bergek A, Norrman C. Incubator best practice: a framework [J].
Technovation, 2008, 28 (1 – 2): 20 – 28.

[131] Bollingtoft A. The bottom-up business incubator: leverage to networ-
king and cooperation practices in a self-generated, entrepreneurial-enabled environ-
ment [J]. Technovation, 2012, 32 (5): 304 – 315.

[132] Bruneel J, Ratinho T F, Clarysse B, Groen A J. The evolution of busi-
ness incubators: comparing demand and supply of business incubation services across
different incubator generations [J]. Technovation, 2012, 32 (2): 110 – 121.

[133] Bruneel J, Yli-Renco, H, Clarysse, B. Learning from experience and
learning from others: how congenital and interorganizational learning substitute for
experiential learning in young firm internationalization [J]. Strategic Entrepreneur-
ship Journal, 2010, 4 (2): 164 – 182.

[134] Cakula S, Jakobsone A, Motejlek J. Virtual business support infrastruc-
ture for entrepreneurs [J]. Procedia Computer Science, 2013, 25: 281 – 288.

[135] Cantù C. A. Service incubator business model: external networking ori-
entation [J]. Imp Journal, 2015 (3): 267 – 285.

[136] Chandra A, Silva M A M. Business incubator financing and finan-

cial Services in Chile [J]. Social Science Electronic Publishing, 2009, 13 (1): 79 – 94.

[137] Chen C J. Technology commercialization, incubator and venture capital and new venture performance [J]. Journal of Business Research, 2009, 62 (1): 93 – 103.

[138] Cooper C E, Hame S A, Connaughton S L. Motivations and obstacles to networking in a university business incubator [J]. The Journal of Technology Transfer, 2012, 37 (4): 433 – 453.

[139] Culp R P. A test of business growth through analysis of a technology incubator program [D]. Georgia Institute of Technology. 1996.

[140] Dhanaraj C, Parkhe A. Orchestrating innovation networks [J]. Academy of Management Review, 2006, 31 (3): 659 – 669.

[141] Ehrenfeld J, Gertler N. Industrial ecology in practice: the evolution of Interdependence at Kalundborg [J]. Journal of Industrial Ecology, 1997, 1 (1): 67 – 79.

[142] Elisa S. Are science parks and incubators good "brand names" for spin-offs? the case study of turin [J]. Journal of Technology Transfer, 2011, 36 (2): 203 – 232.

[143] Elton C S. Animal ecology [M]. London: Sidgewick and Jackson, 1927.

[144] Gamber M, Kruft T, Kock A. Balanced give and take-an empirical study on the survival of corporate incubators [J]. International Journal of Innovation Management, 2020, 24 (8): 1 – 22.

[145] Gereffi G, Kaplinsky R. The value of value chains [J]. IDS Bulletin, 2001, 32 (3): 1 – 8.

[146] Gordijn J, Tan Y. A design methodology for modeling trustworthy value webs [J]. International of Electronic Commerce, 2005, 9 (3): 31 – 48.

[147] Grant R M. Toward a knowledge-based theory of the firm. Strategic Management Journal, 1996, 17 (s2): 109 – 122.

[148] Grimaldi R, Grandi A. Business incubators and new venture creation: an

assessment of incubating models [J]. Technovation, 2005, 25 (2): 111 –121.

[149] Gulati R, Nohria N, Zaheer A. Strategic network [J]. Strategic Management Journal, 2000, 21 (3): 203 –216.

[150] Gulati R, Sytch M. Does familiarity breed trust? revisiting the antecedents of trust [J]. Managerial & Decision Economics, 2010, 29 (2 – 3): 165 – 190.

[151] Hackett S M, Dilts D M. A systematic review of business incubation research [J]. Journal of Technology Transfer, 2004, 29 (1): 55 – 82.

[152] Hannan M T, Freeman J H. The population ecology of organization [J]. American Journal of Sociology, 1977, 82 (5): 929 – 984.

[153] Hansen M T, Chesbrough H W, Nohria N, Sull D N. Networked incubators. hothouses of the new economy [J]. Harvard business review, 2000, 78 (5): 74 – 84, 199.

[154] Hausberg J P, Korreck S. Business incubators and accelerators: a co-citation analysis-based, systematic literature review [J]. The Journal of Technology Transfer, 2020, 45 (1): 151 – 176.

[155] Holttinen H. Contextualizing value propositions: examining how consumers experience value propositions in their practices [J]. Australasian Marketing Journal, 2014, 22 (2): 103 – 110.

[156] Howard E. Environments of organizations [J]. Annual Review of Sociology, 2000 (2): 79 – 105.

[157] Hughes M, Ireland R D, Morgan R E. Stimulating dynamic value: social capital and business incubation as a pathway to competitive success [J]. Long Range Planning, 2007, 40 (2): 154 – 177.

[158] Hurmelinna-Laukkanen Pia, Olander H, Blomqvist K, Panfilii V. Orchestrating R&D networks absorptive capacity network stability and innovation appropriability [J]. European Management Journal, 2012, 30 (2): 552 – 563.

[159] Johan C A, Gillis J J, Robert E W. Rebuilding the corporate genome: unlocking the real value of your business [M]. Chicago: A T Kearney, 2003.

[160] Kaasa A. Effects of different dimensions of social capital on innovative

activity: evidence from Europe at the regional level [J]. Technovation, 2009, 29 (3): 218 – 233.

[161] Kreusel N, Roth N, Brem A. European business venturing in times of digitisation an analysis of for-profit business incubators in a triple helix context [J]. International Journal of Technology Management, 2018, 76 (1/2): 104 – 136.

[162] Laland K N, Odling-Smee F J, Feldman M W. Evolutionary consequences of niche construction and their Implications for ecology [J]. Proc Natl Acad Sci USA, 1999, 96: 10242 – 10247.

[163] Lambert A JD, Boons FA. Eco-industrial parks: simulating sustainable development in mixed industrial parks [J]. Technovation, 2002 (22): 471 – 427.

[164] Leblebici H, Shah N. The Birth. Transformation and regeneration of business incubators as new organisational forms: understanding the interplay between organisational history and organisational theory [J]. Business History, 2004, 46 (3): 353 – 380.

[165] Lin D, Wood L C, Lu Q. Improving business incubator service performance in china: the role of networking resources and capabilities [J]. The Service Industries Journal, 2012, 32 (13): 2091 – 2114.

[166] LinLian C, De-Pablos-Heredero, C, MontesBotella J L. Value creation of business incubator functions: economic and social sustainability in the COVID-19 scenario [J]. Sustainability, 2021, 13 (12): 6888 – 6888.

[167] Long C, Zhang X B. Cluster-based industrialization in china: financing and performance [J]. Journal of International Economics, 2011 (84): 112 – 123.

[168] Marshall A. Principles of economics [M]. London: Macmillan, 1890.

[169] Mas-Verdú F, Ribeiro-Soriano D, Roig-Tierno N. Firm survival: the role of incubators and business characteristics [J]. Journal of Business Research, 2014, 68 (4): 793 – 796.

[170] May R M. Simple mathematical models with very complicated dynamics [J]. Nature, 1976, 261: 459 – 467.

[171] Mcadam M, Mcadam R. High tech start-ups in university science park incubators: the relationship between the start-up's lifecycle progression and use of the incubator's resources [J]. Technovation, 2008, 28 (5): 277 - 290.

[172] Merigó J M, Gil-Lafuente A M, Yager R R. An overview of fuzzy research with bibliometric indicators applied soft computing, 2015, 27: 420 - 433.

[173] Mian S A, Lamine W, Fayolle A. Technology business incubation: an overview of the state of knowledge [J]. Technovation, 2016 (50 - 51): 1 - 12.

[174] Mian S A. Assessing and managing the university technology business incubator: an integrative framework [J]. Journal of Business Venturing, 1997, 12 (4): 251 - 285.

[175] Mian S A. Assessing value-added contributions of university technology business incubators to tenant firms [J]. Research Policy, 1996, 25 (3): 325 - 335.

[176] Neuhauser C, Fargione J. A Mutualism-parasitism continuum model and its application to plant-mycorrhizae interactions [J]. Ecological Modelling, 2004, 177: 337 - 352.

[177] Paquin R L, Howard-Grenville J. Blind dates and arranged marriages: longitudinal processes of network orchestration [J]. Organization Studies, 2013, 34 (11): 1623 - 1653.

[178] Peter H. Integrated materials management: the value chain redefined [J]. The International Journal of Logistics Management, 1993, 4 (1): 13 - 22.

[179] Peters L, Rice M, Sundararajan M. The role of incubators in the entrepreneurial process [J]. Journal of Technology Transfer, 2004, 29 (1): 83 - 91.

[180] Prahalad C K, Hamel G. The core competency of the corporation [J]. Harvard Business Review, 1990, 68 (3): 79 - 91.

[181] Ratinho T, Henriques E. The role of science parks and business incubators in converging countries: evidence from Portugal [J]. Technovation, 2010, 30 (4): 278 - 290.

[182] Rayport J F, Sviokla J J. Exploiting the virtual value chain [J].

Harvard Business Review, 1995, (4): 75 - 99.

[183] Rice M P. Co-production of business assistance in business incubators: an exploratory study [J]. Journal of Business Venturing, 2002, 17 (2): 163 - 187.

[184] Richard O C, Barnett T, Dwyer S, Chadwick K. Cultural diversity in management, firm performance, and the moderating role of entrepreneurial orientation dimensions [J]. Academy of Management Journal, 2004, 47 (2): 255 -266.

[185] Rothschild L, Darr A. Technological incubators and the social construction of innovation networks: an Israeli case [J]. Technovation, 2005, 25 (1): 59 -67.

[186] Rubin T H, Aas TH, Stead A. Knowledge flow in technological business incubators: evidence from australia and israel [J]. Technovation, 2015, s41/42: 11 -24.

[187] Sá C, Lee H. Science, business, and innovation: understanding networks in technology-based Incubators [J]. R&D Management, 2012, 42 (3): 243 -253.

[188] Schwartz M, Hornych C. Specialization as strategy for business incubators: an assessment of the central german multimedia center [J]. Technovation, 2008, 28 (7): 436 -449.

[189] Scillitoe J L, Chakrabarti A K. The role of incubator interactions in assisting new ventures [J]. Technovation, 2010, 30 (3): 155 - 167.

[190] Sedita S R, Apa R, Bassetti T, Grandinetti R. Incubation matters: measuring the effect of business incubators on the innovation performance of start-ups [J]. R& D Management, 2018, 49 (4): 439 -454.

[191] Shih T, Aaboen L. The network mediation of an incubator: how does it enable or constrain the development of incubator firms' business networks? [J]. Industrial Marketing Management, 2017, 12 (7): 18 -27.

[192] Smilor R W. Managing the incubator system: critical success [J]. IEEE Transactions on Engineering Management, 1987, EM -34 (3): 146 -155.

[193] Soetanto D P, Jack S L. Business incubators and the networks of tech-

nology-based firms [J]. The Journal of Technology Transfer, 2013, 38 (4): 432 –453.

[194] Studdard N L. The effectiveness of entrepreneurial firm's knowledge acquisition from a business incubator [J]. International Entrepreneurship & Management Journal, 2006, 2 (2): 211 –225.

[195] Vanderstraeten J, Matthyssens P. Service-based differentiation strategies for business incubators: exploring external and internal alignment [J]. Technovation, 2012, 32 (12): 656 –670.

[196] Wang Z, He Q, Xia S, Maas G. Capacities of business incubator and regional innovation performance [J]. Technological Forecasting and Social Change, 2020, 158: 120125.

[197] Weiblen T, Chesbrough H W. Engaging with startups to enhance corporate innovation [J]. California Management Review, 2015, 57 (2): 66 –90.

[198] Wonglimpiyarat J. The innovation incubator, university business incubator and technology transfer strategy: the case of thailand [J]. Technology in Society, 2016, 46 (2): 18 –27.

[199] Zedtwitz M V, Grimaldi R. Are Service profiles incubator-specific? results from an empirical investigation in italy [J]. Journal of Technology Transfer, 2006, 31 (4): 459 –468.

[200] Zedtwitz M V. Architecting gloCal (global-local), real-virtual incubator networks (G-RVINs) as catalysts and accelerators of entrepreneurship in transitioning and developing economies: lessons learned and best practices from current development and business incubation practices [J]. Technovation, 2005, 25 (2): 95 –110.

[201] Zhang H, Wu W, Zhao L. A study of knowledge supernetworks and network robustness in different business incubators [J]. Physica a Statistical Mechanics & Its Applications, 2016, 447: 545 –560.

[202] Zhang H, Sonobe T. Business incubators in china: an inquiry into the variables associated with Incubatee Success [J]. Social Science Electronic Publishing. 2011, 5 (3): 1 –26.

［203］Zhu N N, Zhao H Y, Liu H F. Research on path selection of ecological industry chain formation: construction or evolution ［J］. Journal of Computational and Theoretical Nanoscience, 2016, 13 (11): 1 - 7.

后　记

当前发展数字经济已经成为各国共识。作为数字经济新业态、新模式培育的重要载体，新型孵化器形成了区别于传统孵化器的运营逻辑，强调从依附政府走向市场化，从寄生走向互惠共生。依托共生发展与价值链创新，越来越多的新型孵化器在优化创业生态、培育中小科技企业以及孕育新兴产业方面发挥出了积极作用，成为新动能培育的重要力量。

本书系国家社科基金项目"基于价值链创新的新型孵化器竞争力研究"（编号：16BGL031）的资助成果，主要研究新型孵化器区别于传统孵化器的特征及运行机制，重点探索新型孵化器共生发展、价值链创新与竞争力提升的内在关联以及新型孵化器通过集群化发展所形成的对区域创新生态构建的重要作用，并就新型孵化器建设的政策环境优化提出对策建议。基于前期研究成果，本书部分观点已经刊发于《光明日报》《科学学研究》《中国软科学》等国内外权威和重要期刊，部分文章被《新华文摘》《人大复印资料》等转载，部分政策研究成果提交相关职能部门，并多次获得省部级领导肯定性批示，具有较高的理论价值和实践意义。

在书稿完成过程中，本书得到了单位及专家学者的大力支持。感谢国家社科基金委对前期研究的资助；感谢单位对书稿出版的帮助；感谢浙江省委党校潘家栋副教授、胡青副教授、周梦天博士，以及王燕平、刘玉、侯艳兵、卢慧航、乔珊珊等研究生所做的基础性工作。数字经济发展方兴未艾，创新创业呈现新趋势、新特征，新型孵化器发展亦面临新机遇、新挑战。面对日新月异、复杂多元的变化，相关研究也有待更新与深化。本书尚未完全涉及或解决相关问题，敬请学术界和实务界的同仁提出宝贵意见，为作者后续研究提供更为广阔的思路和方向。

作者

2022 年 11 月